WISSENSCHAFT UND WIRTSCHAFT
IN DER GLOBALISIERUNG

Regionalstudien in Deutschland

Gefördert vom
Stifterverband für die Deutsche Wissenschaft

Fotos:
Christian Gottschalk
Gestaltung, Satz und Herstellung:
dakato...design.
Tonja Heilmeyer und David Sernau
Druck:
Druckerei H. Heenemann GmbH & Co, Berlin

Printed in Germany
ISBN 978-3-9811876-0-1
www.weiss-von-richthofen.de

SUSANNE WEISS

Wissenschaft und Wirtschaft in der Globalisierung

REGIONALSTUDIEN IN DEUTSCHLAND

MIT BEITRÄGEN VON
Frederico Füllgraf
Moritz Kralemann
Ingrid Kummels
Anke Reichenbach
Dietrich von Richthofen
Michael Sonnabend

WEISS
von RICHTHOFEN
Verlag Berlin

INHALT

VORWORT

SEIT wir von Globalisierung reden, ist die Weltläufigkeit etwas aus der Mode gekommen. Weltläufigkeit war einmal das Kompliment für Weitgereiste mit Kennerschaft – erworben durch respektvolle Neugier. Die Neugier auf das Andersartige, das Fremde, manchmal auch das Verstörende. Mit der Globalisierung scheint die Welt zum Dorf zusammenzuschrumpfen. Der immer unkompliziertere Austausch von Produkten über alle Grenzen hinweg mag zu der Annahme verleiten, wir könnten auf besagte weltläufige Kennerschaft verzichten. Doch dies ist ein Trugschluss.

Je kleiner die Welt wird, desto mehr erkennen wir, wie wenig wir heute voneinander wissen. Globalisierung ist zum Containerwort geworden, in dem jeder ablegt, was gerade seinen Interessen entspricht – oft ohne Kenntnis realer Verhältnisse. Dabei versuchen wir allzu oft, die ganze Vielfalt der Welt mit unseren eigenen Begriffen zu erklären, fremde Realitäten unseren Theorien anpassen zu wollen, statt uns umgekehrt auch einmal selbst in Frage zu stellen – sei es in der Wirtschaft oder in der Wissenschaft. Aber dieser Versuch führt uns in die Provinzialität, weil er den Blick verengt. Und das können wir uns nicht leisten – weder ökonomisch noch intellektuell.

Wir können es uns auch nicht länger leisten, dass Wirtschaft und Wissenschaft immer noch keine gemeinsame Sprache gefunden haben, um miteinander den Herausforderungen einer Welt zu begegnen, die sich neu sortiert und damit Vertrautes und Altbekanntes in Frage stellt. So manche ökonomische und politische Theorie scheitert beim ersten Kontakt mit der Realität eines anderen Landes – die Folge sind häufig teure Fehler. Und zu kostspieligen Missverständnissen führt oft auch ein allzu forsches und belehrendes Auftreten von Unternehmen, die sich international engagieren.

Weltläufigkeit gehörte immer zu den Eigenschaften des ehrbaren Kaufmanns, der zunächst einmal innehält, wo er Gast ist. In diesem Sinne sind auch Regionalstudien, die wir Ihnen hier vorstellen, weltläufig. Sie helfen, den Blick zu schärfen, der allzu oft durch kulturelle Vorannahmen und folkloristisch gefärbtes Oberflächenwissen getrübt ist. Dieses Buch zeigt, wie wichtig genaue Kenntnisse lokaler, regionaler und transnationaler Beziehungen sind: nicht nur für die Politik, sondern auch für die Wirtschaft. Regionalwissenschaftler in Deutschland verfügen über diese Kenntnisse. Gerade mittelständische deutsche Unternehmen, die naturgemäß größere Schwierigkeiten haben, sich auf internationalen Märkten zu behaupten, können von dieser Expertise profitieren.

Das vorliegende Buch trägt dazu bei, die beiden Sphären Wirtschaft und Wissenschaft einander näherzubringen, eine Aufgabe, der sich auch der Stifterverband für die Deutsche Wissenschaft widmet. Denn während hinreichend bekannte Schwellenängste insbesondere kleine und mittlere Unternehmen daran hindern, den Kontakt zur Wissenschaft zu suchen, finden umgekehrt nur wenige der wissenschaftlichen Institute den Weg in die Wirtschaft. Insgesamt mag auf diese Weise mancher glauben, es gebe keinen gesellschaftlichen Bedarf gerade an jenen Kenntnissen, die im Zuge von Globalisierungsprozessen unverzichtbar geworden sind.

Dieses Buch bietet also eine doppelte Chance: zum einen für mittelständische Unternehmer, den Kontakt zur Wissenschaft zu finden. In Public Private Partnerships mit Hochschulen können sie sich neue Märkte erschließen. Zum anderen für die „Kleinen Fächer“: Je mehr ihre Expertise abgefragt wird, je mehr sie erkennbar an relevanten Entscheidungen teilhaben, desto mehr können sie ein neues Selbstbewusstsein erlangen – und sich zugleich von dem lähmenden Legitimationsdruck befreien, dem sie seit einigen Jahren in den öffentlichen Debatten ausgesetzt sind.

Ich wünsche diesem Buch eine weite Verbreitung. Möge es dem Leser ein wenig von dem wiedergeben, was man einmal Weltläufigkeit nannte.

Dr. Arend Oetker
Präsident des Stifterverbandes für die Deutsche Wissenschaft

EINFÜHRUNG

Dank

„Die Chefs lesen doch nicht", sagte mir ein Unternehmer. *„Wir sind keine Verkäufer wohlfeiler Erkenntnisse"*, sagte mir ein Wissenschaftler. *„Die Wirtschaft ist beratungsresistent"*, sagt die Wissenschaft. *„Die Wissenschaft ist kommunikationsresistent"*, findet die Wirtschaft. Sich als Wissenschaftler verständlich zu machen, ist rufschädigend. Sich als gestandener Unternehmer etwas sagen zu lassen, ist ehrenrührig. Beste Voraussetzungen also, ein Buch über Wissenschaft für die Wirtschaft zu schreiben.

Es trotzdem zu tun, hat nicht nur mit der Überzeugung zu tun, dass man da etwas machen kann, sondern auch mit der großen Ermutigung durch den Stifterverband für die Deutsche Wissenschaft, der dieses Buch großzügig förderte. Dafür großen Dank nach Essen, auch an die Kollegen Moritz Kralemann und ganz besonders Michael Sonnabend, die den allergrößten Teil der Unternehmensporträts in diesem Band beisteuerten und darüber hinaus mit nie nachlassendem Enthusiasmus für die Sache einstanden und immer gut gelaunt Ermutigung parat hatten, wenn sie gebraucht wurde.

Marianne Braig, Professorin am Lateinamerika-Institut der Freien Universität Berlin und Robert Kappel, Präsident des German Institute for Global and Area Studies und Professor an den Universitäten Hamburg und Leipzig, haben mich zu Beginn der Recherchen durch lateinamerikanische, afrikanische und wissenschaftliche Dschungel geführt und für klare Sicht gesorgt. Ihnen beiden, wie auch PD Dr. Ingrid Kummels, unserer Frau in Havanna und Autorin in diesem Buch, Sascha Wisotzki, unserem Mann in Sansibar (auch für einen Anfängerkurs in Swahili), und vielen anderen hier nicht genannten Expertinnen und Spezialisten Dank dafür, dass sie Rede und Antwort standen und im laufenden Gespräch für Orientierung und wo nötig für Rekalibrierung sorgten. Der „fröhlichen Wissenschaftlerin" PD Dr. Anke Reichenbach Dank für Auszüge aus ihrer Habilitationsschrift zum Lachen in Bahrain, Prof. Günter Meyer, Universität Mainz, großen Dank für stets umgehende Beantwortung von Fragen und darüber hinaus für eine entscheidende Ermutigung. Ein spezieller Dank geht nach Brasilien an Frederico Füllgraf für einen schönen Text in diesem Buch und für eine kreative Karambolage, die mir half, auf den letzten Metern mein Buch gegen mich selbst zu verteidigen.

Matthias Kleinert und Martin Posth waren jahrelang Vorstandsmitglieder großer Unternehmen und im Unterschied zu vielen anderen kulturell gebildete und sensible

Manager – ihnen Dank für Rat und Unterstützung. An dieser Stelle auch ein Dank an die Unternehmen, die für dieses Buch über ihre Erfahrungen im Ausland berichteten.
Dietrich von Richthofen, Kollege und Partner im Verlag, Dank für zwei schöne Texte und für qualifizierte Rückendeckung.
Und ein Dank an die „Buchmacher": An Tonja Heilmeyer/dakato...design., die das Buch zu einer Schönheit machte, an Christian Gottschalk, den Fotografen mit dem besonderen Blick, an Petra Frese für ausgezeichnete Schlussredaktion und an die Druckerei Heenemann (ww) für immerwährenden Hochglanz.

Überall auf der Welt erleben Regionalstudien, die kleinen Fächer über fremde Kulturen, einen Aufschwung. In den Entwicklungsprojekten der Weltbank spielt die Anerkennung anderer Wissensformen eine wachsende Rolle; in den USA und Großbritannien, in den Niederlanden und in Frankreich haben die Aktivitäten der Area Studies zugenommen und mit ihnen der Austausch zwischen Fächern wie Soziologie, Politologie, Ethnologie, Religionswissenschaft, Sinologie, Islamwissenschaft, Indologie, Arabistik und Geschichte. Die interkulturellen Kompetenzen der Disziplinen sind notwendig geworden, um ihren weltweit sich rasant ausbreitenden Gegenständen folgen zu können. Die Explosion des Datenverkehrs, anwachsende Menschenströme und der internationale Warenaustausch sorgen dafür, dass unterschiedliche kulturelle Standards und Wissensordnungen sich vermischen – aber auch aneinander geraten.

BEISPIELHAFT

Es ist keine Länderkunde und kein „Kulturknigge". Es sind auch keine Berichte über die jeweils aktuelle politische Lage einer Region. Und es ist keine Gesamtschau der Regionalstudien – oder Area Studies – in Deutschland. Es „fehlen" Fächer, Hochschulen, Institute, Thinktanks der Regierung, genau wie Regionen und Themen, die auch alle wichtig sind.

Vielmehr ist es ein Buch über Beispiele weltläufiger Wissenschaft. Es zeigt eine bestimmte Art der Perspektive in der Forschung, die sich unterscheidet von derjenigen anderer Disziplinen, die ebenfalls über die ganze Welt reden. Und es zeigt Beispiele weltläufiger Unternehmer, die sich bewusst mit den Gegebenheiten ihres Gastlandes auseinandersetzen, bevor sie darüber reden. Forschung zu vermeintlich zerfallenden Staaten gibt es nicht nur für Afrika, Untersuchungen zu den Gleichzeitigkeiten von Tradition und Moderne nicht nur mit Blick auf Asien. Die Verstrickungen von Religion und Politik sind keine Spezialität des Nahen Ostens, nicht nur in Lateinamerika scheitern die ökonomischen Theorien an der Realität, ja sogar die Unterteilung in Regionen wird angesichts wachsender Menschenströme immer fragwürdiger. In jedem Kapitel sind bestimmte Aspekte – sowohl der Regionen als auch der Forschung darüber – stärker vertreten als andere. In der Gesamtschau sollte sich aber ein kleiner Eindruck ergeben von *„6,5 Milliarden Menschen und so vielen Phänomenen!"* (Robert Kappel), vom weiten Spektrum der Regionalstudien in Deutschland und warum sie für die Zusammenarbeit zwischen Wissenschaft und Wirtschaft in der Globalisierung unverzichtbar sind.

Am Ende eines jeden Kapitels gibt es ein Lesestück – im Kapitel Amerika ein zweites in der Mitte –, das nicht im strengen Sinne Wissenschaftsberichterstattung ist, sondern eher etwas für den Kaffeetisch.

WELTBILDER

Man kennt sich wieder aus. Nachdem die bipolare Welt mit dem Ende des Kalten Krieges kurz in Unordnung geraten war, trat ein neues Ordnungsprinzip auf den Plan, das alles wieder einhegte: Globalisierung, die große Gleichmacherin – den einen zum Schrecken, den anderen zur Gunst. Die ganze Welt atmet dieselbe Luft, und alle wollen nur das eine: vor allem so werden wie wir. Der Süden fügt sich geschmeidig in den Norden ein, und der globalisierte Homo oeconomicus westlicher Prägung erobert nicht nur die Regierungen der unterentwickelten Welt, sondern auch die Savannen und Favelas, nicht nur die neuen Megacitys, sondern auch die Dörfer und Reisfelder. Und den Schurkenstaaten und „failing states", Schreckbildern für die europäische Zivilisation, muss man mit Geld und guten Worten – und manchmal auch mit Waffen – auf die Beine helfen. So weit die klassische Modernisierungstheorie. Doch langsam spricht sich herum, wie wenig wir wirklich wissen über die Länder außerhalb unserer eigenen kulturellen Tradition. Wir begreifen auch langsam, dass die Globalisierung oft ganz andere Effekte hat, als wir bislang vermuteten. Befürworter wie Gegner stehen sich hierzulande unversöhnlich in falschen Alternativen gegenüber und haben mehr gemeinsam, als ihnen lieb sein dürfte. Ökonomische Rosskuren ohne Rücksicht auf kulturelle Besonderheiten und allzu oft zum Nutzen und Frommen der Ersten Welt sind genauso ein Spiegel von Unkenntnis und kulturellen Vorannahmen wie ein stets hilfsbereiter Paternalismus, der allzu oft eher dem eigenen schlechten Gewissen verpflichtet ist als den Realitäten der beschenkten Länder. Seit insbesondere die europäische „Aufklärung" die „Primitiven" anderer Länder ins Reich der Natur und der Irrationalität verbannt hat, ist gleiche Augenhöhe ein schwieriges Geschäft.

Bei aller Rede von der Globalisierung läuft das Denken nicht rund. Vielmehr wird Globalisierung zumeist noch in alter universalistischer Manier von einem „westlichen" Zentrum aus gedacht – der Lehrkultur –, das in eine Peripherie hineinwirkt – die Lernkulturen. Seit vor 500 Jahren *„der erste Amerikaner den Kolumbus entdeckte"* (Georg Christoph Lichtenberg), gibt es im Grunde in dieser Hinsicht wenig intellektuellen Fortschritt. Der Schock bei der Entdeckung anderer Welten führte bis heute nur vereinzelt zur Veränderung der erkenntnistheoretischen Grundlagen. Kenntnisse über andere Kulturen gelten vielfach noch als unterhaltsame Folklore, vor lauter „Global Governance" geht die Weltläufigkeit verloren und damit das Innehalten und das Zuhören. Während viele Phänomene in fernen Ländern weit unter dem Radar rein politik- und wirtschaftswissenschaftlicher Erkenntnismöglichkeit herfliegen, leidet das Denken gelegentlich noch an imperialer Überdehnung.

Das Denken über Globalisierung läuft nicht rund, weil Globalisierung – ähnlich wie Entwicklung – zum einen als linearer Prozess aufgefasst wird, der überall in dieselbe Richtung läuft und zum Zweiten, weil der Begriff suggeriert, dieser Prozess spiele sich überall und außerdem überall gleichzeitig ab. Die Gleichzeitigkeiten von dem jedoch, was man nach europäischer Gewohnheit Tradition und Moderne nennt und die auf dem Globus die Mehrheit der Erscheinungen bilden, geben dem linearen Denken Rätsel auf.

„Zerfallende" oder „schwache" Staaten sind ein großes Thema in Subsahara-Afrika, aber nicht nur dort. Während man in Politik und Teilen der Wissenschaft überlegt, wie man sie retten kann, um aus ihnen Nationalstaaten nach europäischem Vorbild zu machen, fragen die Regionalstudien: *„Zerfallen diese Staaten wirklich, oder haben sie womöglich nie existiert?"* Souveränität neu zu denken und dabei die eigenen politischen Kulturtechniken der untersuchten Länder mit einzubeziehen, wäre eine sinnvolle Alternative, wissen diejenigen Experten, die langjährigen Kontakt zur Realität dieser Länder haben und deren Sprachen sprechen. Auch die Gewährleistung von Sicherheit ist nicht überall auf der Welt Staatsangelegenheit. *„Schlechte Regierungsführung"*, sagen die einen. *„Vielleicht will der Staat gar nicht"*, geben Regionalexperten zu bedenken. Verstellt ist auch der Blick auf die zahllosen anderen Formen von Demokratie und gesellschaftlicher Beteiligung, auf die selbstorganisierenden Systeme, die subkutan das Leben „steuern" und die zum Teil sehr viel intelligentere Lösungen für schwierige soziale Probleme hervorgebracht haben als der Nationalstaat nach europäischem Muster.

Wirtschaftswissenschaft allein reicht nicht, um in anderen kulturellen Traditionen die Kulturtechnik Ökonomie zu verstehen. Phänomene wie die „moral economy" werden mit leichtem Anklang ans Esoterische eher diskreditiert als erklärt, und schnell ist der Vorwurf der Korruption ausgesprochen, wo es sich vielleicht um unverstandene Reziprozität auf alter kultureller Grundlage handelt – die etwas anderes ist als die Korruption großer Firmen, ganzer Staaten oder krimineller Abzweigung von Entwicklungshilfegeldern. Die Methoden, gesellschaftlichen Reichtum zu verteilen, sind unterschiedlich, die Vorstellungen darüber, was Armut ist oder wie man einen Vertrag schließt, auch. Regionalstudien helfen zu unterscheiden, und sie geben zum Beispiel auch Aufschluss darüber, dass in vielen Ländern der sogenannten Dritten Welt Innovationen nicht in staatlich subventionierten Hightechparks blühen und gedeihen, sondern vor allem im informellen Sektor, in dessen dynamischen Teilen mittelständische Strukturen entstehen, mit ihnen zahllose Arbeitsplätze und eine ausgesprochen kapitalistische Mentalität.

„Ihr seid also die Terroristenforscher", müssen sich Islamwissenschaftler und Nahostexperten gelegentlich anhören, nachdem selbst die Forschung nach 9/11 den Blick verengte auf Themen wie Islamismus und Fundamentalismus, flankiert von einem massenmedial und

politisch eingeübten Konnex von Religion und Politik und von der gebetsmühlenartig wiederholten öffentlichen Verknüpfung von Islam und Gewalt – ganz im Interesse der Scharfmacher auf beiden Seiten. Doch Religion ist nicht das eigentliche Problem, wissen die Regionalexperten, und sicher nicht die Ursache für Selbstmordattentate. Religion ist aber eine beliebte Ressource für die politische Mobilisierung – auf allen Seiten. Der Horror des Krieges mit seinen überaus komplizierten Ursachen lenkt den lebhaften Demokratie- und Emanzipationsdebatten im Nahen Osten ab, die zudem aus westlicher Sicht einen Schönheitsfehler haben: Sie sind nicht westlich. Regionalexperten kennen einen der kapitalen Irrtümer der sogenannten Ersten Welt, der immer wieder zu fatalen Fehlern führt, nämlich zu glauben, dass es auf dem Globus nur eine Richtung gibt: Westen. Nicht nur im Nahen Osten ist man es leid, belehrt zu werden – schon gar über zivilisatorische Tugenden, die man selbst nicht einhält.

Asienspezialisten waren davor, sich der Illusion hinzugeben, der Ferne Osten sei längst im Westen „angekommen", nur weil man Geld verdienen will, Biotechnologie betreibt und Wolkenkratzer baut. Das geht auch buddhistisch, konfuzianisch oder ganz offiziell mit Horoskop. Regionalstudien zeigen auch hier, dass Tradition kein Schnee von gestern, sondern ein konstitutives Element der Moderne ist. Sie zeigen dies auch in Lateinamerika, wo der erste „Indianerpräsident" postkolonialer Zeiten die Begriffe durcheinanderbringt und wo die offiziellen ökonomischen Theorien besonders hart mit der Realität kollidieren – wenn ihnen Regionalexpertise und historische Kenntnisse fehlen. Kenntnisse zumal, die erklären könnten, dass eine Grenze wie zum Beispiel diejenige zwischen Mexiko und den USA manchmal auch zu ihrem Gegenteil werden kann, dass der sehr junge Nationalstaat europäischer Prägung eine historische Ausnahme ist und dass er sich auch schon wieder seinem Ende zuneigt. Zurück nach Afrika ...

Unsere eigene Geschichte war bis vor nicht allzu langer Zeit vor allem von Mord und Totschlag geprägt. Es gab weder einen großen Plan noch Rezepte, nach denen sich Europa auf ein Ziel hin entwickelt hätte. Und die Ausbreitung der westlichen Zivilisation mittels Kolonisierung konnte nur unter Preisgabe all dessen stattfinden, was man unter „Zivilisation" nur je verstehen kann. Die Rechtfertigungsdiskurse für Völkermord, Sklaverei, fortgesetzte Menschenrechtsverletzungen und Diebstähle unglaublichen Ausmaßes lieferten die Ikonen des europäischen Geisteslebens, die die Gräueltaten der Kolonisierung als Mission civilatrice verkauften. Proteste wurden nicht akzeptiert, und ein Alexander von Humboldt, der die Ungeheuerlichkeiten der iberischen Kolonisatoren in Südamerika anprangerte, hatte lange keine Chance gegen den Staatsphilosophen Hegel, der den Untergang der alten amerikanischen Kulturen für unvermeidlich hielt, „sowie der Geist sich ihnen näherte", und ansonsten in der Sklaverei für Afrika die Rettung sah. Viele der Regionalstudien, um die es hier geht, haben koloniale Wurzeln. Anfangs dienten sie zwar auch der Erkenntnis über fremde Kulturen, mehr aber noch deren Planbarkeit nach kolonialen Interessen. Und mit ihren „Beweisen" für die „Primitivität" der anderen stellten sie das ideologische Rüstzeug für die in der Regel gewaltsamen Übergriffe der Kolonialmächte auf den Rest der Welt zur Verfügung. Auch heute noch dient manche Wissenschaft der Selbstvergewisserung der eigenen Kultur mehr als der Erkenntnis, da nämlich, wo sie ihre eigene kulturelle Tradition nicht wirklich kritisch befragt. Regionalstudien können heute einen Teil der Kenntnisse bereitstellen, die uns mit den „anderen" auf gleiche Augenhöhe bringen könnten. Denn im Unterschied zu dem wenigen, was wir über sie wissen, sind sie umgekehrt über uns und unsere Geschichte außerordentlich gut informiert.

Regionalstudien in Deutschland

„Kleine Fächer" über fremde Kulturen haben trotz vieler Beschlüsse und Empfehlungen an den Universitäten oft einen schweren Stand. Häufig sind sie ungeübt im Machtpoker und nur selten in den entscheidenden Gremien der großen Förderorganisationen vertreten, wo die Tendenzen und die Diskurse bestimmt werden. Gelegentlich ziehen sie sich dann in den Elfenbeinturm zurück und erwecken ganz von selbst den Eindruck, Orchideenzucht zu betreiben. Umgekehrt glauben Fachdisziplinen wie Wirtschafts- oder Politikwissenschaft – klassische Beratungsdisziplinen – häufig noch, ohne Regionalexpertise auskommen zu können, wenn sie ihre Analysen über die globale Lage abgeben. Und man misstraut einander nach Kräften. Da, wo Regionalstudien und Fachdisziplinen zusammenarbeiten wollen, scheitern sie in der Regel daran, dass Professuren mit Doppelqualifikationen nicht nachbesetzt werden, und an den starren, streng disziplinär ausgerichteten Ausbildungs- und Karrierewegen des deutschen Wissenschaftsbetriebes. Längst hat ein Braindrain der guten Leute eingesetzt, und ein großer Teil der Studierenden wird am Arbeitsmarkt vorbei ausgebildet. Dabei stehen die Chancen gut für Leute mit weitem Horizont. Denn in Zeiten der Globalisierung steigt der Bedarf an Politikwissenschaftlern und Ökonomen mit Regionalexpertise und an Regionalexperten, die eine Vorstellung vom Alltag realer Unternehmen haben – und nicht nur von der Funktionsweise staatlicher Entwicklungszusammenarbeit.

Im ganzen Land gibt es eine einzige Professur für die Ökonomie des Nahen Ostens, eine einzige für Brasilianistik, ganze zwei für die Politik Afrikas, davon eine außerplanmäßige, und die Sinologie zeigt Tendenzen, sich wieder verstärkt dem China vor 1910 zuzuwenden. Gleichzeitig hat die Aneignung kultureller Kenntnisse via Disneyland-Verfahren Konjunktur – mit „interkulturellen Knigges" für Manager oder interkulturellen Zusatzmodulen für BWL-Studiengänge.

„Irgendwann merken sie, dass sie die Sprachen nicht können", sagte eine Regionalexpertin angesichts „globaler Experten", die als einzige Fremdsprache nur noch Englisch beherrschen. Arabisch, Chinesisch oder Swahili lernt man aber nicht nebenbei. Ohne profunde Sprachkenntnisse bleibt man an der Oberfläche – und macht mitunter teure Fehler.

Es gibt Alternativen. Davon handelt dieses Buch.

SCHWERPUNKTE DER REGIONALFORSCHUNG

Die größte Forschungseinrichtung für Regionalstudien in Deutschland und eine der größten in Europa ist das *German Institute for Global and Area Studies – GIGA* in Hamburg. Vier Regionalinstitute sind unter einem Dach zusammengefasst: das *Institut für Afrika-Studien*, das *Institut für Asien-Studien*, das *Institut für Lateinamerika-Studien* und das *Institut für Nahost-Studien*. Am GIGA wird auf Länder und Regionen bezogene Forschung – Area Studies – systematisch mit regionenübergreifender, vergleichender Forschung – Comparative Area Studies – verbunden.

Eine traditionell große Konzentration von Regionalstudien gibt es auch in Berlin. Im November 2006 wurde an der *Freien Universität Berlin* das Zentrum für Regionalstudien gegründet, in dem die Regionalexpertise zu Nordamerika, Lateinamerika, Osteuropa, Ostasien und zum Vorderen Orient gebündelt wird. Kooperationen gibt es unter anderem mit dem *Ibero-Amerikanischen Institut Preußischer Kulturbesitz* und mit dem *Zentrum Moderner Orient (ZMO)*, das wiederum in Forschung und Lehre ebenfalls mit der *Humboldt-Universität zu Berlin* zusammenarbeitet.

Traditionell stark in Regionalstudien ist auch die *Universität Leipzig*, die über eine große Zahl „Kleiner Fächer" verfügt, die sich mit Sprache, Kultur, Politik und Wirtschaft anderer Weltgegenden befassen. Zu ihnen gehören zum Beispiel das *Altorientalische Institut*, das *Institut für Amerikastudien*, das *Institut für Afrikanistik*, das *Institut für Ethnologie*, das *Institut für Indologie und Zentralasienwissenschaften*, das *Orientalische Institut* oder das *Ostasiatische Institut*.

Ein großes Angebot an Regionalstudien gibt es an der *Universität zu Köln* unter anderem mit Afrikanistik, mit der Iberischen und Lateinamerikanischen Abteilung im *Historischen Seminar*, mit Indologie und Tamilistik, Orientalistik, Ostasienwissenschaft oder Ethnologie. Ein *Zentralinstitut für Regionalforschung* hat die *Friedrich-Alexander-Universität Erlangen-Nürnberg* mit Abteilungen für Nordamerika, Iberoamerika, zum Vorderen Orient und für die asiatisch-pazifische Region.

Die Arbeit einiger dieser Institute und vieler anderer wird in den folgenden Kapiteln vorgestellt.

AFRIKA –

DIE SUCHE NACH DEM GEGENTEIL

Afrika, das ist ein Prozent des Weltsozialprodukts, ist Hilfsempfänger und bedeutet Armut. Das sind zerfallende Staaten, marodierende Söldner, Aidswaisen, Hungernde und korrupte Eliten. Afrika, das bedeutet „Unterentwicklung“ …

IN DIESEM KAPITEL:

Afrika, das sind 48 Vielvölkerstaaten, von denen manche nicht zerfallen, weil sie nie wirklich existiert haben. Afrika, das sind Armutsökonomien und andere Lebensentwürfe, die unseren Armutsbegriff infrage stellen. Afrika, das sind prosperierende Volkswirtschaften – mitsamt einem dynamischen und innovativen informellen Sektor. Afrika, das sind viele falsche Zahlen. Afrika, das ist mehr und mehr der Unwille belehrt zu werden.

UND WAS HEISST EIGENTLICH „ENTWICKLUNG“?

AFRIKA
DIE SUCHE NACH DEM GEGENTEIL

Einleitung

WENN der deutsche Bundespräsident Horst Köhler nach Afrika reist, nimmt er Fußballer und Professoren mit. Nicht dass er seinen Kollegen Staatschefs zeigen will, dass Deutschland ebenso sportlich wie intelligent ist. Er will ihnen vielmehr zeigen, dass man in Deutschland – wenn man aus einem afrikanischen Land kommt – etwas werden kann. Denn die Fußballer und Professoren in seiner Begleitung sind Afrikaner.

Hier herrscht gleiche Augenhöhe, so lautete das Signal. Und im Jahr der Fußballweltmeisterschaft 2006 konnte man das einen Moment lang fast glauben. Auch in Afrika fieberten die Menschen erträumten Siegen entgegen – da waren sie ein bisschen so wie wir. Erholsame Bilder nach all den zerfallenden Staaten, marodierenden Söldnern, verwahrlosten Kindersoldaten, Aidswaisen, Hungernden und korrupten Eliten, die die immensen Probleme des Kontinents aus eigener Kraft nicht lösen können. Gleiche Augenhöhe wurde plötzlich auch angesichts eines anderen Phänomens konstatiert. Der Hochsitz des Mitleids geriet ins Wanken, als die Chinesen Afrika und seine Rohstoffe für sich entdeckt hatten und man seitdem sehr langsam begreift, dass nicht alle Waren- und Gedankenströme über die Nordhalbkugel laufen. Der Kontinent, der eben noch ein mitleiderregendes Armenhaus war, wird mit grob gemittelten Zahlen und wohlfeilen Erkenntnissen als Boomregion des Planeten verkauft, die man auf keinen Fall links liegen lassen darf.

„Wir wollen Afrika teilhaben lassen …“, sagte die deutsche Bundeskanzlerin und G8-Präsidentin in ihrer Regierungserklärung Ende Mai 2007. Doch kaum bemerkt lag die Betonung immer noch auf *„Wir wollen …“*

Subsahara-Afrika, darum geht es hier, das sind 48 Staaten – Nordafrika sind noch einmal sechs –, Verkehrssprachen aus kolonialen Zeiten sind Englisch, Französisch, etwas Portugiesisch. Alle Staaten außer Marokko haben sich in der Afrikanischen Union (AU) zusammengeschlossen, das Entwicklungsprogramm der AU heißt NEPAD (New Partnership for Africa's Development) und wurde in Abstimmung mit den Spitzen der entwickelten Welt 2001 beschlossen. Ein Teil der internationalen Handelsbeziehungen sind im Cotonou-Abkommen geregelt – es löst das Lomé-Abkommen ab –, einer Vereinbarung zwischen der Europäischen Union und den AKP-Staaten (Afrika, Karibik, Pazifik), in der die Interessen beider Seiten gewahrt werden sollen.

Afrika, das ist ein Prozent des Weltsozialprodukts, ist Hilfsempfänger und bedeutet Armut. Das sind zerfallende Staaten, marodierende Söldner, verwahrloste Kindersol-

daten, Aidswaisen, Hungernde und korrupte Eliten, die die immensen Probleme des Kontinents aus eigener Kraft nicht lösen können …

Subsahara-Afrika, das sind 48 Vielvölkerstaaten, von denen manche nicht zerfallen, weil sie in ihren kolonialen künstlichen Grenzen nie wirklich existiert haben. Zu den großen afrikanischen Verkehrssprachen gehören Swahili, Hausa und Yoruba, Arbeitssprache der AU ist Swahili, Südafrika hat 11 Amtsprachen; insgesamt werden in Afrika mehr als 2.000 Sprachen gesprochen. Afrika, das ist eine Vielzahl von Kulturen, Gesellschaftsformen und Ökonomien, das sind brutale Schinder und das sind Söldner und Warlords, die für Sicherheit sorgen, das sind Armutsökonomien und funktionierende Subsistenzwirtschaften. Afrika, das sind prosperierende Volkswirtschaften – mitsamt einem in Teilen hoch dynamischen und innovativen informellen Sektor, das sind andere Lebensentwürfe, die unter anderem unseren Armutsbegriff infrage stellen. Afrika, das ist bösartige Korruption und Verpflichtung auf Gegenseitigkeit, die hier wie Korruption aussieht, das sind gesellschaftliche Tendenzen – modern wie traditionell –, die unser liberales Politikverständnis herausfordern, und Gemeinwesen, die schon immer mit ihren eigenen bewährten Mitteln nach adäquaten Lösungen für ihre Probleme suchen. Afrika, das ist mehr und mehr der Unwille belehrt zu werden.

Das gute Afrika ist im Unterschied zum ewig scheiternden Afrika ein Kontinent fast ohne Menschen, Kulisse für kolonialen und postkolonialen Fernsehkitsch, und Afrikas Rohstoffe, um die so heftig gestritten wird, sind indessen nicht allein Gold, Edelsteine und Rohöl. Afrika ist Rohstoff fürs romantische Gemüt, dem der deutsche Wald zu klein geworden ist, spätestens seit Bernhard Grzimek die grandiose Serengeti zeigte – auf seine Veranlassung zu ihrem Schutz befreit von den Menschen, die es in Jahrtausenden nicht geschafft hatten, das Land schutzbedürftig zu machen.
„Macht euch die Erde untertan“ ist keine afrikanische Erfindung, die Folgen auch nicht.

Afrika wird erobert

Bis zum 19. Jahrhundert hatten sich die europäischen Kolonialmächte die afrikanische Erde endgültig untertan gemacht, erste Versuche gab es seit dem 15. Jahrhundert, als die Schätze Afrikas Begehrlichkeiten geweckt hatten. 1480 entdeckten die Portugiesen die Kongomündung, mit ihnen kam das katholische Christentum mit Priestern und Kirchengerät – Reliquiaren, Monstranzen, Weihrauchgefäßen. Die Priester verteilten Kruzifixe und Heili-

genbilder als Ersatz für Idole (wohl Ahnenfiguren), die sie eingesammelt und vernichtet hatten. Stärker waren die Waffen der Weißen, stärker also auch ihre Heiligtümer. Die Formen vermischten sich, und so wurde das Kirchengerät zum Vorbild dessen, was die Portugiesen schließlich feitiços nannten – Fetische. Der Fetischismus, der erst im Kontakt mit Europäern entstanden war, wurde in der Folge zum Synonym besonders für die afrikanische Form der Primitivität, ein Begriff auch, der helfen sollte, die erschreckende Vielfalt der Welt zu bannen, mit der die europäischen Entdecker nicht nur in Afrika nicht zurechtkamen.

In Europa wüteten inzwischen die Religionskriege: *„Zum Schluss der Beschreibung Guineas kann ich nicht unerwähnt lassen“*, schreibt der protestantische Missionar Andreas Josua Ulsheimer, *„dass – wie die Papisten jährlich an Fronleichnam um ihre Äcker oder Felder gehen, um dieselben vor Unwetter zu segnen – die Guineser jährlich an einem bestimmten Tag im April in allen Dörfern zusammenkommen. Da machen sie ihre Fetische oder Teufelsbilder oder Abgötter dem Teufel zu Ehren. Dazu haben sie, wie oben gesagt, fast solche Zeremonien wie die Papisten bei ihrer Messe.“* Ansonsten handelte der fromme Mann mit Elefantenzähnen. Ulsheimers Reiseerinnerungen erschienen 1622.

Brandenburg hatte schon früh mehrere Handelsstützpunkte in Westafrika gegründet. Großfriedrichsburg wurde 1683 erbaut, und bereits 1684 empfing man in Berlin die erste afrikanische diplomatische Gesandtschaft. Fürst Jancke erwies dem König als seinem Verbündeten die Reverenz. Die Interessen waren vorwiegend wirtschaftlicher Natur – unter anderem im Sklavenhandel, von dem auch afrikanische Herrscher profitierten. Im Handel herrschte gleiche Augenhöhe.

Erst seit der sogenannten Aufklärung nahm Afrika endgültig den Part des „Anderen“ ein. Die – protestantischen – Ikonen deutscher Hochkultur überboten sich gegenseitig in ihrer Verachtung der läppischen und kindischen Afrikaner (Immanuel Kant) und meinten oft genug eigentlich die Katholiken und natürlich die Frauen der eigenen Kultur, die auch erst im Aufklärungsdiskurs kindisch und vor allem irrational wurden. Später dient Georg Wilhelm Friedrich Hegel vor allem der Fetischismus als wohlfeiles Argument zur Rechtfertigung des europäischen Kolonialismus. Afrikaner seien *„keiner Entwicklung und Bildung fähig, und wie wir sie heute sehen, so sind sie immer gewesen“*. Hegel war selbstverständlich kein Freund des Sklavenhandels – für seinesgleichen –, aber für die Primitiven freut er sich doch, weil *„die Sklaverei (–) mehr Menschlichkeit unter den Negern“* geweckt habe. Menschlichkeit.

Karl Mauch, berühmter Reisender, der ab 1865 das südliche Afrika durchwanderte, fand ein anderes Argument für den Kolonialismus, eines, das weniger im Reich des Geistes angesiedelt war. Er meinte, es sei eine *„Vernachlässigung, auch Ungerechtigkeit“*, sich der afrikanischen Schätze

nicht anzunehmen: *„Und ich hoffe, dass die Resultate meiner achtjährigen, mit so bescheidenen Mitteln ausgeführten Reisen Anregung geben zu näherer Erforschung des Landes und Verwertung seiner kostbaren Produkte.“*

In Berlin lagen die Zentren imperialen und kolonialen Machtstrebens in der Mitte der Stadt. Von 1871 bis 1945 stand in der Wilhelmstraße die Zentrale der Reichsregierung, die Nummer 77 war das Reichskanzlerpalais, in dem auf der Westafrika- oder Kongo-Konferenz von 1884 die kolonialen Interessensphären innerhalb Afrikas abgesteckt wurden. König Leopold von Belgien bekam seinen Privatstaat Kongo, in dem er maßlos wütete, man einigte sich ansonsten über die Ausbeutung des afrikanischen Reichtums – Mineralien, Edelmetalle, Gewürze, Hölzer, Elfenbein. Auch der ehrliche Makler Deutschland hatte eigene koloniale Interessen. Außer Äthiopien und Liberia waren schließlich alle Länder besetzt. Und während man Afrika in einem Rausch von Habgier und menschlicher Verwahrlosung mit gnadenlosen Diebstählen und Massakern eine vorgebliche Mission civilatrice angedeihen ließ, präsentierte man in den Hauptstädten Europas koloniale Lustbarkeiten. Am Karpfenteich im Treptower Park in Berlin stand ein komplett aufgebautes Eingeborenendorf aus Kamerun, das deutsche Kolonie geworden war. Vielköpfige Menschengruppen mussten hier für zahlende Besucher exotisches Alltagsleben zur Schau stellen.

Afrika soll entwickelt werden

Wie lang ist das her, fragen wir uns gerade. Der Kolonialismus ist längst vorbei, seit den 1950er-Jahren sind die Länder unabhängig, haben eine Menge gelernt in der Mission civilatrice. Doch die Staaten, die Europa in Afrika hinterlassen hat, wollen partout nicht stabil werden, die Ökonomien, die seit 50 Jahren mit westlicher Hilfe und westlichen Theorien gefüttert werden, wollen sich nicht entwickeln. Hunger, Armut und Krankheit suchen den Kontinent nach wie vor heim, ja, tatsächlich ist alles immer schlimmer geworden. Demokratie, Sicherheit, Institutionen, Big Push, Pro Poor Growth – die Liste der Hilfsgüter ist lang, die Geldsummen sind astronomisch. Doch afrikanisches Wirtschaften und Regieren bleiben ein Problem. Wie ist das möglich? War ein halbes Jahrhundert nicht genug, die Fehler zu korrigieren? Dazu muss man natürlich erst einmal wissen, wer sie gemacht hat. Je nach politischer Couleur die Neokolonialisten und Imperialisten, der Kalte Krieg, die korrupten afrikanischen Eliten, die Heuschrecken, die Entwicklungshelfer – aber hätte einer von denen das allein geschafft? Wem ist geholfen mit der Hilfe, wie sie seit 50 Jahren offenbar vergeblich praktiziert wird? Braucht Afrika diese Hilfe – die Stimmen werden mehr, die das bestreiten –

oder brauchen wir jemanden, dem wir helfen können? Sei es aus politischem Interesse oder sei es, um unser Gewissen zu beruhigen.

Und was, wenn unsere Interessen, unser liberales Politikverständnis und unser gutes Herz herausgefordert werden? Wenn wir erfahren, dass in Zimbabwe auch Intellektuelle den Marodeur Robert Mugabe gewählt haben? Wenn neue islamische Gemeinschaftsdiskurse neue politische Koalitionen schaffen, wenn ausgerechnet die schlimmsten Schurken unter den Warlords für Sicherheit sorgen oder wenn protestantische Pfingstkirchen mit einem extrem konservativen Gesellschaftsverständnis immense Erfolge verzeichnen, unter anderem weil sie da einspringen, wo es Staat nun einmal nicht gibt und wo westliche Hilfe immer noch zu teuer ist, nämlich bei der Aidsbekämpfung? Wenn die Empfänger der Kleinkredite für Frauen nicht die Frauen sind, sondern ihre Männer, die das Geld in die Kneipe tragen? Und wenn die Rohstoffe an die Chinesen verkauft werden und alte geschnitzte Holzmasken durch chinesischen Billigramsch ersetzt werden? Man reagiert gereizt, zumindest gibt man ihnen zu verstehen, dass sie schwere Fehler machen.

„Es ist ja nicht so, dass wir keine Fehler machen“, sagt der mosambikanische Gelehrte Dr. Elisio Macamo von der Universität Bayreuth. *„Wir sind nicht unschuldig. Zum Beispiel unterliegen afrikanische Regierungen, die demokratisch gewählt wurden, nicht wirklich einer öffentlichen Kontrolle. Aber wir sollen die perfekten Menschen sein und auf keinen Fall die Fehler wiederholen, die Europa selbst gemacht hat.“*

Afrika muss man lernen

Der Sprachgehilfe, der Swahili lehrte, kam aus Ostafrika und war auch an den übrigen Aufgaben des Instituts beteiligt. Er hatte Kolonialbeamte auf ihren Feldaufenthalt vorzubereiten. 1887 wurde in Berlin das Seminar für Orientalische Sprachen der Universität gegründet. Seit 1900 betreibt man in Leipzig Afrikanistik, und an der Hamburger Universität lernte und lehrte man ab 1909 Bantusprachen am Seminar für Kolonialsprachen des Hamburgischen Kolonialinstituts. Heutige Afrikanistik-Institute sind häufig aus solchen Gründungen hervorgegangen, und noch heute wird an deutschen Universitäten sehr viel über afrikanische Sprachen geforscht, auch über Kunst und Literatur.

Der Historiker Prof. Adam Jones von der Universität Leipzig erforscht vor allem die Missionsgeschichte des Kontinents, in der sich die soziale, politische und ökonomische Geschichte widerspiegelt. *„Gab es früher in Afrika Demokratie?“*, fragen ihn die Studierenden der Politikwissenschaft im Graduiertenkolleg „Bruchzonen der Globalisierung“. Immer noch mühsam ist das Unterfangen zu erklären, dass nicht überall Westen ist und dass es andere Formen politischer Beteiligung gibt. Der Politikwissenschaftler Prof. Ulf Engel unterrichtet ebenfalls im Graduiertenkolleg und setzt sich vehement für mehr Ernsthaftigkeit und Realismus in der Debatte über Afrika ein. *„Immer noch wird eine simplifizierende und oberflächliche Afro-Pessimismus- vs. Afro-Optimismus-Debatte geführt."*

Wie eng geführt der Blick auf Afrika ist, erklärt der Politikwissenschaftler Dr. Andreas Mehler, Direktor des Instituts für Afrika-Studien am German Institute for Global and Area Studies (GIGA) in Hamburg. *„Afrika wird monolithisch gedacht, so als sei es ein einziges Land und kein Kontinent mit über 50 Ländern, mit einer Vielzahl von Sprachen, Religionen und kulturellen Traditionen und mit über 2.000 Sprachen."*

Die traditionelle politische Wissenschaft ist auf Staaten nach OECD-Façon fixiert, erfasst also kaum annähernd die Realitäten afrikanischen politischen Lebens, und so wenig brauchbar ihre hergebrachten Begriffe sind, so untauglich sind auch häufig die ökonomischen. *„Mit rein ökonomischen Theorien kommen wir oft nicht weit"*, weiß der Ökonom und Afrika-Experte Prof. Robert Kappel, Präsident des GIGA. In afrikanischen Ländern, wie in allen Ländern der sogenannten Dritten Welt (und nicht nur da) existieren verschiedene Ökonomien nebeneinander. Doch so viel an deutschen Universitäten über afrikanische Sprachen geforscht wird, so knapp sind vor allem in Politik- und Wirtschaftswissenschaft die Doppelqualifikationen. Auf Regionalexpertise zu Afrika glauben die sogenannten systematischen, theoriegeleiteten Disziplinen verzichten zu können. Auch die Geschichtswissenschaft, wie sie hierzulande gefordert wird – ob nun von weißen oder von schwarzen Historikern – hat nichts mit dem zu tun, was der Historiker eines Dorfes oder eines Verwandtschaftsverbandes in einem afrikanischen Land unter Geschichte versteht, weiß Adam Jones. Wenn man so wenig weiß, wie will man da zusammenarbeiten?

Es ist ein immenses Wissen über afrikanische Sachverhalte vorhanden – in der Ethnologie beispielsweise –, die sich seit geraumer Zeit davon verabschiedet hat, die Fransen der Baströckchen zu zählen oder an der Ecke des bunten Marktes zu sitzen und dem Leben zuzusehen. Die afrikanistische Ethnologie untersucht heute viel eher Konsumverhalten und Aneignungsprozesse in der Globalisierung wie Dr. Editha Platte vom Frankfurter Frobenius-Institut oder wie Loyalitäten organisiert werden, die modernen Parteien ebenso verpflichtet sind wie traditionellen Familienverbänden – oder wie afrikanische Gesellschaften auf eine der schlimmsten Katastrophen reagieren, die über sie hereingebrochen sind: *„Es werden nicht nur Vorstellungen über Sexualität, Krankheit, Heilung und Moral grundlegend neu bewertet"*, sagt Prof. Ute Luig vom Institut für Ethnologie an der Freien Universität Berlin. Auch Traditionen und Wertvorstellungen werden infrage gestellt oder gar ersetzt. *„Und das Moment der Krise wird trotz der damit verbundenen Erfahrung von Unglück und persönlichem Leid auch als Chance für gesellschaftliche Transformation verstanden, in der bestehende Lebenswelten kreativ weiterentwickelt werden."*

Die Zusammenarbeit zwischen den einzelnen Fächern formiert sich erst langsam, in der Regel in größeren Forschungsverbünden wie zum Beispiel Sonderforschungsbereichen der Deutschen Forschungsgemeinschaft. Doch immer noch – und an einigen Stellen sogar wieder mehr – beargwöhnt man einander, so gut man kann. Die Sozialwissenschaften scheuen die Kulturwissenschaften und umgekehrt, und bevor man miteinander spricht, erfindet lieber jeder das Rad neu. Teure deutsche Krankheit.

ERFAHRUNGEN

„In Afrika kann dir alles passieren“, sagt Jens Peter Breitengroß, seit 40 Jahren auf dem Kontinent unterwegs. „Du wirst verklagt, ohne davon zu wissen. Erst wenn du verurteilt bist, setzt man dich davon in Kenntnis. Von heute auf morgen kannst du Grundstücke, die dir seit 50 Jahren rechtmäßig gehören, wegen obskurer Rückforderungsansprüche wieder verlieren. Beamte legen deine Steuerschuld nach Gusto fest ... Der Geschäftsmann muss vor allem wissen, dass es für alles eine offizielle Lesart gibt; interessant wird es aber erst unter dieser offiziellen Decke: Man muss herausbekommen, wie die Dinge wirklich laufen.“

„Denken Sie an die Umwälzungen in der DDR und nehmen Sie diese zum Quadrat, dann bekommen Sie eine Vorstellung von dem, was in diesem Land seit 1994 passiert ist“, hat Wolf-Rüdiger von Toll erfahren, zuständig für die Geschäfte der *MAN Ferrostaal* am Kap.

„In Afrika muss man sich vor allem Zeit lassen“, sagt die Unternehmensberaterin Nina Mapili. Es ist höflich, zunächst über die Familie zu reden und sich nach deren Wohlergehen zu erkundigen. „Das Geschäft kommt immer am Schluss“, weiß die Expertin, „und ein unterschriebenes Papier kann unerheblich sein, wenn die Mindeststandards der Höflichkeit nicht eingehalten werden.“

In afrikanischen Ländern laufen die Geschäfte anders, als man es hier zu Lande gewöhnt ist. Um sie zum Erfolg zu führen, muss man willens und fähig sein, persönliche Kontakte zu knüpfen und aufrecht zu erhalten. „Im Kongo wie auch woanders in Afrika wird auf diese persönlichen Kontakte und auf mündliche Verhandlungen sehr viel Wert gelegt“, erklärt Michael Gebbers von Pharmakina. Und außerdem: „Mit Kongolesen kann man Klartext reden. Am nächsten Abend setzt man sich bei einem Glas Bier zusammen und spricht die Sache durch.“

ÖKONOMIE IN AFRIKA

Ein schwieriges Geschäft

BAN KI MOON kam im Safarianzug. Seine Gastgeber freuten sich, ihn zu sehen: *„Er wird dafür sorgen, dass wir endlich Häuser bekommen."* Der UNO-Generalsekretär war Anfang 2007 in Kibera, Kenias gigantischem Slum vor den Toren der Stadt Nairobi, der mit einer Million Einwohnern zu den größten in Afrika gehört, und zeigte sich schmerzlich betroffen. Afrika ist arm, so lautete die Botschaft. Ursachen sind schnell ausgemacht: Korruption, Krieg, Krankheit und schwache Staaten und immer noch zu wenig Hilfe zur Entwicklung.

Ein milliardenschwerer Big Push solls richten, finden die einen. Das viele Geld schafft Wirtschaftswachstum, sickert irgendwann durch (trickle down) und schafft auch irgendwann Arbeitsplätze – quasi automatisch. Andere bevorzugen direktere Wege und kleinere Lösungen. Pro Poor Growth setzt auf Kredite und Qualifizierungsmaßnahmen für die Armen. So oder so: Bis 2015 soll die Armut halbiert sein, lautet das Millennium Development Goal, das 2005 vom G8-Gipfel beschlossen wurde. Inzwischen weiß man, dass es trotz des Wirtschaftswachstums in zahlreichen afrikanischen Ländern kaum noch zu erreichen ist.

Es ist Zeit, die Instrumente neu zu justieren, findet der Ökonom Dr. Robert Kappel, Präsident des GERMAN INSTITUTE FOR GLOBAL AND AREA STUDIES und Professor an den UNIVERSITÄTEN HAMBURG und LEIPZIG – einer der wenigen Wirtschaftswissenschaftler mit ausgewiesener Afrika-Expertise.

„Vieles an den Ansätzen ist richtig, aber sie sind zu wenig auf die entscheidenden Wirtschaftssubjekte ausgerichtet. Man braucht eine Strategie für das Wachstum von Unternehmen." Aber über afrikanische Unternehmensstrategien wird bisher wenig geredet, entsprechend gehandelt schon gar nicht – weder von afrikanischen Regierungen noch von internationalen Organisationen.

Deutsche Unternehmensstrategien in Afrika sind eine Spezialität von Matthias Kleinert, der für SAFRI (SÜDLICHES AFRIKA INITIATIVE DER DEUTSCHEN WIRTSCHAFT) in Afrika unterwegs ist. Lange war er das als Leiter des Bereichs Politik und Außenbeziehungen für DAIMLERCHRYSLER, das sich wie LUFTHANSA, BOSCH und andere Große vor allem in Südafrika engagiert. 500 kleinere und mittlere deutsche Unternehmen sind zum Teil seit Jahrzehnten erfolgreich auf dem Kontinent unterwegs. Es könnten mehr sein, meint Kleinert, zum Nutzen und Frommen aller Beteiligten. Wenn man mehr wüsste über Land und Leute: *„Man muss Geschichte und Kultur eines Landes kennen"*, sagt der Weitgereiste, *„vor allem seine Religion."* Die Regeln des Wirtschaftens sind andere als hierzulande, und wer sie nicht kennt, kann schwere Fehler machen. *„Rechnen allein reicht nicht"*, sagt Kleinert.

Das weiß auch der Wirtschaftswissenschaftler Kappel und bedauert die mangelnde kulturelle und regionale Kompetenz der meisten seiner Kollegen in der Ökonomie, die vorschnell gesellschaftlich vorgeschriebene Reziprozität auf kultureller Grundlage für Korruption halten oder die makroökonomisch ratlos sind, wenn der Ressourcenreichtum nicht, wie von der reinen Lehre behauptet, zum Fluch wird:

> Ganz gegen die ökonomischen Regeln verläuft zum Beispiel die Entwicklung in Botswana. Das Land zählt zu den weltgrößten Exporteuren von Diamanten und leidet dennoch nicht an Dutch Disease, der Krankheit, die viele rohstoffreiche Länder heimsucht: Vernachlässigung von Landwirtschaft und industrieller Produktion, Überbewertung der Währung, wo außerdem Korruption endemisch ist und wo die Bereicherung weniger auf Kosten vieler an der Tagesordnung ist. Stattdessen gibt es ein funktionierendes Schulsystem, einen Fonds, über den die Exporterlöse ins allgemein Notwendige umgeleitet werden, die Währung hat man an den südafrikanischen Rand gekoppelt. Man lebt einfach und protzt nicht mit dem Erreichten. Aber man ist stolz darauf, es besser zu machen als das ölreiche Nigeria, dessen zum Teil bitter arme Bevölkerung unter seinen korrupten Eliten leidet.

„Mit rein ökonomischen Erklärungen kommen wir nicht weit", erklärt der Afrikaexperte Kappel, und daher auch nicht mit den üblichen Instrumenten zur Verbesserung der wirtschaftlichen Lage. Denn unterhalb der offiziellen Denkungsart existieren in Entwicklungs- und Transformationsländern verschiedene Wirtschaftssysteme nebeneinander. Auch mit einfachen Zahlen kommt man nicht sehr weit.

Wirtschaftswunder Afrika?

„Afrika ist auf der Weltbühne zurück", freute sich der deutsche Außenminister ebenfalls Anfang 2007 und dankte sogar mehrmals dem Allmächtigen, um seiner Erleichterung Ausdruck zu verleihen. Afrika, lange Zeit Synonym für Hunger und Armut, Krankheit und Krise, Gegenstand des Mitleids und besonderer Zuwendungen sollte plötzlich auf gleicher Augenhöhe sein? Wie war das möglich?

5,3 % Wirtschaftswachstum im Jahr 2006 (Weltbank 2007) und damit das dritte Jahr in Folge über 5 %. Niedrige Inflation, sinkende Handelsbilanz- und Haushaltsdefizite, Steigerung der Pro-Kopf-Einkommen um durchschnittlich ca. 3 %, dito des privaten Konsums um jährlich ca. 5 %. Man versteht die Erleichterung des Außenministers. Bei diesen Zahlen!

Eine schöne Zahl ist das Wirtschaftswachstum des Ölexporteurs Äquatorialguinea. 20,9 % zählte man für den Zeitraum von 1995 bis 2005. Wenn man diese Zahl mit dem Wachstum

Null % der Demokratischen Republik Kongo für denselben Zeitraum mittelt, erhält man eine interessante Zahl. So kann man nicht rechnen? Das europäische Armenhaus Rumänien stieg 2007 mit einer Wachstumsrate von 7,7 % in die Gemeinschaft ein, während Deutschland sich mit 0,9 % für 2006 hinten anstellen musste. Nein, so kann man nicht rechnen. Was man hier nicht tut, scheint indessen für Afrika richtig zu sein. *„Wir könnnen gar nicht von ‚der afrikanischen Wirtschaft' sprechen"*, warnt GIGA-Chef Kappel vor unzulässigen und unzulänglichen Verkürzungen – für Entwarnung gibt es keinen Grund, für Panik indessen auch nicht. Doch auf Differenzierung glaubt man – je nach eigener Interessenlage – verzichten zu können.

Und Zahlen sind geduldig.

Die offiziellen Instrumente zur Erfassung der wirtschaftlichen Realität lassen allzu viele kulturell bedingte Komponenten von Handel und Ökonomie außer Acht – genau wie den ausgeprägten informellen Sektor. Die Botschaft von Kenia in Deutschland gibt auf ihrer Homepage für den Bereich Handel und Industrie 300.000 Beschäftigungsverhältnisse im formalen und 3,7 Millionen im informellen Sektor an. Vom Development Committee 2007 wird für Kenia für die Dekade zwischen 1995 und 2005 eine Wachstumsrate von weniger als 3,6 % ausgewiesen. Für den formalen Sektor …

Unternehmensstrategien

„Wer außer Rohstoffen nichts verkauft, ist den Launen des Weltmarktes stärker ausgesetzt als jemand mit einer diversifizierten Industrie- und Dienstleistungsstruktur", sagt Kappel. Auch Landwirtschaft pur macht am Ende den Kohl nicht fett, besonders im Export. Und was die Produktivitätsraten angeht, bieten afrikanische Unternehmen insgesamt im Vergleich zu anderen Playern – in asiatischen Ländern zum Beispiel – einen ziemlich schlechten Auftritt. *„Die Potenziale sind enorm"*, weiß der Ökonom, *„aber es ist eine Menge zu tun. Vor allem braucht man eine Strategie für das Wachstum von Unternehmen."*

Vor allem für diejenigen im sogenannten informellen Sektor, der in seinen dynamischen Segmenten hochgradig kreativ und innovativ zahllose Unternehmen entstehen lässt, mit ihnen Arbeitsplätze, Kaufkraft und Mittelstand. Doch nicht integriert in die internationalen Wertschöpfungsketten, können die vorwiegend kleinen und mittleren Unternehmen (KMU) nicht die wirtschaftliche Dynamik entfalten, die zur nachhaltigen Schaffung von Arbeitsplätzen und damit Wohlstand nötig ist. Die Trickle-down-Effekte eines Big Push oder die Verbesserung der makroökonomischen Rahmenbedingungen allein reichen nicht aus und greifen zu langsam. Und Pro Poor Growth hilft den Unternehmen nicht, den informellen Sektor zu verlassen. *„Verbesserter Zugang der kleinen und mittleren Unternehmen zu Märkten durch Verbindungen mit der exportierenden Industrie könnte hier Abhilfe schaffen"*, sagt Kappel. Denn durch diese Linkages wird eine Dynamik zu ihrem Upgrade in Gang gesetzt: durch Technologietransfer und Produktionsaufträge, durch Wissenstransfer zur Verbesserung des Managements und zur Qualifizierung der Arbeit. Schließlich wird durch wachsende Einkommen und steigenden Konsum die lokale Produktion angeregt. So entstehen mehr und bessere Arbeitsplätze, Kaufkraft und Mittelstand – und mit ihnen Märkte.

Letztendlich kann man Armut nur auf diese Art nachhaltig verringern, weiß der Ökonom Kappel. Denn die ist – allen schönen Zahlen zum Trotz – in den meisten Ländern des Kontinents nach wie vor eines der Hauptprobleme. Da, wo der Wohlstand gestiegen ist, muss er auf mehr Köpfe verteilt werden – nirgends auf der Welt wächst die Bevölkerung so rapide wie in Afrika. So sind nach offizieller Definition – weniger als ein Dollar am Tag – 70 % der Menschen auf dem afrikanischen Kontinent arm.

Armut ist allerdings nicht gleich Armut.

Prof. Gerd Spittler und seine Kollegen von der UNIVERSITÄT BAYREUTH untersuchten Haushalte in drei westafrikanischen Dörfern in Niger und Burkina Faso und fragten: Wie viele Dinge braucht der Mensch? Und bei allen

GIGA-INSTITUT FÜR AFRIKA-STUDIEN

In Hamburg gibt es die in Deutschland seltene politik- und wirtschaftswissenschaftliche Forschung mit Afrikaexpertise. Am *GIGA-Institut für Afrika-Studien* kennt man alle 48 Staaten südlich der Sahara, ihre Eliten und Parteien, ihre Kriege und Krisen, vertraute und uns unbekannte Formen von Herrschaft und Demokratie – und man kann erklären, warum ein „Staat" nicht immer der Weisheit letzter Schluss sein muss. Auch afrikanische Ökonomie lässt sich nicht ohne Weiteres in westliche Theorien zwingen, wie man in Hamburg gut weiß – aller Globalisierung zum Trotze. Forschung zu großen Fragen wie Krisenprävention, Friedenssicherung und Armutsbekämpfung spielen eine bedeutende Rolle am GIGA-Institut, aber auch die vermeintlichen Nebensachen werden in ihrer Bedeutung erkannt: Fußball ist in Afrika eine ebenso ernste Angelegenheit wie hierzulande und deshalb auch ein ernster Forschungsgegenstand. Die Bibliothek des Instituts ist die größte ihrer Art in Deutschland, und die *Vereinigung für Afrikawissenschaften in Deutschland (VAD)* hat ihren Sitz an der Alster. Das GIGA ist Herausgeber des *„AfrikaSpectrum"*, einer wissenschaftlichen Zeitschrift für gegenwartsbezogene Afrikaforschung, die zu den führenden europäischen Afrikazeitschriften gehört. Für den schnellen Überblick gibt es – wie in den anderen GIGA-Instituten auch – den „Focus" mit Kurzanalysen zu aktuellen Themen.

Unterschieden zwischen den Dörfern der Hausa, Kasena und Tuareg stellte sich heraus, dass die Zahl der Besitztümer recht ähnlich ist und zwischen 94 und 132 Stück und im Wert zwischen ca. 145 und 420 Euro variierte. Zum Vergleich: Eine Bayreuther Studentin besitzt 3.100 Gegenstände im Wert von 27.000 Euro.

„*Wir haben es hier mit einem anderen Lebensstil zu tun, nicht mit einer defizitären Lebensweise*", erklärt Spittler. Viele Konsumgüter gelten als Überfluss, Reichtum ist allenfalls der Besitz von Vieh. „*Damit unterscheiden sich die Konzepte von Reichtum und Armut fundamental von den ausschließlich ökonomischen Vorstellungen von Wohlstand, wie sie die westlichen Diskurse zum Thema dominieren. Und man kann einen Lebensstil, der sich historisch im Westen herausgebildet hat, auch nicht als letzte Stufe eines evolutionären Prozesses interpretieren*", sagt Spittler.

Armut ist, wenn einer am Feiertag nicht mehr ausgehen kann, weil ihm die angemessene Kleidung fehlt, arm ist, wer nicht genug zu essen hat oder sich nötige Medikamente nicht leisten kann.

„*In Mosambik leben viele Menschen in funktionierenden Subsistenzwirtschaften*", ergänzt Robert Kappel. Die finden, dass die Leute in den Flüchtlingslagern arm sind. Und die sind wirklich arm.

Bitterarm sind auch die Menschen in Kibera, Teil der Glitzermetropole Nairobi, beide sind Afrika, und im Safarianzug sollte man dort nicht hingehen. Auf dem, was der deutsche Außenminister unter Weltbühne versteht, ist Afrika indessen noch lange nicht – zurück schon gar nicht. Es sei denn, er meint ein durchkolonisiertes Afrika früherer Tage oder eines, das Schauplatz der Weltkriege und des Kalten Krieges war – eine Hochzeit der Entwicklungshilfe im Übrigen, die man heute politisch korrekt Entwicklungszusammenarbeit nennt und die hier und da über Jahrzehnte hinweg wie andere Rentensysteme auch – im Nahen Osten ist es das Erdölregime – zu Dutch Desease geführt hat, zu der Krankheit, die Diversifizierung verhindert, Problemlösungskompetenz untergräbt, korrupte, aber willfährige Eliten füttert, die ihre Bevölkerungen hungern lassen. Bei vielem, was erreicht wurde, wurde vieles auch verhindert – oft aus Unkenntnis und Borniertheit und häufig auch, weil man für das schlechte Gewissen noch etwas zum Retten braucht.

Bei allen Schwierigkeiten, die der afrikanische Markt mit sich bringt, sind gute Geschäfte auf wirklich gleicher Augenhöhe besser als Geschenke, findet Matthias Kleinert, und auch der Ökonom hält das für die klügere Alternative. Man muss die Instrumente neu justieren. Für bessere Zahlen.

SAFRI, EINE UNTERNEHMENSBERATERIN UND DER AFRIKA-VEREIN Die *Südliches Afrika Initiative der Deutschen Wirtschaft – SAFRI* gibt es seit 1996. Die Initiative will das Augenmerk auf das wirtschaftliche Potenzial der Länder des südlichen Afrika lenken, um ein stärkeres Engagement der deutschen Wirtschaft zu erreichen. Trägerorganisationen sind der *BDI* der *DIHK* und der *Afrika-Verein*. In der Zusammenarbeit miteinander vermittelt man deutschen Unternehmern gezielt Kontakte und Informationen für die Aufnahme von Geschäftstätigkeiten in afrikanischen Ländern. Mitgliedern werden umfangreiche Dienstleistungen und Informationen zur Verfügung gestellt. Virtuelle Kontaktbörsen ergänzen diese Aktivitäten und fördern die Herstellung und den Ausbau von Geschäftsbeziehungen zwischen deutschen und afrikanischen Unternehmern.

Im Hinblick auf eine stärkere Integration afrikanischer Länder und Unternehmen in die Weltwirtschaft will *SAFRI* dazu beitragen, ein breites Unternehmertum zu fördern. In Workshops für kleine und mittlere Unternehmen, die in der Region durchgeführt werden, teilen deutsche Unternehmer ihre Erfahrungen im Exportgeschäft und im Qualitätsmanagement mit ihren afrikanischen Kollegen. Ein bewährtes *SAFRI*-Programm ist *STEP*, in dem Praktika in deutsche Unternehmen vor Ort vermittelt werden, um einheimische Fachkräfte auszubilden.

Eine enge Kooperation besonders bei den Workshops besteht mit der Unternehmensberaterin Nina Mapili. „In Afrika muss man sich vor allem Zeit lassen", empfiehlt die Expertin. Es ist höflich, zunächst über die Familie zu reden und sich nach deren Wohlergehen zu erkundigen. „Das Geschäft kommt immer erst zum Schluss", weiß Mapili, und ein unterschriebenes Papier kann unerheblich sein, wenn die Mindeststandards der Höflichkeit nicht eingehalten werden. Mapili kennt auch die besonders schwierigen Regionen des Kontinents. „Ein Land wie Zimbabwe hat eine schlechte Presse, aber die besten Unternehmer", weiß die Beraterin „Es gab über viele Jahre ein gutes Bildungssystem, Breitenbildung und gute Universitäten, bevor die jetzt junge Generation mit einer schweren Hypothek namens Robert Mugabe belastet wurde". In Südafrika, so Mapili weiter, seien Generationen von Menschen durch die Apartheid deformiert und mitunter von einem Anspruchsdenken träge gemacht worden, das sie mit dem der ehemaligen DDR vergleicht: The government will take care of me.

In Südafrika neigt man ein wenig dazu, sich selbst zu überschätzen, weil die ausländischen Firmen sich in der Mehrzahl am Kap niederlassen und weil das Land ständig als Beispiel und Zugpferd für ganz Afrika herhalten muss. Bei allen erzielten Erfolgen: Ganz so weit ist es noch nicht, weiß die Unternehmensberaterin. Außerhalb der Welt der Glitzerfassaden gibt es große Probleme. Viel zu tun für Nina Mapili.

Der *Afrika-Verein* mit Sitz in Hamburg ist ein bundesweiter Außenwirtschaftsverband der deutschen Unternehmen und Institutionen mit wirtschaftlichem Interesse an den Staaten des afrikanischen Kontinents. Er gibt einen wöchentlichen Newsletter heraus; alle zwei Monate erscheint „afrika wirtschaft", eine deutschsprachige Zeitschrift zu den deutsch-afrikanischen Wirtschaftsbeziehungen und mit dem jährlichen „Afrika-Wirtschaftsforum" als Informations- und Kontaktbörse.

IN AFRIKA KANN DIR ALLES PASSIEREN ...

UNTERWEGS MIT JENS PETER BREITENGROSS

„In Afrika kann dir alles passieren. Du wirst verklagt, ohne davon zu wissen. Erst wenn du verurteilt bist, setzt man dich davon in Kenntnis. Von heute auf morgen kannst du Grundstücke, die dir seit 50 Jahren rechtmäßig gehören, wegen obskurer Rückforderungsansprüche wieder verlieren. Beamte legen deine Steuerschuld nach Gusto fest, ohne dass sie in irgendeiner Relation zu deinen Gewinnen steht. Versuche, dich dagegen zu wehren. Es wird dir nicht gelingen."

Jens Peter Breitengroß ist seit fast 40 Jahren auf dem afrikanischen Kontinent unterwegs und hat viel erlebt. Als Wissenschaftler, Entwicklungshelfer, Unternehmer. Der Mann weiß, wovon er spricht. *„Jede Verallgemeinerung ist falsch"*, warnt er. Jeder muss seine eigenen Erfahrungen machen. Wo der eine Schwierigkeiten hat, kann der andere Erfolg haben.
Und dennoch: *„Die Schwierigkeiten für deutsche Unternehmen in Afrika sind enorm"*, sagt Breitengroß. Insbesondere Neulinge, die in die afrikanischen Nischenmärkte vordringen wollen, können schnell enttäuscht werden. Ohne eine Repräsentation vor Ort, ohne einen Agenten, der die Geschäfte dort führt, geht es nicht. Aber da fangen die Probleme mitunter schon an: *„Afrikanische Partner versprechen viel, halten wenig. Alle wollen gerne Joint Ventures, aber im Klartext heißt das aus afrikanischer Sicht: my joint, your venture."*

In vielen afrikanischen Ländern sind die Investitionsbedingungen durch Abkommen und durch Liberalisierungen auf internationalen Druck besser geworden, beispielsweise im Bereich der Währungen. Dennoch, betont Breitengroß, gäbe es so viele ungeschriebene Gesetze, die Firmen schnell in den Ruin stürzen können. Das größte Problem ist die Korruption. *„Es gibt ausgeklügelte Systeme, die bis in die Staatsführung hineinreichen"*, weiß Breitengroß. Und so kann er Firmen, die investieren wollen, nur zu einem langen Atem und einer guten Geschäftsidee raten: Jede Investition dauere doppelt so lange wie kalkuliert. *„Beim Businessplan muss man vom Worst Case ausgehen und noch etwas abziehen. Wenn dann noch etwas übrig bleibt, kann es gut gehen."* Damit es für deutsche Geschäftsleute kein böses Erwachen gibt, rät Breitengroß dringend zur Information über das jeweilige Zielland, zum Beispiel über den Afrika-Verein in Hamburg oder andere einschlägige Quellen. Der Geschäftsmann müsse vor allem wissen, dass es für alles eine offizielle Lesart gibt, interessant werde es aber erst unter dieser offiziellen Decke: *„Man muss herausbekommen, wie die Dinge wirklich laufen."*

Kann die Wissenschaft helfen?

Bei der Frage, ob die Area Studies dazu beitragen können, diese Decke etwas zu lupfen und Einblicke in die ungeschriebenen Gesetze einer Gesellschaft zu ermöglichen, ist

Breitengroß skeptisch. Wie so oft zweifelt der Praktiker an der Expertise des Theoretikers. Ein alter Fahrensmann wie Breitengroß, der sich sein Wissen mühsam und manchmal schmerzhaft durch Erfahrung erarbeitet hat, mag schon mal argwöhnen, dass „die Wissenschaft" wenig Bezug zur Wirklichkeit hat, zumal zur Wirklichkeit des Unternehmers. 1980 wechselte Breitengroß nach einigen Jahren als Regierungsberater für Zusammenarbeit mit Ostafrika in die Wirtschaft und musste erst lernen, *„wie grundstürzend anders die Welt des Unternehmers ist"*.

Doch Breitengroß, der in den 1970er-Jahren im Deutschen Institut für Afrika-Forschung, einem Vorläufer des heutigen GIGA-Instituts für Afrika-Studien, als Referent tätig war, ist ein viel zu wacher Geist, um den Reflexen vieler Unternehmer zu erliegen und Wissenschaft per se als unbrauchbar abzustempeln.

Aber mit deutlichen Worten kritisiert er die Wirtschaftsferne von Forschern. Viele Studien, die ihn erreichten, seien unverständlich und mühselig zu lesen. Welcher Unternehmer habe schon die Zeit und die Muße, sich in umfangreiche Studien einzuarbeiten? Breitengroß empfiehlt Regionalwissenschaftlern, sich auch auf die Bedürfnisse der Wirtschaft einzulassen. Erst dann, so betont er, könnten sich die Institute einen dauerhaft guten Ruf auch bei Geschäftsleuten erwerben. Erst dann würden sie als Informationsquelle wahrgenommen. Für besonders wünschenswert hält er kurze Übersichten, in denen systematisch die wichtigsten Daten aufbereitet werden. *„Ein Unternehmer wird nur das lesen, was er konkret nutzen kann."* Und dies müssen keineswegs immer nur Analysen des Investitionsklimas sein. Auch den Unternehmer interessieren beispielsweise Fragen zu politischen und wirtschaftlichen Aspekten von Religionen.

Dr. Jens Peter Breitengroß ist Geschäftsführer und Partner der Jos. Hansen & Soehne GmbH. Die Hamburger Traditionsfirma baut unter anderem Wasserwerke in Afrika. Breitengroß ist Mitglied des Afrika-Vereins, im Präsidium der Handelskammer Hamburg und Honorarkonsul der Republik Kenia in Hamburg.

In Studien zu politischen Parteien eines Landes wünscht sich Breitengroß auch einmal einen kritischen Blick auf das oftmals versteckte System der Parteienfinanzierung: *„Die materiellen Interessen in einem Land werden oftmals nicht genug herausgearbeitet und wären doch für uns Unternehmer sehr wichtig."* Auch hier gilt wieder die wichtigste Überlebensmaxime des Unternehmers: Herausbekommen, was wirklich läuft.

Natürlich sind solche Erwartungen kaum kompatibel mit den Zwängen des Wissenschaftssystems. *„Evaluierer legen Wert auf wissenschaftliche Reputation und die Frage, wie oft ein Wissenschaftler in den einschlägigen Fachzeitschriften zitiert wird"*, weiß Breitengroß. Nur wer hier gut ist, erhält weiter Geld und Stellen. Ob man mit seiner Arbeit die Wirtschaft erreicht hat, spielt in diesem System eine untergeordnete Rolle. Und so lange dies so ist, bleibt Jens Peter Breitengroß skeptisch.

Michael Sonnabend

Kunywa chai zinazopendwa kwa miaka mingi!

THE TANZANIA TEA BLENDERS

Die Tanzania Tea Blenders setzen auf die nationale Karte. Die Teeproduktion konnte in fünf Jahren von zehn auf 150 Tonnen gesteigert werden. 150 Beschäftigte sind in Lohn und Brot. Außer im Tee- ist man im Kaffeegeschäft aktiv, und die Marke Africafé, die man als rein tansanisches Produkt bewirbt, ist eine Erfolgsgeschichte. Der Instantkaffee wird in modernen Anlagen in marktgerechte Portionen zu 2,6 Gramm für 10 Shilling das Stück abgefüllt. Das macht eine Tasse Kaffee für einen Eurocent. Mit Africafé konnten Marktanteile von Nestlé zurückerobert werden, inzwischen hält man 75% am heimischen Markt. „Beim Schweizer Multi war niemand auf die Idee gekommen, die Abfüllmengen an den tansanischen Markt anzupassen", sagt Sascha Wisotzki, Afrika- und Islamwissenschaftler vom Institut für Bevölkerungs- und Sozialgeografie an der Universität Bayreuth. Wisotzki untersucht die Wirtschaftsstruktur des ostafrikanischen Landes und die globalisierten Händlernetzwerke der Region. Außer landwirtschaftlichen Produkten entstehen im Land Textilien ebenso wie einfache Technologie in diversen Branchen. Massenware kommt aus China, und die Möbel aus Vietnam sind billiger als diejenigen aus eigener Herstellung. Hightech und

UNIVERSITÄT BAYREUTH

Die *Universität Bayreuth* ist ein Schwergewicht der universitären Afrikaforschung mit über 30 afrikabezogenen Professuren – bis hin zu naturwissenschaftlichen Disziplinen. Zu aktuellen politischen und ökonomischen Entwicklungen Afrikas wird sozialwissenschaftlich und sozialgeografisch gearbeitet. Alte und neue Händlernetzwerke in Ostafrika als „Broker" der Globalisierung sind ebenso gefragte Gegenstände der Forschung wie die Bewältigung von Dürrekatastrophen, die den Kontinent immer wieder heimsuchen. Auch kulturwissenschaftliche Fächer und Ethnologie sind stark vertreten und ebenfalls aktuell ausgerichtet, zum Beispiel bei der Untersuchung von Konsummustern afrikanischer Gesellschaften in der Globalisierung.

Lehre:

Afrikanische Sprachen, Literaturen und Kunst, „Angewandte Afrikastudien" mit dem Studiengang „Geografische Entwicklungsforschung Afrikas", „Kultur und Gesellschaft Afrikas" mit Ethnologie und Entwicklungssoziologie. Die *Bayreuth International Graduate School of African Studies* ist ein Angebot, das sich an exzellente afrikanische und nicht-afrikanische Studierende richtet, unter anderem mit dem Ziel, afrikanische und europäische Netzwerke zusammenzuführen.

Autos importiert man vorwiegend aus Japan. Die jährliche Industriemesse in der tansanischen Wirtschaftsmetropole Daressalam lockt vor allem Aussteller aus Ostasien, die wissen, wie man sich in die afrikanischen Märkte einfädelt.

„Man muss Leute kennen, mit denen man vertrauensvoll zusammenarbeiten kann. Geschäftsbeziehungen etablieren sich vor allem auf einer persönlichen Ebene", erklärt Wisotzki das etwas andere Prinzip. Und: „Wenn man einen wirklichen Zugang zu Land, Leuten und Kultur bekommen will, geht es nicht ohne Swahili." Die offiziellen Wachstumsraten der tansanischen Wirtschaft liegen bei vier bis fünf Prozent. „Tatsächlich dürften sie aber höher sein", meint Wisotzki. Die Instrumente von Weltbank und IWF zur Erfassung der wirtschaftlichen Realität lassen zu viele kulturell bedingte Komponenten von Handel und Wirtschaft außer Acht.

> Swahili ist Amtssprache in Tansania und zweite Amtssprache sowie weit verbreitete Verkehrssprache in Kenia. In Uganda ist es neben der Amtssprache Englisch verbreitete Verkehrssprache und Kommandosprache bei Polizei und Militär. Bereits 1967 hatte sich die *Ostafrikanische Gemeinschaft* die Förderung des Swahili anstelle des von der britischen Kolonialmacht hinterlassenen Englisch zum Ziel gesetzt. Swahili wird außerdem in Ruanda, Burundi, der Demokratischen Republik Kongo, in Somalia, auf den Komoren (einschließlich Mayotte), in Mosambik und Malawi gesprochen. Ferner wurde es auf dem Gipfeltreffen der *Afrikanischen Union* im Juli 2004 als Arbeitssprache übernommen, und 90 Millionen Menschen sprechen Swahili als Handelssprache und benutzen es als Lingua franca.

Tanzania Tea Blenders gehört zu den großen Firmen des Landes. Für die Kleinen ist es ungleich schwieriger zu prosperieren, weiß Wisotzki. Häufig fehlt das Geld für die nächste Expansionsstufe und für den Schritt aus dem informellen Sektor, in dem die Kleinhändler ein paar Uhren oder Schuhe verkaufen oder mit einer alten Nähmaschine am Straßenrand sitzen. Viele von ihnen sind Migranten vom Land, die die Landwirtschaft nicht mehr ernährt.

„Buy Tanzanian", eine Kampagne der Regierung, kam den Tanzania Tea Blenders zugute – für den Inlandsmarkt. Doch man will expandieren und den Export in Fahrt bringen – auch nach Deutschland. Wären da nicht die hohen Importzölle oder Abnehmer wie so manche politisch korrekten Alternativhändler. „Niemand zahlt uns so schlechte Preise", sagt ein Vertreter der Firma. „So verdienen die Bauern keinen Shilling mehr." Am Ende gehen sie in die Stadt zu den anderen Arbeitslosen, um dort irgendwie ihr Auskommen zu finden.

Trinke den Tee,
der schon seit vielen Jahren
geliebt wird!

ORTSKENNTNISSE
DAS ERFOLGSREZEPT DER MAN FERROSTAAL

Wenn Wolf-Rüdiger von Toll von Südafrika erzählt, kommt Leben in den ruhig wirkenden Mann. *„Denken Sie an die Umwälzungen in der DDR und nehmen Sie diese zum Quadrat, dann bekommen Sie eine Vorstellung von dem, was in diesem Land seit 1994 passiert ist"*, betont der Manager, der für die Geschäfte der MAN Ferrostaal am Kap zuständig ist. *„Viele wichtige Schaltstellen in Politik und Verwaltung sind heute mit Schwarzen besetzt. Und nicht immer ist die Zusammenarbeit mit den noch unerfahrenen neuen Stelleninhabern einfach."* Überhaupt, so von Toll, müsse man als deutsches Unternehmen in Südafrika viel Sensibilität für Landesspezifika aufbringen. Die regionalen Unterschiede, verstärkt durch eine Vielzahl ethnischer Gruppen, seien enorm hoch.

Die *MAN Ferrostaal AG*, Essen, ist mit 4.700 Mitarbeitern und einem Umsatz von 2,8 Mrd. Euro (2005) der Industriedienstleister in der *MAN Gruppe*. *MAN Ferrostaal* bedient weltweit Kunden in mehr als 60 Ländern. *MAN Ferrostaal* ist eine Tochter der *MAN Aktiengesellschaft, München*.

Anders als in der Politik sind in der Industrie vielfach die alten Entscheidungsträger am Ruder: *„Es gibt viel Kompetenz im Land"*, sagt von Toll. Und die südafrikanische Wirtschaft bekommt außerdem neue Impulse: Initiativen wie Black Economic Empowerment bringen Dynamik in den Markt und tragen dazu bei, dass afrikanisch geführte Unternehmen Anschluss finden.

Seit 1995 ist MAN Ferrostaal im Druckmaschinengeschäft am südafrikanischen Markt tätig. Das Unternehmen verfügt im Land über vier Standorte mit rund 50 Mitarbeitern. *‚Unsere Kompetenz liegt darin, dass wir uns vor Ort gut auskennen"*, sagt von Toll. Gerade, weil das Unternehmen selbst nichts produziert, sondern sich als Handelshaus und Industriedienstleister versteht. Wenn es darum geht, sich das erforderliche Wissen über Land, Leute und wirtschaftliche Zusammenhänge anzueignen, geht von Toll die klassischen Wege: über internationale Handelskammern, Botschaften oder wirtschaftsnahe Institute wie den Afrika-Verein in Hamburg.

Mit wissenschaftlichen Einrichtungen ist er noch nicht in Kontakt gekommen. Was nicht heißt, dass wissenschaftliche Expertise bei Ferrostaal nicht willkommen wäre. Doch offensichtlich ist der Weg des Wissens aus der Sphäre der Wissenschaft bis in die Köpfe und auf die Schreibtische global agierender Manager noch weit.

Wie müssen sich deutsche Hochschulen also verändern, um von der Wirtschaft wahr- und als geschätzte Partner ernst genommen zu werden? Ein Weg bietet sich über die Ausbildung an. Während Studierende interkulturell ausgerichteter Fächer in erster Linie für den späteren Einsatz in der Entwicklungszusammenarbeit ausgebildet werden,

suchen Unternehmen Absolventen mit konsequent auf die Unternehmenswirklichkeit ausgerichtetem Profil. Für Wolf-Rüdiger von Toll heißt das: *„Authentische Erfahrungen im Ausland über längere Zeiträume und exzellente Sprachkenntnisse gepaart mit wirtschaftlichem Grundverständnis."*

So bildet MAN Ferrostaal aktuell in seinen Trainee-Programmen ausschließlich Absolventen mit interkulturellen Abschlüssen aus, berichtet Unternehmenssprecher Daniel Reinhardt. Oder man gewinnt ausländische Absolventen für eine Ausbildung im Unternehmen. Diese bekommen dann die Chance, ein deutsches Unternehmen und Deutschland kennenzulernen, um dann später mit diesen Erfahrungen in ihrem Heimatland für MAN Ferrostaal tätig zu werden. Für das Unternehmen sind solche Mitarbeiter von unschätzbarem Wert. Natürlich muss aber ein guter Mitarbeiter immer eine solide Kernausbildung haben. Ein Ingenieur bleibt letztlich immer ein Ingenieur, aber Wolf-Rüdiger von Toll wünscht sich einen Ingenieur, der sich in die Bedürfniswelt seines Kunden hineinversetzen kann. *„Was nützt mir die hohe deutsche Ingenieurskunst, wenn das Ergebnis am Markt vorbei konstruiert und viel zu teuer ist?"* Wenn beispielsweise die RWTH Aachen begönne, ergänzt Daniel Reinhardt, ihre hervorragenden Ingenieure auch während des Studiums für längere Zeiträume in die Welt hinauszuschicken und ihnen dann noch – zumindest in Ansätzen – ökonomisches Denken vermitteln könnte, wären die Rekrutierungsprobleme vieler global ausgerichteter und technisch geprägter Unternehmen geringer. Doch das ist noch Zukunftsmusik.

Noch ist die deutsche Vorstellung von dem, was man gemeinhin als Globalisierung bezeichnet, ein wenig betulich. Sicher, den Titel des Exportweltmeisters erwirbt man sich nicht auf der faulen Haut. Doch von Toll ist überzeugt: Globalisierung kann man nicht ausschließlich von Deutschland aus machen. Wer langfristig in der Welt erfolgreich sein will, muss sich schon dorthin begeben, wo die Geschäfte gemacht werden. Globalisierung heißt, diejenigen stark zu machen, mit denen man langfristig zusammenarbeiten möchte. Und dazu gehören manchmal eben auch Pioniertaten.

So investiert MAN Ferrostaal jetzt nahe Kapstadt in zwei Werften. Hier sollen Öl- und Gasförderplattformen konstruiert und gebaut werden. Angesichts der wachsenden westafrikanischen Öl- und Gasindustrie und der umfangreichen Lagerstätten in der Region gibt es eine stark zunehmende Nachfrage nach solchen Plattformen. Was fehlt, sind Werften. Für die südafrikanische Wirtschaft bedeutet das Projekt den Einstieg in eine völlig neue Industrie und damit einen kräftigen Schub. MAN Ferrostaal erschließt sich einen neuen Markt. Und der südafrikanische Staat sichert sich ausländische Investitionen und Arbeitsplätze für seine Bürger: Wenn alles wie geplant läuft, werden die Werften 12.000 neue Arbeitsplätze schaffen.

Michael Sonnabend

Das Leipziger Universitäts-„Small Enterprise" SEPT hat selbst schon ein weiteres Unternehmen generiert. *Innoways* hilft deutschen Unternehmen auf dem Weg ins Ausland. Markterschließung, Change Management und Training sind die Services. Spezialisiert hat man sich hier auf die Branchen Energietechnik, Umwelttechnik, Biotechnologie, Informations- und Kommunikationstechnologie. Auch im Studiengang wird wirtschaftlich gedacht: SEPT ist – wie seine Ableger in Hanoi und demnächst in Nairobi – gebührenfinanziert und trägt sich selbst. Nur der Leiter des Programms, Dr. Utz Dornberger, wird noch von der Universität bezahlt.

SMALL ENTERPRISES MADE IN LEIPZIG

Am Institut für Afrikanistik der Universität Leipzig angesiedelt, aber weltweit aktiv ist SEPT – Small Enterprise Promotion and Training – ein Masterstudiengang der besonderen Art. Der deutsche Mittelstand ist so gut, sind die Leute von SEPT überzeugt, dass er Vorbildcharakter hat für den inhaltlichen Zuschnitt des Studiengangs und Beispiel geben kann für kleine und mittlere Unternehmen aus Entwicklungs- und Transitionsländern. Die SEPT-Studenten kommen aus der ganzen Welt, aus Afrika, Lateinamerika, Asien und aus dem Nahen Osten. Sie sind in der Regel junge Unternehmer oder Manager kleiner und mittlerer Betriebe oder Wissenschaftler, die sich in Leipzig weiterbilden wollen – manchmal auch beides. Die SEPT-Absolventen sind mit ihrer praktisch-unternehmerischen Erfahrung und ihrer exzellenten wissenschaftlichen Ausbildung in ihren Hei-

UNIVERSITÄT LEIPZIG

Die klassischen Berater aus Politik- und Wirtschaftswissenschaft bringen zu wenig Irritation in die Beratung, findet man am Institut für Afrikanistik der *Universität Leipzig*, weshalb man sich dort intensiv der Komposition innovativer Studiengänge mit Afrikabezug widmet. Politik- und wirtschaftswissenschaftliches Wissen soll mit kulturellem und historischem Wissen verbunden werden; Anwendungsbezug wird groß geschrieben, besonders im Arbeitsbereich Wirtschaft, Politik und Gesellschaft. Anwendungsbezug gilt auch bei den Sprachen, die man nicht nur erforschen, sondern auch lernen kann – vor allem die beiden großen afrikanischen Verkehrssprachen Swahili und Hausa. Seit 1996 gibt das Institut die renommierte Occasional-Paper-Reihe „University of Leipzig Papers on Africa" (ULPA) heraus, die in fünf Unterreihen erscheint: Politics and Economics, Languages and Literatures, History and Culture, Mission Archives sowie die Leipziger Beiträge zur Geschichte und Kultur in Afrika.

Lehre: Bachelorstudiengang „Afrikastudien" und Masterstudiengang „Afrikastudien / African Studies". Ferner arbeitet man mit dem European Master „Global Studies", einem konsortialen Studiengang der *Universitäten Leipzig, Wien, Wrocław* und der *London School of Economics* zusammen. Enge Kontakte bestehen auch zum DFG-Graduiertenkolleg „Bruchzonen der Globalisierung" und dem Internationalen Promotionsprogramm (IPP) „Transnationalisierung und Regionalisierung".

matländern ihrerseits die besten Ansprechpartner für deutsche Unternehmer, die sich internationalisieren wollen. In der Regel fehlen nämlich die richtige „Einfädelung" und die kulturellen Kenntnisse – daran scheitern die meisten Versuche. Der Bedarf nach solcherart Beratung ist groß, wie Industrie- und Handelskammern allenthalben melden.

GELOBTES LAND

DIE CHINESEN IN AFRIKA

Gelobtes Land und Kontinent der unbegrenzten Möglichkeiten. Hier kann man reich werden, über allem schwebt der Hauch von Abenteuer. Nein, nicht von Amerika ist die Rede. Afrika ist das Traumziel, und Sehnsucht haben die Chinesen. *„Es sind nicht nur die Ölkonzerne, die ihre Rieseninvestitionen auf den Kontinent bringen, es sind auch Arbeiter und einfache Leute, die sich in Afrika ihren Traum vom Reichtum erfüllen wollen"*, sagt die Ökonomin und Sinologin Dalila Nadi, die am Zentrum Moderner Orient (ZMO) die chinesische Migration nach Algerien untersucht. *„Das Afrikabild der Chinesen ist dem unseren diametral entgegengesetzt. Man geht nicht nach Afrika, um Brunnen zu bauen, sondern um Geschäfte zu machen"*, erklärt Nadi.

China unterhält zwar schon seit geraumer Zeit Beziehungen zu Afrika, die Wirtschaftsbeziehungen intensivieren sich hingegen erst seit einigen Jahren. 87 % der afrikanischen Exporte nach China sind Rohstoffe, entsprechend heftig wird im Westen die Rede von der „Schlacht um Afrikas Ressourcen" geführt. Man wirft den Chinesen gar Imperialismus vor und sieht die eigenen Bemühungen, den afrikanischen Kontinent mit Good Governance und Strukturanpassungsreformen zu beschenken, gefährdet. Doch die Kritik der Europäer lässt die Asiaten kalt. Wer im Glashaus sitzt, soll nicht mit Steinen werfen, finden sie, zumal das wirtschaftliche Engagement bei gleichzeitiger Nichteinmischung in die inneren Angelegenheiten bei afrikanischen Regierungen durchaus auf Gegenliebe stößt. *„Schon lange werden besserwissende Organe der Entwicklungszusammenarbeit oder zahlreiche Delegationsbesuche ohne konkrete Ergebnisse als störend empfunden"*, weiß GIGA-Direktor Robert Kappel. *„Viele afrikanische Staatschefs freuen sich, dass Weltbank, Internationaler Währungsfonds, EU und die alten Kolonialmächte Frankreich und Großbritannien nun durch China in die Schranken gewiesen werden."* Und China hat Vorbildcharakter. Wir haben es auch ohne den Westen geschafft, auf unsere Art, heißt die Boschaft. *„Armutsbekämpfung im Sinne westlicher Konzepte ist bei den afrikanischen Eliten ohnehin eher verpönt"*, fügt Kappel hinzu. *„Sie wollen wirtschaftliche Entwicklung, Wohlstand, gute Ausbildung, Teilhabe am internationalen Austausch, Zugang zu neuen Märkten und Mittelstandsförderung."* Schuldenreduktion, chinesische Entwicklungshilfe zum Beispiel durch Infrastrukturausbau und ein rapide wachsender Studentenaustausch tun ein Übriges, um die Beziehungen zu vertiefen, wenngleich es längst – besonders im südlichen Afrika – auch Irritationen über die chinesische Exportoffensive gibt, die die einheimischen Märkte durchaus gefährden könnte.

Nach Algerien, ins zweitgrößte Land Afrikas, kamen die Chinesen zunächst als Bauarbeiter, mitgebracht von ihren Firmen, die internationale Ausschreibungen gewonnen hatten. Hilfreich waren die traditionellen Beziehungen aus gemeinsamen sozialistischen Zeiten – heute ist man vereint im Übergang der eigenen Gesellschaften zum Kapitalismus und im antikolonialen Impuls. *„Längst lassen sich chinesische Arbeiter in Algerien nieder und holen ihre Familien nach“*, hat Dalila Nadi festgestellt. *„Sie lernen die neue Sprache, eröffnen kleine Geschäfte und Restaurants und fügen sich ganz selbstverständlich in die algerische Gesellschaft ein.“*

Und was Europas Auftritt in Afrika angeht: Weniger Hilfsgebaren, weniger postkoloniale Geostrategie, mehr auf Nachhaltigkeit ausgerichtetes wirtschaftliches Engagement und größere Fairness in den Austauschbeziehungen wären eine gute Alternative, finden die Experten.

Das *Zentrum Moderner Orient (ZMO)* in Berlin befasst sich interdisziplinär und in historisch-vergleichender Perspektive mit Afrika, dem Nahen Osten sowie mit Süd- und Südostasien – den Gegenden also, die man zu Beginn außereuropäischer Regionalstudien vor 100 Jahren den „Orient“ nannte. Der regionale Schwerpunkt der Forschung des ZMO liegt im Nahen Osten – mehr zum ZMO in diesem Kapitel.

EINE GIRAFFE FÜR DEN KAISER

Chau Ju-kua, der Autor des Buches Chu-fan-chih, vollendet sein Werk 1226. Es ist vor allem eine Kompilation von Kuriositäten, Übernatürlichem und Unbekanntem, in der sich Fakten mit fantastischen Geschichten mischen, und zwar über Ostafrika. Chau Ju-kua nennt die Länder Pi-palo, Berbera an der somalischen Küste, Chung-li, wohl Somalia, Ts'eng-po, Sansibar und K'un-lun Ts'eng-ch'i, Madagaskar. Sonderbar erscheint ihm, dass die Bewohner Ostafrikas nicht Buddha anbeten, sondern den Himmel. In Chung-li, so heißt es, können die Menschen zaubern, sich gar in Vögel und andere Tiere verwandeln. An Giraffen indessen muss er nicht viel erfinden, um sie als Kuriositäten darstellen zu können. Chau Ju-kua erwähnt auch die Sklaverei – verkauft und versklavt würden vor allem „Wilde“. Ihre Körper seien schwarz und ihre Haare gekräuselt. Sie würden angelockt durch Essen und dann gefangen genommen.

Etwa 150 Jahre später, mit dem Beginn der Ming Dynastie (1368–1644), wollte die chinesische Regierung den Außenhandel neu beleben. Der Landweg durch die Mongolei war blockiert, und die Luxusgüter wurden knapp. Man strebte nach internationalem Prestige und dem Tribut anderer Völker – obwohl nach konfuzianischer Lehre der Handel gering geschätzt wurde.

Chêng Ho, ein Eunuch des kaiserlichen Gerichts, erhielt Anfang des 15. Jahrhunderts das Kommando über die kaiserlichen Expeditionen in den Westen. Seine fünfte (1417 bis 1419) und sechste (1421 bis 1422) Reise brachten ihn bis an die ostafrikanische Küste, auch nach Malindi (Kenia) und nach Mogadischu. Chêng Ho hatte den Auftrag, seltene und wertvolle Objekte zu sammeln, zudem ungewöhnliche Tiere für die kaiserlichen zoologischen Gärten. In Somalia hatten die Giraffen einen Namen, der dem chinesischen Namen eines berühmten Fabelwesens ähnelte. Dieses Fabelwesen, ähnlich dem Einhorn, wurde als Zeichen des Glücks und des Himmels angesehen. 1415 präsentierte eine Delegation aus Malindi eine Giraffe als Geschenk am kaiserlichen Hof. Der Kaiser ließ sich herbei, die Giraffe als Zeichen der Tugend, der Harmonie und einer guten Regierung anzuerkennen – und mit ihr die Delegation aus Afrika.

Chêng Ho geleitete die Delegation schließlich mit seinen Schiffen zurück nach Ostafrika.

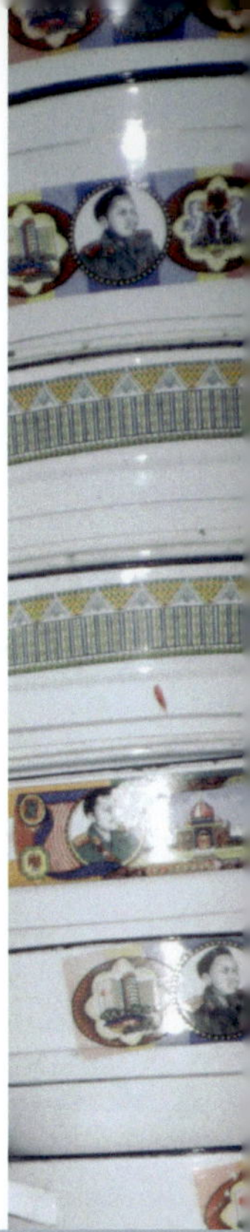

DIE WEGE DER MASSENWARE

DER KOCHTOPF ALS PRESTIGEOBJEKT

Der Kunstsinnige würde es eine Installation nennen. 150 Kochtöpfe – billige Massenware – aufgereiht in einem Regal und nicht für den Gebrauch bestimmt. Ein altes Krankenhausbett ist durch Um- und Aufbauten im Sinne des Ursprungsgedankens dysfunktional gemacht worden, dafür mit grünen Volants behängt … doch nicht das Original, sondern ein Nachbau in Plastik. Auch Teekesselkopien aus Plastik leisten nicht, was die metallenen Originale können, aber für Gebetswaschungen sind sie durchaus geeignet. Die Wege der Konsumgüter in eine andere Kultur oder Aneigungsprozesse in der Globalisierung ist eines der Forschungsthemen der Ethnologin Dr. Editha Platte vom Frobenius-Institut der Universität Frankfurt a. M. Seit 20 Jahren reist sie nach Nordnigeria. Zunächst forschte sie dort zu muslimischen Würdenträgerinnen, später auch zum Leben von Prostituierten.

In den Räumen der Frauen von Borno ruhen die Töpfe und die Kessel aus Plastik als dem Alltag enthobene Prestigeobjekte, dienen allenfalls dem Gabentausch bei Hochzeiten. Borno ist – seit 1100 – das älteste islamische Königreich des afrikanischen Kontinents, das seit jeher durch alte Handelswege mit dem Mittelmeer und dem Roten Meer verbunden war. Mit dem Kolonialismus wurde der Transsaharahandel schwierig, alte Routen wurden durch künstliche Grenzziehungen unterbrochen. Die Kolonialherren brachten Krankenbetten und Teekessel mit. Die Kopien aus Plastik und die Kochtöpfe aus Email werden in Nigeria selbst, mehr und mehr aber auch in China produziert. *„Der europäische Reinkulturliebhaber sieht durch so viel Ramsch die autochtone Kultur gefährdet“*, hat Editha Platte erfahren. *„Aber in Afrika werden Massenwaren häufig als Prestigeobjekte in die Alltagskultur integriert.“* Manchmal gehen dafür die alten geschnitzten Masken sonderbare Wege und werden zur Installation im Regal des europäischen Kunstliebhabers – im Sinne des Ursprungsgedankens dysfunktional.

JOHANN WOLFGANG GOETHE-UNIVERSITÄT FRANKFURT AM MAIN
FROBENIUS-INSTITUT

Produkte können seltene Wege gehen, wie zum Beispiel billige chinesische Kochtöpfe, die zu Sammlerstücken und Prestigeobjekten werden. Diese und andere ökonomische Aneignungsprozesse in der Globalisierung sind einer der Forschungsschwerpunkte am Frobenius-Institut der *Johann Wolfgang Goethe-Universität* **in Frankfurt, dem ältesten ethnologischen Forschungsinstitut in Deutschland mit regionalen Untersuchungsschwerpunkten in Afrika und Südostasien. Eine enge Kooperation besteht mit dem Forschungszentrum Point Sud in Bamako in Mali, das ebenso wie das** *Frobenius-Institut* **selbst in den Forschungsverbund** *Zentrum für interdisziplinäre Afrikaforschung (ZIAF)* **an der Universität eingebunden ist. Hier wird kultur- und naturwissenschaftliche Forschung zu Afrika gebündelt. Übrigens: Die ethnografischen Sammlungen des** *Frobenius-Instituts* **sind legendär.**

Foto: Editha Platte

„ENTWICKLUNG“

und andere Irrtümer

128 MILLIARDEN US-Dollar will es sich die Gebergemeinschaft kosten lassen, bis 2015 das Millennium Development Goal – die Halbierung der Armut in der Welt – zu erreichen. Der Löwenanteil ist für Subsahara-Afrika vorgesehen, zu dessen 48 Ländern die ärmsten der Erde gehören. Doch der milliardenschwere Big Push des amerikanischen Starökonomen Jeffrey Sachs ist ins Gerede gekommen. Offenbar geht die einfache Rechnung „Viel hilft viel“ nicht auf. Alle Anstrengungen der letzten 50 Jahre scheinen umsonst gewesen zu sein. Es herrscht keine Ruhe auf dem Kontinent und trotz weit beachteten Wirtschaftswachstums schon gar kein Wohlstand für alle. Will Afrika am Ende gar keine Entwicklung? *„Entwicklung ist ein Missverständnis“*, sagt Dr. Elisio Macamo von der UNIVERSITÄT BAYREUTH.

Wie bitte? *„Sie existiert gar nicht“*, fährt der mosambikanische Gelehrte fort und beginnt zu erklären: *„Die Europäer täuschen sich über die Natur ihrer eigenen Geschichte. Man glaubt so gern, der heutige Zustand europäischer Staaten sei das Ergebnis eines großen Plans, der die ‚Entwicklung‘ bis zum heutigen ‚Ergebnis‘ gesteuert habe.“* Das europäische lineare Denken, das in Begriffen von gestern und heute, von Tradition und Moderne, von Fortschritt und Entwicklung denkt, könnte jedoch nicht nur angesichts der Realitäten ferner Länder einen Dämpfer erleiden. *„Auch die europäischen Staaten und Gesellschaften sind das Ergebnis gewaltsamer Auseinandersetzungen und äußerst komplexer sozialer Beziehungen. Vergangenheit und Gegenwart existieren an vielen Stellen nebeneinander“*, weiß Macamo. Und er bedauert, dass seine deutschen Studenten ihre eigene Geschichte nicht kennen, viel von den Kriegen in den vielen zerfallenden Staaten Afrikas wissen, aber nichts über den 30-jährigen Krieg, der Europa verwüstet hat.

Aber was hat das Ganze mit der Entwicklungshilfe zu tun? *„Der zweite Teil der europäischen Selbsttäuschung ist es zu glauben, man könne diesen Plan – der, wie wir gesehen haben, nicht existiert – auf andere Länder und Gesellschaften übertragen“*, erklärt Macamo. Ein Land müsse nur einer Reihe von Empfehlungen folgen – Good Governance, gute Steuersysteme, Bildung und Fleiß, Gerechtigkeit etc. Dann würde Entwicklung quasi von allein eintreten, mithin zu dem führen, was sich heute für die entwickelte Welt hält. *„Wir sollen die perfekten Menschen sein“*, sagt Macamo, *„und schon gar nicht die Fehler wiederholen, die Europa selbst gemacht hat.“* Dass alle Menschen auf der Welt das gleiche Ziel haben, setzt man übrigens stillschweigend voraus, dass alle über die Wege dahin derselben Auffassung sind, auch.

Stillschweigend? *„Lokales Wissen findet in diese Überlegungen gar keinen Eingang“*, weiß der Mosambikaner. Auch hier herrscht der Gedanke einer natürlichen linearen Entwicklung

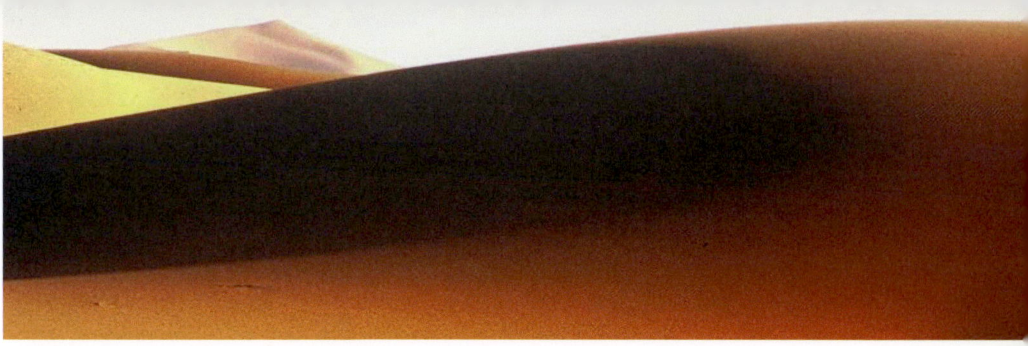

vom lokalen Wissen hin zum westlichen wissenschaftlichen Denken, das als global betrachtet wird. Da, wo lokales Wissen beachtet wird, gerät die neue Aufmerksamkeit eher romantisch. Afrikanische Kultur wird unter Artenschutz gestellt – sie soll sich bitte nicht entwickeln. Alles andere muss mit Lektionen in Demokratie und Ökonomie auf Biegen und Brechen passend gemacht werden – und zwar für alle politischen Schattierungen der Gebergemeinschaft.

Und scheitert immer wieder? *„Man wird so lange scheitern, wie man versucht, afrikanische Probleme vor allem als technische Probleme zu betrachten und sie auch entsprechend lösen zu wollen"*, beschreibt Macamo den Irrtum im Ansatz. *„Wie in einem Labor werden ständig neue Versuchsanordnungen aufgebaut, und wenn das Experiment nicht die gewünschten Ergebnisse liefert, baut man eine neue Versuchsanordnung. Wenn man Frauen Kleinkredite gibt, die die Männer in die nächste Kneipe tragen, denkt man sich wieder etwas anderes aus."* Die meisten der politischen und ökonomischen Theorien, die man nach Afrika trägt, überleben den ersten Kontakt mit der Realität nicht. Aber hier zeigt sich der wahre Reichtum des Westens:

Man erfindet eine neue Theorie. Macamo kennt ihre Schwäche: *„In den Theorien kommen keine Menschen vor. Allenfalls solche, denen etwas widerfährt."* Der Big Push ist ein Akt der Verzweiflung, ist Macamo überzeugt. Ein Versuch, das Scheitern eines halben Jahrhunderts endlich vergessen zu können und zu beweisen, dass „Entwicklung" für sich genommen gut ist und erstrebenswert für jeden, besonders für Afrika. *„‚Entwicklung' ist das Maß des Common Sense in einer Welt voller Länder, die nicht alle gleich sind"*, weiß der Afrikaner. *„Und das Schlimmste, das einem Land passieren kann, ist der Vorwurf, es wolle sich gar nicht entwickeln. Dann werden die Argumente moralisch."*

Was tun? *„Mein Vorschlag für eine afrikanische Alternative zu ‚Entwicklung' ist es, den Begriff der ‚Entwicklung' einmal zu überdenken und eine Politik zu finden, die das Alltagsleben vorhersagbarer macht."* Ein großer Plan kann das nicht. Denn das richtige Leben spielt sich – hier wie dort – im Reich der Einzelheiten ab, die sich jeweils nach eigenem Gutdünken zu einem großen Ganzen fügen. Nicht das Zahlungsbilanzdefizit des Staates ist das Problem, sondern der fehlende Job, nicht der Big Push mit seinen Geschenken ist die Lösung, sondern das eigene Geschäft, das nicht von lauter Hilfe erstickt wird. Dr. Elisio Macamo ist Entwicklungssoziologe. *„Es ist schon meine Aufgabe, Alternativen vorzuschlagen"* – seinen Studenten gelegentlich Nachhilfe in europäischer Geschichte zu geben und insgesamt davor zu warnen, afrikanische Probleme vor dem Hintergrund eines Idealbildes von Europa zu betrachten. *„Die Wirklichkeit ist weniger glänzend als dieses Bild, und Afrikaner können daraus lernen, wie man es nicht macht."*

STAATSANGELEGENHEITEN

und die Alternativen

WENN Georg Friedrich Wilhelm Hegel in der BERLINER UNIVERSITÄT *„Über die Vernunft in der Geschichte"* sprach, feierte sie seiner Ansicht nach ihren Triumph in der Gestalt des Staates – der höchsten Form des sittlichen Lebens. Europa sei, fand der preußische Staatsphilosoph zu Beginn des 19. Jahrhunderts schlicht das Ende der Geschichte. Wenig Verständis hatte er für diejenigen, die es so weit nicht gebracht hatten: *„Der Neger stellt den natürlichen Menschen in seiner ganzen Wildheit und Unbändigkeit dar/es ist nichts an das Menschliche Anklingende in diesem Charakter zu finden/."* Hegel ist kein Freund der Afrikaner – und wie es scheint, ist der Afrikaner kein Freund des Staates – Ausnahmen bestätigen wie üblich die Regel. Noch immer sind Staatenlenker und ihre politischen Theoretiker beim Gedanken an den unübersichtlichen Kontinent um den Schlaf gebracht, wollen doch die afrikanischen Staaten oder das, was man dafür hält, partout nicht zu sich kommen. Zerfallende Staaten oder prekäre Staatlichkeit gelten daher als das Hauptproblem Afrikas, das andere Probleme wie Armut und Gewalt nach sich zieht. Doch es muss nicht der Staat sein, der alle Fäden in der Hand hält.

„Es fehlt an Mut, Souveränität neu zu denken", sagt Dr. Andreas Mehler, Direktor des GIGA-INSTITUTS FÜR AFRIKA-STUDIEN und Politikwissenschaftler mit erweiterter Perspektive. *„Die Fixierung auf den Staat in der Politik und in der OECD-orientierten Politikwissenschaft ist nicht nur irreführend, sie ist sogar gefährlich."* Denn Souveränität kann verschiedene Träger haben, seien es beispielsweise ethnische oder auch regionale Gruppen. Was legitim ist oder nicht, entscheidet die Bevölkerung. Diese einfache Idee ist aus europäischer Zentralperspektive immer noch schwer zu gewinnen, vor allem, wenn man den Menschen vor Ort – wie der Afrika-Experte weiß – *„keine Stimme gibt"*.

In Europa ist der Nationalstaat sehr spät in einem Jahrhunderte dauernden gewaltsamen Integrationsprozess von innen heraus entstanden, mitsamt seinen politischen und ökonomischen Verhältnissen, Menschenbildern und Mythen.

In den Ländern der Dritten Welt will die Erste Welt das Pferd von hinten aufzäumen und versucht, ein europäisches Ergebnis als einen afrikanischen Anfang zu setzen. Die staatliche Verfasstheit soll eine Voraussetzung für die Entwicklung des Wirtschaftssystems und für den inneren Konsolidierungsprozess sein. Doch der von außen oktroyierte Staat wurde und wird weithin als Fremdkörper empfunden, zumal ein Ideal propagiert wird, das in seiner

Ursprungsregion selbst durch zahlreiche soziale und ökonomische Prozesse stetig unterlaufen wird.

Staat und Nation im europäischen Sinne sind nicht die selbst gewählten politischen Kulturtechniken der Afrikaner, frühe afrikanische Reiche wie Ghana oder Mali, die ab dem 5. Jahrhundert entstanden waren, haben wenig gemein mit den modernen Staaten kolonialer Herkunft – Staatenbildung war indessen auch nicht die erste Absicht der Kolonialherren, die bis 1914 ganz Afrika außer Liberia und Äthiopien unter sich aufgeteilt hatten. Ende des 19. Jahrhunderts hatte der Wettlauf um Afrika begonnen, es ging vor allem um den Zugang zu Ressourcen. Nach einem halben Jahrhundert formaler Unabhängigkeit erwartet man heute, dass Afrika sich selbst weiter verstaatlicht, andernfalls droht der Verlust der internationalen Anerkennung. *„Der Wunsch nach flächendeckender Nation- oder Staatsbildung ist aus europäischer Sicht ja verständlich“*, sagt Mehler, *„aber er wird wohl nicht zu verwirklichen sein.“*

Alternativen

In vielen afrikanischen Ländern gibt es andere Formen der sozialen Regulierung und der Daseinsvorsorge, als man sie offiziell dem europäischen Staat gern zuschreibt. Persönliche Loyalität und Reziprozität, die traditionelle Verpflichtung zu gegenseitiger Hilfe, sind häufig wichtiger als abstrakte Vertragswerke. Ethnische Zugehörigkeiten verpflichten über Staatsgrenzen hinweg, Verwandtschaftsstrukturen und religiöse Zugehörigkeiten spielen eine bedeutende Rolle. Großen Einfluss haben Big Men, Chefs oder Älteste, ein schwelendes Generationenproblem inklusive. In Ländern wie Ghana mit einem etablierten Zweiparteiensystem nach britischem Vorbild spielt das Heimatdorf nach wie vor eine herausragende Rolle. Überall in Afrika sind politischer Einfluss und Reichtum verpflichtend und müssen umverteilt werden. Dem nicht nachzukommen, hat Konsequenzen. Und so ist Hexerei vor allem als Mittel zur Durchsetzung gesellschaftlich vorgeschriebener Reziprozität sehr effizient. In Kamerun wurde Hexerei auch ganz modern im Wahlkampf eingesetzt. Massiv wachsenden Einfluss haben die sich rasant ausbreitenden Pfingstkirchen, die einspringen, wo der Staat als Staat abwesend ist, und die wie in Nigeria parastaatliche Strukturen zur allgemeinen Daseinsvorsorge geschaffen haben.

Auch bei einem der brennendsten Probleme der schwachen Staaten, der ausufernden Gewalt, liegen viele Dinge anders, als es auf den ersten Blick scheinen mag.

Andreas Mehler und seine Kollegen haben in Liberia und Sierra Leone, zwei kriegsgeschüttelten Ländern in Westafrika, herausgefunden, dass Sicherheit und Gewalt auch Schwestern sein können.

Wenn man Marktfrauen in Freetown, der Hauptstadt Sierra Leones fragt, wer für ihre persönliche Sicherheit am wichtigsten ist, dann antworten sie: *„Die Dogs."* Die Dogs, so dachten die Forscher zunächst, sind sicher eine der organisierten Jugendbanden, die in der Stadt umherstreifen. Der Name mit eingebauter Drohgebärde passte schließlich. Hierzulande werden Marktfrauen von der Polizei, also vom Staat geschützt, jedenfalls offiziell. Sicherheit ist ein öffentliches Gut, eine der Kernfunktionen des Staates. Wer schützt die Marktfrauen in Freetown vor alltäglicher Gewalt, wenn es keinen Staat gibt? Wer bedroht und wer schützt die Händler ein paar Straßen weiter? Mehler und seine Kollegen befragten verschiedene Gruppen von Leuten in den Bürgerkriegsgesellschaften der westafrikanischen Staaten Liberia und Sierra Leone. *„Dabei ging es nicht darum, ‚objektive' Kriterien zu entwickeln, wer ‚tatsächlich' am ‚besten' Sicherheit produziert, sondern von wem sie sich am besten geschützt oder am meisten bedroht fühlen."* Das Ergebnis: Wahlweise von Polizei oder Armee, von Kriegsherren oder Söldnern, von Studentenbewegungen oder Big Men, von Bürgerwehren oder Geheimgesellschaften, von privaten Sicherheitsdiensten oder religiösen Gemeinschaften und – solange vorhanden – von der UN-Friedenstruppe. Abhängig war die Wahl unter anderem davon, welcher sozialen, ethnischen oder religiösen Gruppe man angehörte oder in welchem Stadtteil man ansässig war. Unübersichtlich ist das nur für Bürger der OECD-Welt, die nichts als das Leitbild des staatlichen Gewaltmonopols kennen. *„Für die Bevölkerung der Länder, die wir untersucht haben, haben aber oft diejenigen, die das Gewaltmonopol letztlich in Frage stellen, eine unmittelbare Schutzfunktion und sind daher effizienter als der Staat"*, sagt Mehler.

Protektorate zu errichten – wie gelegentlich gefordert –, um die Afrikaner vor sich selbst zu schützen, hält der Wissenschaftler für keine gute Idee. Ebenso wenig sollte man an der Fiktion eines Staates als Verhandlungspartner festhalten, der in den Augen der Bevölkerung wenig Legitimität besitzt. *„Wenn UN oder Bundeswehr dazu beitragen wollen, eine Region nachhaltig zu stabilisieren, sollten sie wissen, mit wem sie verhandeln müssen"*, warnt der Experte vor politischer Kurzsichtigkeit und weist auf ein Forschungsdefizit hin: *„Wir wissen noch viel zu wenig über die sozialen Realitäten der Länder."* Staatsfixierte westliche Politikwissenschaft ohne Regionalexpertise reicht nicht.

Die Dogs, von denen sich die Marktfrauen in Freetown so gut beschützt fühlten, waren übrigens einfach nur Hunde.

GEISTESGABEN

PFINGSTKIRCHEN AUF DEM VORMARSCH

In Tansania engagieren sie sich politisch und unterhalten Nachbarschaftseinrichtungen mit engen sozialen Netzwerken, in Nigeria errichten sie parastaatliche Strukturen mit Ausbildungsangeboten, Gesundheitsdiensten und ökonomischer Unterstützung. Sie untergraben den Staat dort, wo er Daseinsvorsorge für alle nicht (mehr) leisten kann.

Wir reden von den Neopentekostalen oder Neuen Pfingstkirchen, einer protestantischen Form des Christentums, die sich seit den 1980er-Jahren ebenso rasant über den afrikanischen Kontinent ausbreitet wie über den Rest der Welt. Gesicherte Zahlen gibt es kaum. Für einige afrikanische Länder wird geschätzt, dass ein Viertel bis die Hälfte der Bevölkerung den Neupfingstlern angehören, in Südafrika werden ihnen zehn Prozent zugerechnet.

„Die neuen afrikanischen Pfingstkirchen agieren diesseitig und gewinnen an Einfluss“, sagt Prof. Hansjörg Dilger, Ethnologe an der FREIEN UNIVERSITÄT BERLIN. Sie treten an, den korrupten und unmoralischen Verhältnissen den Teufel auszutreiben und werden damit zu einer Komponente der gegenwärtigen soziokulturellen, politischen und ökonomischen Veränderungen. Der rasche Aufstieg der Neopentekostalen ist unter anderem den Strukturanpassungsprogrammen geschuldet, die seit Beginn der 80er-Jahre von afrikanischen Regierungen auf Druck des IWF und der WELTBANK eingeführt wurden und die zu drastischen Einschnitten bei Gesundheits- und Sozialdiensten geführt haben.

PFINGSTKIRCHEN und andere staatsferne Institutionen etablieren nun parallel zu den Einrichtungen der Staaten – die nach der Unabhängigkeit vielfach auf freie Gesundheitsversorgung und Bildung gesetzt hatten – eigene Sozial- und Versorgungsnetze, die auch zunehmend transnational vernetzt sind.

„Die Pfingstkirchen sind regelrechte Wirtschaftsunternehmen mit Büchern, Internet und Videos“, weiß Dilger. Die Medien sind nicht nur Mittel zur Mission, sondern neben den Abgaben der Gläubigen auch lukrative Einnahmequellen. Und wenn man die Crusades (Kreuzzüge) der Neopentekostalen in Nigeria besucht, sieht man ein Werbe-

FREIE UNIVERSITÄT BERLIN
INSTITUT FÜR ETHNOLOGIE

Afrikanische Gesellschaften verändern sich rapide, allerdings in der Regel anders als gedacht. Welche Einflüsse eine wichtige Rolle für die Transformationen spielen, untersucht man am Institut für Ethnologie der *Freien Universität Berlin*.
Die enge Verquickung von Religion und Politik ist ein wichtiger Gegenstand der Forschung, die sozialen und politischen Konsequenzen der Aidsepidemie für afrikanische Gesellschaften bilden den Schwerpunkt des Bereichs Medizinethnologie.

banner, dem man kaum noch irgendwo auf der Welt entkommen kann. Um den organisatorischen und finanziellen Aufwand stemmen zu können, der für die inzwischen durchschnittlich je eine Million Teilnehmer nötig ist, schließt man auch Werbeverträge mit COCA-COLA ab.

Die protestantische Ethik auf Afrikanisch greift. Pfingstkirchler sind erfolgreicher als andere, die Gemeinden kümmern sich um Jobs, um Wohnung und Kredite. *„Davon profitieren vor allem die zahllosen Landflüchtlinge, die in den riesigen informellen Sektoren der Städte mühsam ein Auskommen suchen"*, erklärt der Experte. Erreichter Wohlstand zeigt Gottes Wohlwollen. Das „Gospel of Prosperity" erlaubt persönlichen Reichtum, der zudem nicht in die Kreisläufe der Reziprozität, der traditionellen Verpflichtung zu gegenseitiger Hilfe, eingespeist werden muss. Das untergräbt – bewusst und absichtsvoll – die Bindungen zu Familien und traditionellen Verbänden, entsprechend stark ist die Einbindung des Einzelnen in die Gemeinde.

Stark ist auch die Einbindung der Neopentekostalen in die internationalen Wertschöpfungsketten von Moral und Wohlstand. Sie sind grenzüberschreitend, globalisiert und modern. Aber sie sind nicht liberal. Ihr inzwischen mit wachsendem Erfolg in den Norden der Erde rückmissioniertes Gesellschaftsverständnis ist extrem konservativ, das Weltbild manichäisch in Gut und Böse unterteilt, Homosexualität oder Abtreibung sind nicht akzeptiert.

„Einer der Gründe für den durchschlagenden Erfolg der Pfingstkirchen in Afrika ist die Verknüpfung von Heils- und Heilungsversprechen", weiß Dilger, der auch zu den sozialen und politischen Auswirkungen von Aids in Afrika forscht. Kaum eine Familie ist nicht davon heimgesucht – Gerüchte über Wunderheilungen durch gemeinschaftliches Gebet und das Wirken des Heiligen Geistes verstummen nicht. Wer heilt, hat Recht. Wer es nicht schafft, gesund zu werden, wird von der Gemeinde fürsorglich bis zum Tode begleitet. Ganz im Sinne der konservativen Lehre ist beim Kampf gegen Aids das Mittel der Wahl Enthaltsamkeit. Und da sind den PFINGSTKIRCHEN mächtige Verbündete zugewachsen. Der von US-Präsident George W. Bush initiierte Presidential Emergency Plan for Aids Relief (PEPFAR) nahm bereits Kontakt mit Pfingstlern in Afrika auf, um das gemeinsame Ziel mit ebenso viel Keuschheit wie Geld zu erreichen. Zwischen 2003 und 2008 stehen 15 Milliarden Dollar für Behandlungs- und Präventionsprogramme zur Verfügung.

ERFOLG IN DER UNWEGSAMKEIT

PHARMAKINA IN DER DEMOKRATISCHEN REPUBLIK KONGO

Die Lage ist nicht nur unübersichtlich, sie ist sogar ausgesprochen schwierig. Man weiß nicht, wer im Land wofür zuständig ist, die Straßen sind eine Katastrophe, während der Regenzeit unpassierbar. *„Wir bleiben hoffnungsvoll, wenn auch vorsichtig"*, sagt Michael Gebbers, Finanz- und Verwaltungschef von PHARMAKINA, Weltmarktführer bei Chininsalzen, Produzent dringend benötigter preiswerter Malariamedikamente, der kürzlich auch mit einem bezahlbaren Aidsmedikament auf den Markt ging.

PHARMAKINA liegt in Bukavu, im östlichen krisengeschüttelten Teil der Demokratischen Republik Kongo. Im Kongo, einer künstlichen Kontur aus kolonialen Zeiten, ehemaliger Privatstaat des belgischen Königs Leopold, der von Belgisch-Kongo zu Zaire wurde und nun wieder zu Kongo, liegen mit 6.500 Hektar die weltgrößten Anbauflächen für den Baum, aus dem die Chinarinde gewonnen wird, Grundlage für Chinin. 80 % der Weltproduktion des Klassikers unter den Malariamitteln kommen aus dem afrikanischen Land. PHARMAKINA bewirtschaftet 1200 Hektar und hält ständig 1.500 Tonnen Chinarinde auf Lager, um Liefersicherheit zu gewährleisten. Als 1998 BOEHRINGER MANNHEIM, das ehemalige Mutterhaus von PHARMAKINA, vom Schweizer Multi HOFFMANN-LA ROCHE geschluckt wurde, stand der kongolesische Ableger zum Verkauf. Horst Gebbers, der Vater von Michael Gebbers, überlegte nicht lang und kaufte die Firma zusammen mit einem Kompagnon aus dem Elsass.

Pharmakina hat sich zur Aufgabe gemacht, mit bezahlbaren Medikamenten die Malaria zu bekämpfen und dabei höchste Standards einzuhalten. Auf 1.200 Hektar wird Chinarinde, die Grundlage für Chinin, kultiviert, und um die Produktion sicherzustellen, hält man ständig 1.500 Tonnen Rinde vorrätig. Pro Jahr werden 100 Tonnen Chininsalze produziert. Darüber hinaus bietet Pharmakina anderen Firmen technische Unterstützung bei der Weiterverarbeitung der Salze in Fertigprodukte. In Bukavu legt man Wert auf die gute Qualifikation der 500 Beschäftigten, besonders beim wissenschaftlichen Personal.

Heute exportiert das Unternehmen seine Produkte in 25 Länder der Erde. Und das ist schwieriger als es klingt. *„Exporte werden blockiert, ohne Begründung werden Gebühren erhoben"*, erzählt Michael Gebbers. *„Das gab es zwar auch in der Zeit der Übergangsregierung, aber wir dachten, so mancher Verantwortliche mag um seinen Posten fürchten, das legt sich mit der Zeit."* Tatsächlich hat es sich sogar etwas verschlimmert. Aber das, so meint er, müsse nicht für das ganze Land gelten. Auch die schlechte Infrastruktur des Landes stellt das Unternehmen vor große Herausforderungen. Der Güterverkehr findet fast ausschließlich per Flugzeug statt, die Straßen

geben es nicht her. Die Folge sind Versorgungsengpässe, vor allem die Landwirtschaft, deren Produkte nicht abfließen können, ist in Mitleidenschaft gezogen. Doch es gibt auch Lichtblicke. Was nämlich ausgezeichnet funktioniert, ist die Mobiltelefontechnologie. *„Die Netzabdeckung vergrößert sich täglich“*, freut sich Gebbers, *„ein Ende ist noch nicht abzusehen.“* Und preiswert ist es auch.

In afrikanischen Ländern laufen die Geschäfte anders, als man es hierzulande gewöhnt ist. Um sie zum Erfolg zu führen, muss man willens und fähig sein, persönliche Kontakte zu knüpfen und aufrechtzuerhalten. *„Im Kongo wie auch woanders in Afrika wird auf diese persönlichen Kontakte und auf mündliche Verhandlungen sehr viel Wert gelegt“*, erklärt Gebbers. *„Mit Kongolesen kann man Klartext reden“*, erklärt der Unternehmer zudem. Am nächsten Abend setzt man sich bei einem Glas Bier zusammen und spricht die Sache durch.

Eines der Hauptprobleme ist der Mangel an gut ausgebildetem Personal. *„Bis Ende der 80er-, Anfang der 90er-Jahre gab es eine gute Ausbildung“*, erzählt Gebbers – damals hieß das Land noch Zaire – Schüler und Studenten aus den Nachbarländern kamen, um sich ausbilden zu lassen. Und die gut ausgebildeten kongolesischen Facharbeiter, Lehrer oder Ärzte hatten umgekehrt in den umliegenden Ländern jede Chance, Arbeit zu finden. *„Mit dem Mobutu-Regime verschwand die gute Ausbildung, die Grundstandards sind heute sehr schlecht“*, bedauert Gebbers. *„Und die jungen Leute, die heute wieder etwas auf die Beine stellen wollen, streben eine höhere Ausbildung an.“* Es fehlen Handwerker.

Investieren sollte man jetzt, rät er. Trotz aller Schwierigkeiten, denn Chinesen und Inder sind schon da. *„Man muss sich aber fragen, ob man gut ausgebildetes Personal benötigt und wie die Anforderungen an die Infrastruktur sind.“* Und man sollte mit Unternehmern reden, die schon vor Ort sind oder sich von der Fédération des Entreprises du Congo (FEC) beraten lassen. *„Die meisten Firmen exportieren Rohstoffe“*, sagt Gebbers. *„Dem Land fehlt der Industriesektor.“* Ein weites Feld für Investitionen. Doch dazu braucht man nicht nur betriebswirtschaftliches und technisches Know-how. *„Ich denke, es ist sehr wichtig, dass sich die Regionalstudien dieser Fragen annehmen. Ich glaube nämlich nicht, dass das ganze Ausmaß der Probleme eines Landes wie der DR Kongo überhaupt bekannt ist – vor allem seine Ursachen nicht.“* Allzu schnell wird der Krieg, der natürlich eine Katastrophe für das Land war, in kenntnisarmer und vorschneller Verkürzung als Generalursache für sämtliche Probleme angesehen. *„Viele Probleme gab es vorher schon“*, sagt Michael Gebbers, *„und manche gibt es erst, seitdem der Krieg vorüber ist.“* Und der nüchterne Blick der Wissenschaft kann nicht nur denen hilfreich sein, die erst noch kommen wollen, findet er, sondern auch denen, die schon mittendrin sind. Als erfolgreiche Unternehmer in einem schwierigen und unübersichtlichen Land.

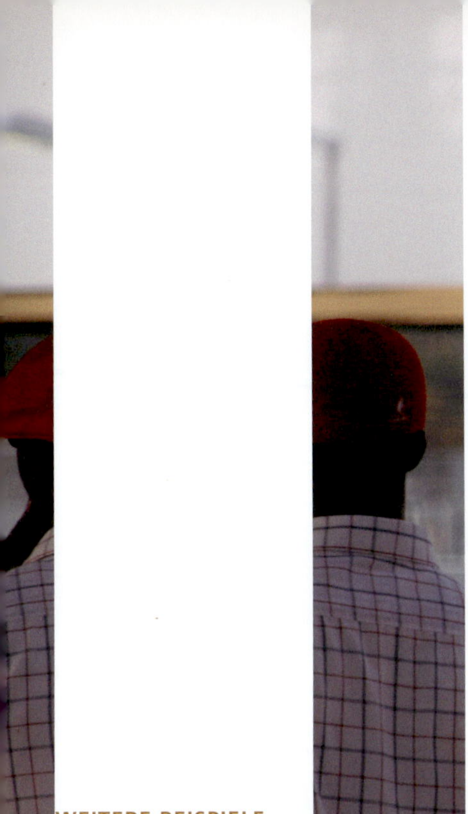

WEITERE BEISPIELE FÜR FORSCHUNG ZU AFRIKA

„Der Staat als Baustelle" führt ins zeitgenössische Afrika und ins Institut für Ethnologie und Afrikastudien der *Johannes Gutenberg-Universität Mainz.* Die „Staatsforschung", hier bezogen auf Verwaltungs-, Erziehungs- und Justizapparate in den westafrikanischen Ländern Benin, Mali, Ghana und Niger sowie Entwicklungssoziologie und -politik spielen eine ebenso große Rolle wie die klassischen Themen der Ethnologie oder Forschungen zur modernen populären Kultur – insbesondere Literatur, Musik, Theater und Film – und zu den Sprachen Afrikas. Die Bibliothek umfasst etwa 63.000 Bände sowie etwa 60 laufend gehaltene Zeitschriften und ein Filmarchiv.

An der *Universität zu Köln* befindet sich *ACACIA (Arid Climate, Adaptation and Cultural Innovation in Africa)*, ein Sonderforschungsbereich (Sfb), der sich mit dem Kultur- und Landschaftswandel im ariden Afrika befasst. Sieben Institute aus Natur-, Kultur- und Sozialwissenschaften sind daran beteiligt. Die soziale und politische Dynamik heutiger afrikanischer Gesellschaften ist nicht nur auf die politischen Einflüsse seit der Kolonialzeit zurückzuführen, sind die Forscher überzeugt, sondern vielmehr auf Prozesse, die bereits vor 12.000 Jahren begannen.

Am Seminar für Afrikawissenschaften der *Humboldt-Universität zu Berlin* liegen Schwerpunkte von Forschung und Lehre auf Linguistik, Geschichte und Literatur afrikanischer Gesellschaften. Gearbeitet wird zu „Sprachvergleich und Sprachwandel", innerhalb des Sfb 632 zu Gur- und Kwasprachen, zur Geschichte Afrikas im 19. und 20. Jahrhundert (Geschichte des Kolonialismus), zu Literaturen des südlichen Afrika, kongolesischer Literatur und zum Vergleich zwischen anglofoner und frankofoner Literatur Afrikas. Sprachlektorate gibt es für Swahili, Nordsotho und Hausa.

SANSIBAR!

Traum und Zumutung

SANSIBAR ist sagenumwoben und seeräuberromantisch, eine Geschichte von märchenhaftem Reichtum und orientalischer Prachtentfaltung, errichtet auf den Schultern geschundener afrikanischer Sklaven, die ihre arabischen Besitzer reich machten – Sansibar kann auch eine Zumutung sein. Die Plantagen produzierten Gewürznelken, Zimt und Kokosnüsse –, die in alle Welt gingen, zusammen mit Elfenbein, Gold und wieder Sklaven. Sansibar heißt immer schon Welthandel, lange vor dem Auftritt der europäischen Kolonialherren, die am Ende des 19. Jahrhunderts in einem Taumel von Habgier Afrika unter sich aufgeteilt hatten. Sansibar wurde britisch, später sozialistisch.

In der frühen Abendsonne sind Sansibars Konturen am klarsten. Man kann es erleben, wenn man von Daressalam aus die Fähre um 14 Uhr nimmt. Sie erreicht Sansibar um sechs. Das grüne Dach des House of Wonders sticht hervor, wie um darauf hinzuweisen, dass es 1883 das erste Gebäude mit elektrischem Licht war, wie um zu sagen, dass es sich der Nachbarschaft des Sultanspalasts erfreuen durfte. Die katholische Kirche erinnert von fern an den Lübecker Dom, das Minarett der benachbarten Moschee nimmt sich dagegen bescheiden aus. 98 % der Sansibaris sind Muslime. Palmen, endloser Strand …

Das Hotel in der früheren Telegrafenstation gehört heute dem Aga Khan. *„Ihm gehört hier viel“*, erzählt Sascha Wisotzki vom Institut für Bevölkerungsgeografie der UNIVERSITÄT BAYREUTH. Wisotzki erforscht Händlernetzwerke auf Sansibar, ihre Wege in den Welthandel und ihre Zusammensetzung – und mit der sansibarischen Wirtschaftsstruktur auch diejenige Tanganjikas, das zusammen mit den Inseln Sansibar und Pemba den Staat Tansania bildet.

Die neuen Netzwerke funktionieren wie fast überall auf der Welt genau so wie die alten. Man hatte in den abstrakten ökonomischen Betrachtungen der Neuzeit nur vergessen, wie kompliziert der Handel in Wahrheit ist und wie sehr es darin menschelt. Auf Sansibar sind es Minderheiten, die den Handel beherrschen, damals wie heute, Araber und Inder, gelegentlich ein paar Europäer.

Ab dem ersten vorchristlichen Jahrhundert bereisten Griechen die ostafrikanische Küste, bald danach kamen Inder. Die ersten Händler, die sich auf Sansibar niederließen, waren Araber, erzählt Wisotzki. Sie kamen wohl schon im 8. Jahrhundert und brachten eine neue Religion mit, den Islam. Sie gründeten Handelszentren auf der Insel und weitere zwischen Mosambik und Somalia. Aber zunächst geschah, was überall geschieht: Man verstand einander nicht. Fremde Worte flogen beim Löschen der Schiffsladungen hin und her, veränderten sich langsam, machten sich schließlich verständlich, wenn sie dieselbe Sache bezeichneten – und so entstand vor mehr als 1.000 Jahren etwas, das heute aufgeregt als eine der eher unerwünschten Globalisierungsfolgen diskutiert wird: Eine neue Sprache entstand. Swahili hat eine afrikanische Grammatik und besitzt ein Drittel arabische und heute auch englische Lehnwörter. Es ist Muttersprache von 90 Millionen Menschen und erste Amtssprache in Tansania.

Sansibar besteht aus den Hauptinseln Unguja und Pemba, die zusammen 2.460 qkm groß sind und ca. 1 Million Einwohner haben. Die Inselgruppe liegt vor der ostafrikanischen Küste und ist ein halbautonomer Landesteil von Tansania, dessen Hauptstadt Dodoma ist; die Wirtschaftsmetropole ist Daressalam. Der Zusammenschluss der Inseln mit Tanganjika zur Vereinigten Republik Tansania erfolgte 1964, kurz nach Beendigung der britischen Kolonialherrschaft. Die Gewürznelkenproduktion, die Sansibar einst reich machte, spielt heute nicht mehr die ökonomische Hauptrolle. Man setzt vielmehr auf Tourismus und auf eine alte Rolle: als Handelszentrum.

Unter der Herrschaft der Araber wurde Sansibar reich, gehandelt wurde Gold aus Simbabwe, Elfenbein aus dem Inneren Afrikas – und Sklaven, die an die Höfe der Sultane verkauft wurden. Im frühen 16. Jahrhundert gaben sich die Portugiesen ein kurzes Stelldichein, wurden aber bald wieder von den Arabern vertrieben. Die ließen schnell den alten Handel wieder erblühen, und bald wurde Sansibar einer der wichtigsten Handelsplätze im Indischen Ozean, reich, begehrt und schön.

1832 kam der omanische Sultan mit Regierung und Hoftstaat, um sich auf der Insel niederzulassen. Ihm folgten die wichtigen Familien Omans, Händler und Plantagenbesitzer. Der Handel mit Nelken, Copalharz und Kokos sorgte für märchenhaften Reichtum. Der Einflussbereich des Sultans reichte bis an die Seen Zentralafrikas. Wisotzki kennt eine Sentenz aus dieser Zeit:

„Mdundo ukipigwa Zanzibar, wanaocheza wako maziwa makuu."

„Wenn in Sansibar getrommelt wird, tanzen sie an den großen Seen."

Dann kamen die Briten – der Wettlauf um Afrikas Ressourcen hatte begonnen. An einem Tag des Jahres 1896 schossen sie sich in einem 45-minütigen Bombardement endgültig auf Sansibar ein, um einen ihnen genehmen Sultan zu installieren – Indirect Rule hieß wie überall das britische Kolonialprinzip. Die Briten verboten die Sklaverei, derer sie sich selbst ein paar Generationen zuvor entledigt hatten, die arabische Oberschicht verlor große Vermögen. Sie musste sich bei den indischen Händlern, die selbst schon seit fast 1.000 Jahren auf Sansibar ansässig waren, verschulden. Nachdem die immer reicher wurden, folgten ihnen Tausende ihrer Landsleute auf die Insel. Die Briten blieben bis 1963, Sansibar war eine konstitutionelle Monarchie unter der Herrschaft des Sultans von britannischen Gnaden. Kurz nach der formalen Unabhängigkeit 1961 und drei turbulenten Wahlen seitdem geriet die Insel 1964 in Unruhe. Dabei kam es zu unbeschreiblichen Gewaltausbrüchen mit wohl 15.000 Toten, die zwar zumeist die arabische Oberschicht trafen, deren Fronten aber quer durch Familien und Gemeinschaften verliefen. *„Es ist ein gesellschaftliches Trauma, das bis heute ungelöst ist; es gab keinerlei Aufarbeitung"*, berichtet Wisotzki.

Wer konnte, floh.

Die Wirtschaft brach zusammen, auch viele der reichen indischen Händler hatten das Weite gesucht. Gehandelt werden durfte nur noch mit einheimischen Produkten, die indessen bloß auf dem Papier existierten, die Preise für landwirtschaftliche Produkte waren staatlich vorgeschrieben, der Preis für Gewürznelken war ins Bodenlose gestürzt.

Wer konnte, schmuggelte.

Wisotzki zeigt uns den ehemaligen britischen Kolonialclub. Er heißt heute Africa House. Das Essen ist nicht besonders gut, aber abends sieht man die Dhaus, kleine Segler mit rostroter Takelage, vorbeifahren. Lästernde Zungen behaupten, das Hotel bezahle sie dafür. Das Hauptgeschäft der Dhaus ist indessen der Güterverkehr zwischen dem Festland und der Insel. Dabei transportieren sie von Tomaten bis zu DVD-Playern alles, was das Herz begehrt.

Nachdem die Regierung Anfang der 80er-Jahre angesichts des völligen Zusammenbruchs der Wirtschaft die rigiden Regelungen gelockert hatte, liberalisierte und privatisierte, kamen die Händler von einst zurück – alteingessene Familien omanischen Ursprungs ebenso wie die Inder. Handelserfahren und anpassungsfähig wie sie waren, kamen sie schnell wieder zu Erfolg. Sie vor allem sind es – wie eh und je –, die an den lukrativen internationalen Geschäften teilhaben.

„Die Zugehörigkeit zu einer der ethnischen Gruppen allein verschafft aber noch nicht den Zugang zum internationalen Handel", entdeckte Wisotzki. Bislang dachte man, indisch oder arabisch zu sein reicht, um Erfolg zu haben. Vielmehr entscheiden auch Religion und Herkunft

darüber, wer wo hineingelassen wird. Die noch stark an ihrem religiösen Zentrum in Bombay orientierten schiitischen Bohora *(Bohora, gujarati = Händler)* kontrollieren und dominieren andere Bereiche als die sunnitischen Inder, die ihrerseits zwar keine Verbindung mehr zu ihrem Herkunftsgebiet haben, dafür aber ein lokales Netz bilden konnten, das die afrikanischen Eliten einschließt. Die Omaner schließlich sind über eine komplizierte Familien- und Klanstruktur miteinander verbunden, diese Art der Abstammung spielt eine wichtigere Rolle als die nationale Zugehörigkeit.

Und wie überall auf der Welt gibt es mächtige und weniger mächtige Händler, die innerhalb ihrer Kreise und darüber hinaus in die Räder greifen. Gehandelt wird mit allem, was benötigt wird, ohne Absprache ist der Markt aufgeteilt. Beherrscht die eine Familie den Handel mit Zement und Lebensmitteln, ist es eine andere bei Öl und Getreide, die nächste kontrolliert die Importe aus China. Ohne diese Kreise und ohne die Patrizier gibt es keinen wirtschaftlichen und gesellschaftlichen Aufstieg auf Sansibar und keinen Zugang zum internationalen Handel, haben auch die afrikanischen Kleinhändler Sascha Wisotzki erzählt. Gewürznelken und Copra verschönern zwar immer noch die sansibarische Handelsbilanz, aber der Tourismus – und hier hat man es mit Italienern zu tun – hat den tropischen Schätzen in den letzten Jahren den Rang abgelaufen, die Steigerungsraten sind enorm. Da aber die Gewohnheit des Buchführens in anderen Weltgegenden nicht so verbreitet ist wie hier in Europa, ist es mit den genauen Zahlen eher ein schwieriges Geschäft.

Das SWEET EASY am unteren Ende der Kenyatta-Road, Nobelmeile vor der Revolution, ist ein Treffpunkt für Touristen. Freitagsabends spielt eine Band, und mit Lustbarkeiten aller Art versucht man, den europäischen Gästen das Geld aus der Tasche zu ziehen – Europäer sind vor allem Italiener und Briten. Gelegentlich verschlägt es auch ein paar US-Amerikaner auf die Insel. Die wenigsten von ihnen wissen, dass ihr Land schon 1837 auf der fernen Insel im Indischen Ozean ein Konsulat errichtet hatte. Das weiße Gold Afrikas, das Elfenbein, lohnte die gefährliche Reise. Dafür ließen die amerikanischen Händler einen dünnen blauen Baumwollstoff da. Merikani gibt es noch heute auf Sansibar.

Den und andere Güter des täglichen Bedarfs erhandelt man am besten im Gewühl von Stone Town, der Altstadt von Sansibar-City. Stone Town ist so schön, dass es zum UNESCO-Weltkulturerbe gehört – gebaut aus Koralle und Lehm, indisch anmutend mit rechteckigen Kassettentüren und blauen Fensterläden; die arabische Szenerie ist weiß mit hölzernen Vorbauten und Gittern. Die Moscheen haben schlanke Minarette, und die Kolonialarchitektur ist dieselbe wie überall auf der Welt – besonders die Markthallen sehen aus wie auf jedem Flecken Erde, auf den einst die Briten einen kolonialen Fuß gesetzt haben. Und fast will man meinen, sie seien überall im selben Tempo gerostet.

Weniger als Weltkultur, eher schon als Denkmal, hat hier und da auch die Revolutionszeit ihre architektonischen Spuren hinterlassen. An manchen Stellen wird Sansibar zu Berlin-Hellersdorf: Plattenbau in sozialistischer Zweckmoderne – Entwicklungshilfe à la DDR.

Bei Jaw's Corner trifft sich die Opposition und berät bei äußerst starkem Kaffee, wie es weitergehen soll. 10 Tanzania Shilling, einen Eurocent, kostet einer. Dabei sehen die Männer den Frauen nach, Ninjas nennen sie diejenigen im schwarzen Schador. Auch der einfallsreiche lebendige informelle Sektor der sansibarischen Ökonomie kommt vorbei, Straßenhändler mit Besen, Kämmen und Kehrschaufeln aus alten Ölfässern. Man lässt nichts verkommen.

„Der Kaffee in Jaw's Corner ist aus tansanischer Produktion", weiß Wisotzki, *„Radio und Klimaanlage in der Kneipe kommen aus Fernost genau wie die Autos der Gäste."* Der Handel läuft über Dubai.

Im Hafen wird der Tagesfang Fisch versteigert, ganz in der Nähe der alten Lagerhallen für die Nelken, Behältnisse für Sansibars Reichtum aus anderen Zeiten. Ein klatschendes Geräusch klingt von der Hafenmauer herüber. Ein Händler klopft den Tintenfisch mürbe, und im Radio läuft Ubongo Flavour – oder Bongo Fleva – der Sound einer selbstbewussten tansanischen Rapperszene – in Swahili:

Mimi ni Massai Bwana …

Die Massai von Sansibar verdienen ihr Geld als zuverlässige und loyale Wachleute oder als Händler des einzigen echten Massaischmucks. Wisotzki übersetzt.

Ich bin ein Massai, Bwana …

DER NAHE OSTEN –

ORIENTIERUNG UND IHR VERLUST

„Ihr seid also die Terroristenforscher", müssen Nahostexperten sich gelegentlich anhören. Der Nahe Osten, das ist nicht enden wollende Gewalt, angetrieben von religiösem Furor, das sind autoritäre Regime und gesellschaftlicher Stillstand. Der Nahe Osten, das sind sprudelnde Ölquellen und märchenhafter Reichtum. Der Nahe Osten, das ist die Vorstellung, im Koran nachlesen zu können, wie Al Qaida tickt.

IN DIESEM KAPITEL:

Der Nahe Osten, das sind autoritäre Regime und ihre Billigung durch den energiehungrigen Westen, ist fundamentalistischer Islam und der Versuch, den Islam anschlussfähig zu machen für die „Moderne". Der Nahe Osten, das ist Stillstand, und das sind lebhafte Demokratie- und Emanzipationsdebatten, ist die iranische Formel-1-Pilotin und ist schallendes Gelächter unter dem Schleier.

KEINE TERRORISMUSFORSCHUNG

DER NAHE OSTEN
ORIENTIERUNG UND IHR VERLUST

Einleitung

MIT der Orientierung ist es so eine Sache. Früher meinte Orientierung schlicht den Blick nach Osten, in den Orient – woher für manchen das Licht kam, ex oriente lux. Berühmt und gepriesen sind die Leistungen der Araber in Wissenschaft und Lebensart, nicht nur die Namen vieler Sterne verdanken wir ihnen, Beteigeuze, Formalhaut, Sadalmelik. Unsere Zahlen sind arabisch, manche Grundlage unserer Medizin ebenfalls. „Paradies" schließlich ist ein persisches Wort, Süleyman der Prächtige war ein Herrscher, dem europäische Häuser Reverenz erwiesen, und Allahs Sonne schien über dem Abendland.

Der milde Blick integriert indessen bloß Vergangenes in die eigene Hochkultur; die Gebildeten kannten Al Andaluz, die Blüte Spaniens unter dem Einfluss der Araber, man las Gedichte von Hafez – weil ja auch Goethe den persischen Meister verehrte –, und halb Europa übersetzte und las die Märchen aus „1001 Nacht". Heute wollen „wir" „ihnen" Demokratie beibringen und beschweren uns über die Schwundstufe der Kunst alla turca in der gemeinen Dönerbude. Noch als 1928 die Anhänger der islamischen Reformgemeinde Ahmadiyya die erste Berliner Moschee überhaupt errichteten, galt der Bau vielen als Inbegriff ihrer Orientträume, und in Deutschland gab es eine Welle der Begeisterung für nichtwestliche Religionen. Orientalismen dieser Art sind aus der Mode gekommen – als Projektionen des Abendlandes galten sie als nicht mehr korrekt, spätestens seit 1979 der palästinensisch-US-amerikanische Gelehrte Edward Said unter dem Titel „Orientalismus" seine Generalabrechnung mit den Spiegelfechtereien des Westens veröffentlichte. Die Empfindsamkeit ist unter realem, medialem und politischem Bombardement ohnehin stumpf geworden, auch die Gebildeten fürchten sich heute eher vor Terroristen, als dass sie Gedichte lesen. Die Orientalismen der Neuzeit bestehen aus Bomben und Selbstmordattentätern. Heute gilt die Begeisterung dem „Kampf der Kulturen", à la Samuel Huntington, der 1996 seinen Reißer „The Clash of Civilizations and the Remaking of World Order" veröffentlichte. „Der" Islam ist zum Container für politische Abarbeitungen aller Art geworden, und von Fundamentalisten auf beiden Seiten wird er gern als monolithischer Block gegen „den" Westen ins Feld geführt. Und so wenig über den Koran gewusst wird, so verborgen liegt der Islam in den Kammern des Vorurteils. Von den 1,3 Milliarden Muslimen leben 80 % nicht im Nahen Osten – das allein macht es unmöglich, von „dem" Islam überhaupt zu sprechen. Wenn Forscher versuchen zu differenzieren, machen sie sich politisch verdächtig – Wissenschaft stört nur, wenn man sich erregen will. Dass Religion nicht das Problem ist, wäre eine dieser Differenzierungen. Aber sie ist eine beliebte Ressource

für kulturelle Selbstvergewisserungen in unruhigen Zeiten und für die politische Mobilisierung – auf allen Seiten. Als die Ahmadis in Berlin 2007 eine weitere Moschee errichteten, brach eine Welle des Protestes los.

Ex oriente lux? Ob es im Osten noch Licht geben kann, interessiert kaum noch jemanden. Aufmerksamkeit wird erst gewährt, wenn Kriege, Krisen und Katastrophen ihre jeweiligen Höhepunkte erreichen. Nach 9/11 hat sich sogar der Forschungsblick verengt, wie viele Wissenschaftler beklagen, der medial und politisch eindressierte Konnex zwischen Islam und Gewalt tut seine Wirkung. Die Orientierung geht verloren.

Der Westen im Osten

Seit Napoleons Auftritt im Nahen Osten 1798 waren „westliche Werte“ nicht so diskreditiert wie heute. Worte wie „Demokratie“ und „Menschenrechte“ wolle man nicht mehr verwenden, sagen arabische Intellektuelle, weil sie belastet seien durch die Art, wie der Westen seinen „Fortschritt“ über die Welt bringt. Und nicht nur Muslime sind es häufig leid, wenn Nichtmuslime im Westen die Noten verteilen in hegemonialem Anspruch auf einen höheren Entwicklungsstand.

Im Nahen Osten gibt es lebhafte Demokratie- und Emanzipationsdebatten, allerdings nicht nach westlichem Muster und auch nicht mit kopierten Zielen. Und wer immer von den Autokraten und Fundamentalisten diese Debatten und die dazu gehörigen Emanzipationsbestrebungen ersticken will, denunziert sie als „westlich“. Es ist das sicherste Totschlagargument und immer noch geeignet für den antikolonialen Diskurs, der in manchen Kreisen indessen auch eine ewige Opferrolle des Orients gegenüber dem Okzident kultiviert.

Die koloniale Erfahrung liegt erst wenige Jahrzehnte zurück, für viele ist sie noch konkrete Erinnerung. In zahlreichen Ländern sind die Folgen manifest. Ein „Staat“ wie der Irak ist eine koloniale Neugründung, eingezwängt in künstliche Grenzen, die vor allem den Interessen der Besatzer dienten. Nie hatte das Land eine Chance, zur Ruhe zu kommen – mit zu wenig Wasser, zu starken ethnischen Gruppen, zu vielen fremden Interessen, die es erst zum Freund und dann zum Todfeind machten – und schließlich: mit zu viel Öl.
Die Konzession für den Bau der Bagdadbahn hatte seinerzeit ein deutsches Bankenkonsortium bekommen, sehr zum Unwillen der britischen Kolonialisten, die über das Osmanische Reich hergefallen waren und letztlich dem deutschen Engagement ein Ende bereiteten –

osmanische Hoffnungen auf einen deutschen Verbündeten zerstoben. Das Osmanische Reich, dem nahezu die gesamte arabische Welt angehörte, wurde zum „kranken Mann am Bosporus", finanziell schon in westlicher Hand, bevor der politische Zugriff folgte. Aber nicht nur die westliche Hardware wurde in den Orient verfrachtet, auch Missionare, Händler und Forscher wollten mittun, wenn es darum ging, die kulturellen und sozialen Grundlagen einer ganzen Region nach eigenem Vorbild zu verändern. Zahlreiche Deutsche zog es in den Nahen Osten, sie errichteten Handelskolonien, trieben Landwirtschaft, bauten Schulen und Kirchen – bis zum Ende des Ersten Weltkrieges. Heute heißt das Märchen vom Dienst Dubai. 4.500 Deutsche leben dort, 500 deutsche Unternehmen haben sich dort angesiedelt.

Die Experten

„Ihr seid also die Terroristenforscher", müssen sich Nahostexperten bisweilen anhören, erzählt Dr. Henner Fürtig vom Hamburger GIGA-INSTITUT FÜR NAHOST-STUDIEN. Nahostforscher werden heute kaum noch von ihrem Gegenstand getrennt. Die Wissenschaft vom Orient entstand kurz vor der vorletzten Jahrhundertwende, 1887 gründete man an der Berliner Universität das Seminar für Orientalische Sprachen, 1908 in Hamburg den Lehrstuhl für Geschichte und Kultur des Vorderen Orients. Nach langer Ausrichtung auf klassische Texte wandte man sich in der Bundesrepublik mit den Umbrüchen im Nahen und Mittleren Osten der 1970er- und 80-Jahre – Ölboom, iranische Revolution, politischer Islam – den zeitgenössischen Entwicklungen zu.

Bei jungen Studierwilligen – inzwischen auch bei einem wachsenden Teil der Öffentlichkeit – ist das Interesse an profunden Kenntnissen über die Region äußerst lebhaft, vor allem an den aktuellen Entwicklungen. Doch mit dem Bedarf stiegen nicht die Mittel an den Universitäten. *„Wir sind so wenige"*, sagt Prof. Peter Heine, Islamwissenschaftler an der HUMBOLDT-UNIVERSITÄT ZU BERLIN. Ein Problem ist wie bei der Forschung zu anderen Weltgegenden auch ein Mangel an Doppelqualifikationen in Fachdisziplin und Regionalexpertise. Dass Politikwissenschaft des Vorderen Orients betrieben wird, ohne dass der Lehrstuhlinhaber wenigstens Arabisch lesen kann, ist keine Ausnahme. Und es sind auch die mangelnden kulturellen Kenntnisse in Teilen der Wissenschaft, die dazu führen, dass von der schlecht beratenenen Politik an den Nahen Osten gebetsmühlenartig Forderungen herangetragen werden, er möge sich bitte aufklären. *„Tatsächlich fehlt der muslimischen Welt die Art der Aufklärung, die sich Europa als zivilisatorische Leistung auf die Fahnen schreibt"*, erklärt Prof. Gudrun Krämer vom Institut für Islamwissenschaft der FREIEN UNIVERSITÄT BERLIN. *„Doch für sich* *genommen kann diese Aufklärung weder Demokratie noch Achtung der Menschenrechte garantieren; die Ära des Totalitarismus fand bekanntlich nach ihr statt."*

Auch in der Ökonomie fehlt Regionalexpertise. *„Ohne die Einbettung in kulturelle, soziale und politische Gegebenheiten einer Gesellschaft machen ökonomische Modelle wenig Sinn"*, erklärt der Nahostexperte Dr. Steffen Wippel von der Universität Erlangen, der zu den wenigen Wissenschaftlern in Deutschland gehört, die zur ökonomischen Expertise eine regionalwissenschaftliche mitbringen. Interdisziplinär und regionenübergreifend forscht man am Zentrum Moderner Orient (ZMO) in Berlin. *„Wir verstehen uns als Schnittstelle zwischen Kultur- und Sozialwissenschaften"*, sagt ZMO-Direktorin Prof. Ulrike Freitag. Wie viele ihrer Kollegen bedauert sie, dass die dringend benötigte Regionalexpertise in Deutschland noch nicht ausreichend institutionell gefördert wird, wie das in den europäischen Nachbarländern und den USA schon längst der Fall ist. Und während der deutsche Wissenschaftsbetrieb akkurat die Grenzen der Disziplinen einhält, verlassen die Experten das Land. Woanders sind sie gefragt.

ERFAHRUNGEN

Nach 25 Jahren sind dem Architekten Achim Krekeler die ägyptischen Gepflogenheiten vertraut. Zum Beispiel, dass Ägypter Nachteulen sind. Anders als in Deutschland, wo Unternehmer die aktuellen Wirtschaftsdaten schon beim morgendlichen Kaffee studieren, läuft in Ägypten am Vormittag nur wenig. Die Büros sind stattdessen bis weit in die Nacht besetzt. Der Architekt schätzt mittlerweile die abendlichen Besprechungen mit Blick über das hell erleuchtete Kairo. „Sie sind viel entspannter."

Drei Jahre sind noch viel zu wenig, um ein Land wirklich kennenzulernen, ist Christian Selch überzeugt. Seit 2004 ist der Diplom-Mathematiker Chef von Siemens in Saudi-Arabien mit Hauptquartier in Jidda. Und er ist gern dort. „Wenn ich in Deutschland erzähle, dass ich in Saudi-Arabien lebe, schlägt mir vor allem Unkenntnis entgegen", beschreibt er die Reaktion seiner Landsleute. „Wer neu im Land ist, sollte unbedingt einen vertrauenswürdigen Partner vor Ort haben", rät Selch. Wer es allein versucht, verheddert sich leicht in den Fallstricken der fremden Kultur und der anderen Art zu wirtschaften. „Es ist nicht immer leicht, den Ablauf einer Verhandlung zu erkennen. Oder welche Vorschriften eingehalten werden müssen."

„Das Gespür für neue Trends und Stile ist sehr ausgeprägt, die Scheichs sind über alles bestens unterrichtet, bis hin zu komplizierten technischen Details", hat der Architekt Andreas Schulz in Abu Dhabi erfahren. Wenn man am Golf gute Geschäfte machen will, sollte man sich einige Fragen stellen, weiß Schulz. „Darf man jemanden, der gerade fastet, überhaupt etwas zu trinken anbieten?"

LAND HINTER DEM SCHLEIER

Bewegungsmeldungen aus Saudi-Arabien

ES hat lang gedauert. Doch schließlich trat Saudi-Arabien im Dezember 2005 der WTO bei – nach zwölf Jahren Nachdenkens und Verhandelns. *„Die Bedeutung dieses Beitritts geht weit über den formalen Akt hinaus"*, sagt Dr. Henner Fürtig vom GIGA-INSTITUT FÜR NAHOST-STUDIEN in Hamburg. Aufnahmebedingungen, die für andere Länder problemlos zu erfüllen sind, stellen ein Land, das so sehr auf Exklusivität bedacht ist wie Saudi-Arabien, vor erhebliche Herausforderungen. Doch am Ende überwogen die Vorteile die möglichen Nachteile, weiß Fürtig. Saudi-Arabien ist zwar eine starke Wirtschaftsmacht und der weltgrößte Erdölexporteur, aber die Saudis haben verstanden, dass die Preise schwanken können. Man braucht ausländische Direktinvestitionen, Technologietransfer und den Ausbau der Nichterdölwirtschaft, um Haushaltsdefiziten und Inlandsverschuldung beizukommen, vor allem aber, um etwas anderes in den Griff zu bekommen: *„Eines der gravierendsten Probleme Saudi-Arabiens ist eine Arbeitslosigkeit, besonders unter Jugendlichen, die systemgefährdend werden kann"*, erklärt der Nahostexperte. 75 % der Bevölkerung sind jünger als 30, die Geburtenrate ist extrem hoch. Hier kann nur der private Sektor Abhilfe schaffen, und das geht in der WTO besser. Nun wird privatisiert. Bei der „Saudi Mega Projects Conference" 2005 in Dammam wurden ausländische Investoren auf die günstigen Anlagemöglichkeiten in Saudi-Arabien hingewiesen: Gas, Petrochemie, IT, Energieversorgung, Infrastruktur, sogar Banken und Versicherungen – nach islamischer Rechtsauffassung bis vor Kurzem noch ganz undenkbar.

Dass die Beitrittsverhandlungen so lang dauerten, hatte auch religiöse und kulturelle Gründe, weiß der Arabist und Historiker Fürtig. *„Saudi-Arabien versteht sich nicht nur als islamischer Staat schlechthin, sondern auch als Ursprungsland der islamischen Religion und deshalb als deren konsequentester Hüter und Bewahrer."* Das Land wurde nicht kolonisiert oder christlich missioniert, auch christliche Händler kamen selten. Aktuell hatte man Angst vor Zwangseinfuhren von Schweinefleisch, Alkohol und Pornografie. Kategorisch, so der Handelsminister Usama al-Faqih, müssten Waren und Dienstleitungen ausgeschlossen bleiben, die auf der Grundlage von Religion und Kultur traditionell verboten seien. *„Die Änderungen kommen langsam, sie sind aber nicht einklagbar"*, sagt auch die Nahosthistorikerin Prof. Ulrike Freitag, Direktorin des ZENTRUMS MODERNER ORIENT (ZMO) in Berlin. *„Ohne König Abdallah gäbe es vollkommene Stagnation und noch mehr Abschottung."*

Doch Saudi-Arabien ist bei Weitem nicht so geschlossen und unerforschbar, wie mancher glaubt. Forschungsinstitute gewähren Zutritt, hat Freitag erfahren, helfen auch bei der Suche nach Literatur. *„Es ist ein Klischee, dass die Saudis nicht mit Besuchern reden"*, korrigiert Freitag ein gängiges Vorurteil. Nur eines sollte man beachten: Englisch reicht nicht, schon gar nicht in der Forschung. Deshalb verstehen sich nicht nur beim Thema Literatur exzellente Sprachkenntnisse von selbst. *„Frauenliteratur ist ein großes Thema in Saudi-Arabien"*, erzählt Freitag. Nicht nur an den ausgezeichneten Frauenuniversitäten des Landes. *„Es gibt übrigens Feministinnen, die sehr viel radikalere Positionen vertreten als diejenigen hierzulande"*, weiß die Forscherin. Eingebettet sind solche Diskussionen in den „Nationalen Dialog", der sein Institut in der Hauptstadt Riad hat. *„1992 hatte man einen Konsultativrat errichtet, auch um Druck aus oppositionellen Kreisen aufzunehmen"*, erklärt Fürtig. Die Themen wechseln jährlich, 2004 waren die Frauen an der Reihe. Ein großes Thema waren auch die Gemeinderatswahlen, die man durchführen ließ, weil die USA auf demokratische Reformen drangen und Druck ausübten. Gewählt wurde aber nur zur Hälfte, die andere Hälfte der Sitze wurde bestimmt. Undemokratisch? Diejenige Hälfte der Sitze, die man hat wählen lassen, wurde von radikalen Islamisten gewonnen, die eingesetzten Ratsmitglieder waren Technokraten, die letztendlich die Arbeit gemacht haben. Fürtig: *„Wahl allein, ohne entsprechende Bedingungen, heißt erst einmal gar nichts."*

ZENTRUM MODERNER ORIENT (ZMO), BERLIN

Das *Zentrum Modener Orient* ist die einzige Forschungseinrichtung Deutschlands, die sich interdisziplinär und in historisch-vergleichender Perspektive mit dem Nahen Osten und Afrika sowie Süd- und Südostasien befasst – den Gegenden also, die man zu Beginn außereuropäischer Regionalstudien vor 100 Jahren den „Orient" nannte. Das ZMO versteht sich als Schnittstelle zwischen Kultur- und Sozialwissenschaften, die hauptsächlich vertretenen Disziplinen sind Geschichte, Ethnologie und Islamwissenschaft. Vergleichende Studien zum Beispiel zum Wertewandel von Jugendlichen in Deutschland und der arabischen Welt, Sommerschulen zu „Frauen im Islam" oder Untersuchungen zum Engagement Chinas in Algerien betreffen aktuelle soziale und politische Problemlagen, die durch historische und kulturwissenschaftliche Forschung unterfüttert oder ergänzt werden. Man fertigt soziokulturelle Ländergutachten an als Beratung für Ministerien, Parlament oder Stiftungen, kooperiert intensiv mit Berliner und anderen Universitäten und mit dem *GIGA* in Hamburg.

Eine geschickte Umverteilung der Erdölrente hatte dafür gesorgt, dass alle Bereiche der Gesellschaft gut versorgt und in der Spur waren – auch der private Sektor. Und nun fragen sich die Experten, ob der – gepäppelt wie er ist – dem internationalen Druck wird standhalten können. *„Entweder fühlt man sich der Konkurrenz gewachsen oder der Reformdruck ist so groß, dass man keine Wahl hat – oder beides“*, sagt Fürtig. Die WTO stellte indessen harte Bedingungen für den Beitritt. Japan hatte noch die wenigsten Einwände, Deutschland fürchtete Konkurrenzdruck für die petrochemische Industrie, die USA misstrauten zunächst einem Land, aus dem 16 der 19 9/11-Attentäter stammten. Nachdem dann aber das Thema Sekundärboykott gegen Israel vom Tisch war, lenkten die Amerikaner ein, aber es wäre wohl zwischen den alten Verbündeten auch anders gegangen. *„Seit 1973 hat Saudi-Arabien 400 Milliarden Dollar in den USA investiert“*, sagt Fürtig, *„und auch nach 2001 wird jede vierte Tonne Öl in Saudi-Arabien produziert, und jede vierte Tonne Öl wird in den USA konsumiert.“*

König Abdallah wird seinen Reformkurs fortsetzen, nachdem er erkannt hat, dass ein auf Öl basierendes staatliches Rentensystem nicht der ökonomischen Weisheit letzter Schluss ist – und nicht genügend Arbeitsplätze schaffen kann.

GIGA-INSTITUT FÜR NAHOST-STUDIEN

Politik- und kulturwissenschaftliche Expertise treffen sich am *GIGA-Institut für Nahost-Studien* – notwendig, um eine turbulente Weltgegend in ihren Grundlagen zu erfassen. Bewegen sich Länder des Nahen Ostens von sich aus hin zu mehr Liberalität, oder tun sie das nur auf internationalen Druck?

Saudi-Arabien und Ägypten sind sehr verschiedene Beispiele für Transformationsländer, die die Hamburger unter diesem Aspekt untersuchen. Die Auswirkungen äußeren Drucks erforscht man auch in Syrien und Iran, zwei „Schurkenstaaten", die sehr unterschiedlich mit dieser Zuschreibung umgehen. Die Rolle der Opposition in autokratischen Ländern genießt naturgemäß besondere Aufmerksamkeit der Wissenschaft, ebenso wie die lebhaften Debatten über Demokratie und Gleichberechtigung, wie sie derzeit im Nahen Osten geführt werden. Am GIGA-Institut weiß man indessen sehr gut, dass westliche Modelle von Good Governance und westliche Bemühungen um Demokratie oftmals nicht mehr verfangen.

Ein Dauerbrenner der Forschung ist die anhaltende Gewalt im Nahen Osten, sei es im Irak, sei es der israelisch-palästinensische Konflikt, und die Machtquelle Erdöl spielt quasi naturgemäß eine herausragende Rolle in der Analyse von Politik und Wirtschaft derjenigen Länder, die sie besitzen.

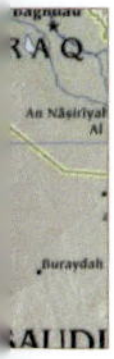

JAHRE DER ERFAHRUNG
SIEMENS IN SAUDI-ARABIEN

Drei Jahre seien noch viel zu wenig, um ein Land wirklich kennenzulernen, ist Christian Selch überzeugt. Seit 2004 ist der Diplom-Mathematiker Chef von SIEMENS in Saudi-Arabien mit Hauptquartier in Jidda. Und er ist gern dort. *„Wenn ich in Deutschland erzähle, dass ich in Saudi-Arabien lebe, schlägt mir vor allem Unkenntnis entgegen“*, beschreibt er die Reaktion seiner Landsleute, die durch eine eng geführte Berichterstattung so mancher falschen Vorstellung aufsitzen. Die erste Frage gilt in der Regel der Sicherheit – Berichte aus dem Nahen Osten erschöpfen sich ja zumeist in Meldungen über gewalttätige Auseinandersetzungen. Und mit Unterscheidungen hält man sich da nicht lange auf.

„Wir nehmen im Alltag keinerlei Sicherheitsbedrohungen wahr“, erzählt Selch. Auch die Kriminalitätsrate ist seiner Einschätzung nach niedriger als in Deutschland. Dass es ein Gewaltpotenzial geben könnte, will er gar nicht bestreiten. *„Es gibt nach wie vor einen erheblichen Anteil konservativer Leute, die mit den Veränderungen, wie sie das Land in den letzten Jahren erlebt, nicht einverstanden sind.“*

Siemens ist seit 80 Jahren im „Land hinter dem Schleier“ und ist damit ein Pionier industriellen Engagements in der Region. Equipments und technische Lösungen für die Bereiche Energie, Infrastruktur und Gesundheit gehören zu den klassischen Geschäftsfeldern – Siemens errichtete auch Saudi-Arabiens erstes landesweites Telekommunikations-Netzwerk, das schon 1956 in Betrieb ging.

Die Wirtschaft in Saudi-Arabien ist natürlich vom Öl geprägt. Und das Land ist wohlhabend. *„Es ist aber auch nicht so, dass das Geld hier aus jeder Ritze sprudelt“*, lacht Selch. Es gibt noch Defizite in der Infrastruktur, und die bieten auch die besten Investitionsmöglichkeiten. Selch nennt die Bereiche Energie, Wasser, Öl, Häfen. Einkommen- und Mehrwertsteuer kennt man in Saudi-Arabien nicht, die noch reichlichen Einnahmen aus dem Ölgeschäft fließen direkt in die Staatskasse, eine lohnende Beigabe der Petroökonomie. Ein Problem ist indessen der Mangel an Fachkräften. Noch ist das Land nicht in der Lage, selbst genügend qualifiziertes Personal auszubilden. Etwas mehr als ein Drittel der Siemens-Belegschaft sind Saudis. Der Rest kommt aus 30 anderen Nationen.

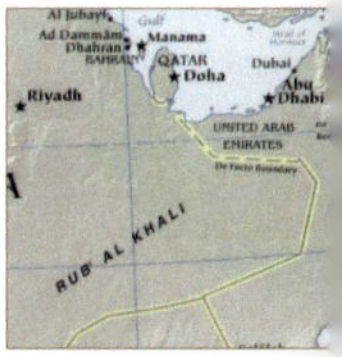

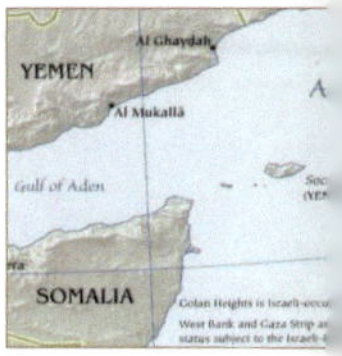

„Wer neu im Land ist, sollte unbedingt einen vertrauenswürdigen Partner vor Ort haben“, rät Selch, der selbst einen verlässlichen saudischen Partner mit der Juffali-Familie hat. Wer es allein versucht, verheddert sich leicht in den Fallstricken der fremden Kultur und der anderen Art zu wirtschaften. *„Es ist nicht immer leicht, den Ablauf einer Verhandlung zu erkennen“*, weiß Christian Selch. Oder welche Vorschriften eingehalten werden müssen. *„Die Scharia hat viele Interpre-*

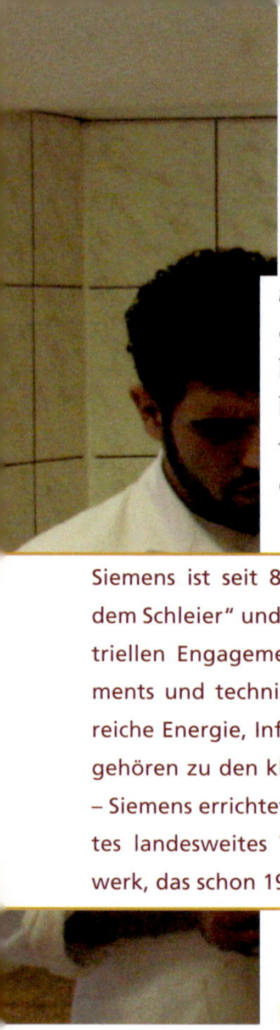

tationen, und es ist nicht immer einfach, eine legale Aussage festzulegen, denn sie ist in erster Linie gelebtes Recht", erklärt der Manager. Man kann sich nicht wie in Europa auf geschriebenes Recht beziehen, da braucht es vor allem lange Erfahrung. Mit der Zeit erkennt man auch, wie divers Saudi-Arabien ist. *„Jidda ist anders als Riad, der Osten des Landes hat wieder einen anderen Charakter, es gibt auch verschiedene Abstufungen von Konservativität"*, gibt Selch all jenen mit, die allzu schnell alles über einen Kamm scheren. Auch bei einem Thema, über das recht pauschale Auffassungen herrschen. *„Ich erzähle gern die Geschichte eines saudischen Mitarbeiters mittleren Alters, der bei wichtigen Entscheidungen vielleicht nicht seine Frau, in jedem Falle aber seine Mutter fragt. In vielen Familien sind die Mütter der Boss."* Formale und informelle Macht sind ungleich verteilt. Aber wie gesagt: Saudi-Arabien ist in Bewegung. *„Wenn es nach meiner Frau geht, bleiben wir noch lange hier."*
Wie die Wissenschaft – abgesehen von den technischen Disziplinen – beim ausländischen Engagement hilfreich sein könnte? *„Vielleicht sind Sie hier an der falschen Adresse – Siemens ist schon so lang im Land. Da gibt es viel akkumuliertes Wissen."*
Aber warum nicht mal die Köpfe zusammenstecken?

Siemens ist seit 80 Jahren im „Land hinter dem Schleier" und ist damit ein Pionier industriellen Engagements in der Region. Equipments und technische Lösungen für die Bereiche Energie, Infrastruktur und Gesundheit gehören zu den klassischen Geschäftsfeldern – Siemens errichtete auch Saudi-Arabiens erstes landesweites Telekommunikations-Netzwerk, das schon 1956 in Betrieb ging.

BEVOR DAS KIND IN DEN BRUNNEN FÄLLT
LEIPZIGER ARABISCH

„Oft kommen Unternehmer erst dann zu mir, wenn das Kind schon in den Brunnen gefallen ist", sagt Eckehard Schulz, *„und wollen dann wissen, wie sie aus der Situation wieder herauskommen."* Schulz ist aber kein Unternehmensberater. Er ist Professor für Arabistik am Orientalischen Institut der Universität Leipzig. Also ein klassischer Vertreter der Kategorie Orchideenfach. Auf den ersten Blick.

300 Millionen Menschen auf der Welt sprechen Arabisch, und das in einer Weltgegend, die ökonomisch schwergewichtig ist und durch Diversifizierungen in den klassischen Öllländern auch für ausländische Investoren immer interessanter wird. *„Wer vorher fragt, will meist wissen, wie man sich vor Ort verhält"*, erzählt Schulz, *„welche Rolle das islamische Recht im Wirtschaftsbereich spielt, wie es mit der Zahlungsmoral bestellt ist oder welche Geschäftskonstruktion zu empfehlen ist."*
Natürlich laufen viele kommerzielle Vereinbarungen mit Partnern in der arabischen Welt über das Englische, erklärt Schulz. Kompliziert wird es aber, wenn in den Verträgen Verordnungen

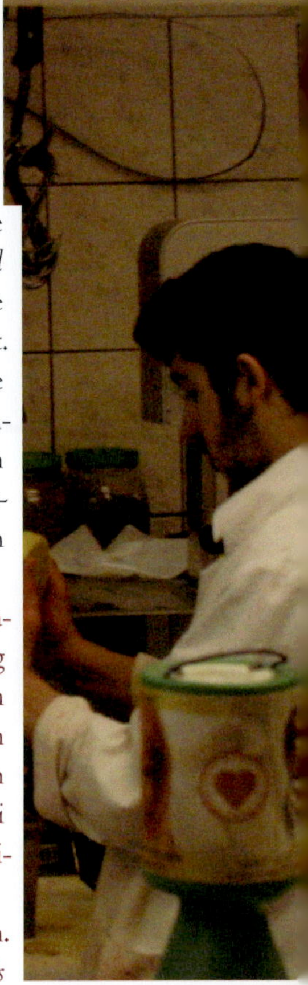

und Gesetze auftauchen, die die Partner aus formaler Sicht berücksichtigen müssen und die nur in Arabisch vorliegen. *„Dann kann es passieren, dass man etwas unterschreibt, dessen Inhalt und Konsequenzen man nicht kennt. Hier sparen zu wollen, kann später sehr teuer werden."* Kanzleien, die die Unternehmen in Deutschland betreuen, sind auf diesen Märkten in der Regel überfordert. Daher empfiehlt Schulz, arabischen bzw. arabistischen Sachverstand hinzuzuziehen, um diese teuren Fehler zu vermeiden und um die möglicherweise nicht überall ganz so guten Englischkenntnisse der Partner auf der Arbeitsebene oder bei der Projektdurchführung kompensieren zu können. *„Wer daran interessiert ist, einen guten und langfristigen Kontakt zu seinen Partnern zu etablieren, sollte ein paar Worte Arabisch sprechen, und sei es nur als Geste"*, sagt Schulz. So macht man sich Freunde.

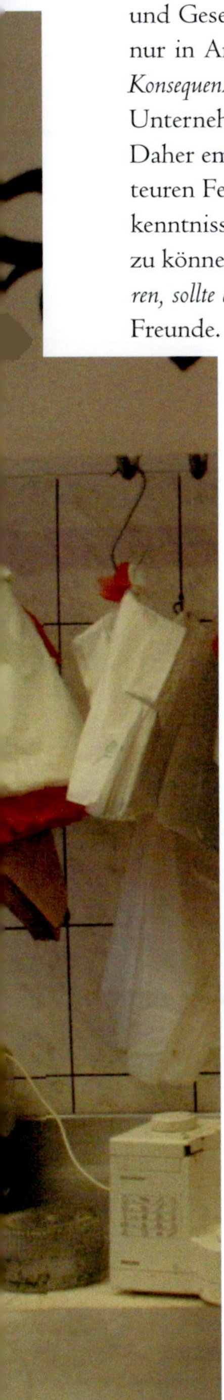

In Leipzig lernt man Arabisch, wie es heute gesprochen wird. Das Orientalische Institut bietet seit den 1970er-Jahren eine moderne Sprachausbildung an, und aus dieser Zeit stammt auch das Leipziger „Lehrbuch des modernen Arabisch". Es ist inzwischen ein Standardwerk, das mittlerweile von fast allen einschlägigen universitären Bildungseinrichtungen im deutschsprachigen Raum und darüber hinaus genutzt wird. Die englische Version ist 2000 bei Cambridge University Press erschienen („Modern Standard Arabic"), weitere Versionen in anderen Sprachen sind in Vorbereitung.

Sorgen um ihre Zukunft müssen sich die Leipziger Arabisten nicht machen. *„Unsere guten Absolventen und Absolventinnen beherrschen das Arabische auch als Arbeitssprache, weil die Sprachausbildung kommunikationsorientiert ist"*, sagt Schulz. *„Deshalb finden alle meist sehr schnell einen Arbeitsplatz – sei es in der Wirtschaft, der Entwicklungshilfe, in den Bereichen Kultur oder Politik, zunehmend auch in sicherheitsrelevanten Feldern."*

Wer sich als Unternehmer ohne sozio-kulturelle Hintergrundberatung auf diesen Markt begibt, wird sich in der Regel erst einmal „danebenbenehmen", weiß Eckehard Schulz, der schon viele Unternehmer in verschiedene Länder des Nahen Ostens begleitet hat. *„Man tritt in mehrere Fettnäpfchen, und sei es ‚nur' bei der Körpersprache."* Fatal ist dabei, dass man es oft selbst gar nicht bemerkt. *„Deshalb ist eine gute Vorbereitung auf den Partner unerlässlich."*

Eines legt Eckehard Schulz den Newcomern besonders ans Herz: „Man *sollte den Markt nicht mit der Einstellung erobern wollen, dass man es mit Partnern zu tun hat, die ihr Geschäft nicht verstehen. Die Unternehmer in dieser Region verfügen über eine ererbte und akkumulierte Handels- und Geschäftserfahrung, die oft Jahrhunderte oder gar Jahrtausende zurückreicht. Wer den Partner unter- oder gar gering schätzt, wird sich nicht langfristig etablieren können. Und man muss sich darauf einstellen, dass Kontakte, Beziehungen und Vertrauen wachsen müssen und man erst einige Tassen Tee oder Kaffee getrunken haben muss, bis es zu konkreten Abschlüssen kommt."*

Eckehard Schulz hat nahezu alle arabischen Länder bereist und gute Kontakte nicht nur in den Universitäten. Manchmal kann er helfen, auch wenn das Kind schon in den Brunnen gefallen ist.

UNIVERSITÄT LEIPZIG
DAS ORIENTALISCHE INSTITUT

Seit 1728 kann man in Leipzig Arabisch lernen, und hier wurde auch die wissenschaftliche Arabistik begründet.
1968 schuf man den Lehr- und Forschungsbereich „Arabische Staaten bzw. Nordafrika/Nahost" der Sektion Afrika- und Nahostwissenschaften, seit dem Sommersemester 1994 ist das *Orientalische Institut* Teil der *Fakultät für Geschichte, Kunst- und Orientwissenschaften*.
Die Ausbildung von Übersetzern und Konferenz- bzw. Simultandolmetschern bietet Leipzig als einziges Insitut in Deutschland an – erstes Alleinstellungsmerkmal. Das zweite ist die Kombination von Geschichts-, Kultur-, Sprach- und Übersetzungswissenschaft mit islamischem Recht, dem Recht der arabischen Länder sowie dem Bereich Wirtschaft und Sozialgeografie, die in den Magister-, Bachelor- und Masterstudiengängen angeboten wird.

Forschung und Lehre am Institut sind maßgeblich eingebunden in den Sonderforschungsbereich (Sfb) „Differenz und Integration", der die Beziehungen zwischen Nomaden und Sesshaften in Geschichte und Gegenwart von Marokko bis China untersucht, in den internationalen Promotionsstudiengang „Transnationalisierung und Regionalisierung vom 18. Jahrhundert bis zur Gegenwart", in den Promotionsstudiengang im Rahmen des Graduiertenkollegs „Bruchzonen der Globalisierung" sowie in den Masterstudiengang „Global Studies".

DAS MÄRCHEN VOM DIENST

DUBAI, DOLLARS, DISNEYLAND

Am Persischen Golf liegt ein orientalisches Märchen für den, der schon alles hat. Das muss auch so sein, denn im „Turm Arabiens" können 1001 Nacht ziemlich teuer werden. Auf der öffentlich zugänglichen Preisliste findet man aber nur die einfacheren Gemächer ab 170 Quadratmeter. Die Suiten zu 780 Quadratmetern unterliegen den exquisiten Diskretionen des Reichtums, der jenseits der Grenze zum Märchenland liegt. Aber auch schon mit weniger wird man vom Flughafen mit dem Rolls-Royce abgeholt, auch schon für weniger wird man mit dem U-Boot ins unterseeische Fischrestaurant gefahren, wo man im Aquarium sitzt und quasi eins wird mit der Speise ... Wem es in dem 321 hohen Elfenbeinturm des Reichtums zu langweilig wird, der geht in die Wüste zum Skilaufen, wohnt dem WTA Dubai Tennis Championship bei oder verirrt sich wahlweise in einem künstlichen Regenwald oder im weltgrößten Einkaufszentrum, vornehmer: The Mall of the Emirates. Demnächst wird im Meer die Erde neu erschaffen, auf 300 künstlichen Inseln entstehen Kontinente und Länder, der Name ist schlicht: „The World". Landgewinnung. Die Immobilienbranche boomt. Bei der Schaffung künstlicher Welten, Paralleluniversen und Märchenwelten hat man in Dubai weltweit die Nase vorn. Der Burj al Arab, der Turm Arabiens, ist das einzige Sieben-Sterne-Hotel der Welt, unnötig zu erwähnen, dass es auch zu den höchsten gehört. Nur das Grand Hyatt Shanghai ist mit 420 Metern noch 99 Meter höher, aber der Burj Dubai, der Dubai Tower, soll dereinst das allerhöchste Gebäude der Welt werden: 808 Meter.

Dubai ist eines von sieben Emiraten am Persischen Golf, die seit 1971, seit der Unabhängigkeit von Großbritannien, die Vereinigten Arabischen Emirate bilden. *„Dubai zieht die anderen Golfstaaten mit"*, ist Prof. Günter Meyer überzeugt. Der Wirtschaftsgeograf an der Universität Mainz ist Leiter des Zentrums für Forschung zur Arabischen Welt (ZEFAW), wo man sich mit zeitgenössischen Entwicklungen einer schwierigen Gegend befasst. Das Kalkül hinter dem Spektakel, von vielen als Gigantomanie oder Disney-Version orientalischer Prachtentfaltung belächelt, wird langfristig aufgehen: *„Die Strategie, ‚Es muss das Größte sein, ganz egal wie groß' hat dazu geführt, dass man Dubai auf der Weltkarte findet"*, sagt Meyer. Schon heute ist das Wüstenemirat Luftdrehkreuz im Nahen Osten – auch für die Lufthansa. Der Großflughafen mit sechs Start- und Landebahnen muss wegen Kapazitätsengpässen ausgebaut werden, der Containerhafen ist einer der zehn weltweit am meisten genutzten, fast der gesamte Containerverkehr nach Iran und zu den übrigen Häfen am Golf läuft über Dubai.

Die Agenda 2010 von Scheich Mohammed al-Maktoum, Spiritus Rector dubaitischer Visionen (sein Bruder regiert) heißt: Dubai soll das bedeutendste Handels-, Finanz-

und Touristikzentrum der Region werden. 1966 entdeckte man das Öl, doch seit Anfang der 90er-Jahre wusste man, dass es nicht mehr ewig reichen würde. Auf der Basis des Petroreichtums wird nun diversifiziert, was der Wüstensand hält. Der Nichtöl-Sektor zieht rapide an, immer mehr ausländische Investoren kommen. *„Auch die 5.000 Investoren aus Saudi-Arabien wissen die Vorteile des internationalen Handelsplatzes mit Zoll- und Steuerfreiheit zu schätzen"*, sagt Meyer. Inzwischen sind auch 500 deutsche Unternehmen vor Ort – so viele wie auf dem ganzen afrikanischen Kontinent. Die Emirate sind inzwischen nach Saudi-Arabien der bedeutendste arabische Handelspartner Deutschlands. *„Die gesamte industrielle Welt sucht hier die Kontakte zum Golfkooperationsrat"*, weiß Meyer. Und da geht es natürlich auch um Öl. Die dubaitische Wirtschaft ist liberal, die Bürokratie praktisch abwesend, erholsam für die 90 % Ausländer aus 130 Nationen, die in Dubai leben und Geschäfte machen, weniger schön indessen für diejenigen, die auf der Dienstbotenseite der Shopping-Malls leben.

„Auf lange Sicht werden sich viele Dinge ändern", ist Meyer überzeugt. Nicht gesteuert, sondern im Reich des Unvermeidlichen. Schon drängen die Frauen in die Politik, langsam gibt man dem Druck nach. In Dubai vorderhand. Andere Emirate und Nachbarländer sind da

JOHANNES-GUTENBERG-UNIVERSITÄT MAINZ
GEOGRAFISCHES INSTITUT

In Mainz forscht man vor allem zu den heutigen Gesellschaften und Gegebenheiten der arabischen Welt – zum Beispiel im Arbeitsbereich „Gegenwartsbezogene Orientforschung" am *Geografischen Institut* der Universität. Politische Themen wie Konflikte um Erdöl und Wasser oder gewaltsame Auseinandersetzungen spielen dabei eine ebenso große Rolle wie ökonomische Themen, zum Beispiel die Überlebenschancen des produzierenden Kleingewerbes in Ägypten oder die Entwicklung des Arbeitskräftepotenzials. In der Gegenwart bewegt man sich auch am *Zentrum für Forschung zur Arabischen Welt (ZEFAW)*, ein Schwerpunkt der Untersuchungen ist hier der Tourismus in der arabischen Welt – besonders nach 9/11. Am *ZEFAW* wird aber vor allem fachlich und grenzüberschreitend vernetzt, unter anderem duch die Herausgabe wichtiger nationaler und internationaler Informationsdienste zur gegenwartsbezogenen Orientforschung.

DAVO-Info-Service und DAVO-Nachrichten

EURAMES-Info-Service (European Network of Middle Eastern Studies) mit mehr als 3.000 Empfängern (www.eurames.de)

Weitere regionalwissenschaftliche Institute der Universität wie zum Beispiel die Institute für Orientkunde oder das Institut für Ethnologie und Afrikastudien sind am Sonderforschungsbereich (Sfb) 295 beteiligt. Hier werden in verschiedenen Ländern des Nahen Ostens die durch kulturelle und sprachliche Kontakte ausgelösten Prozesse des Wandels in Bereichen wie Politik, Religion, gesellschaftliche Strukturen, Siedlungsformen, Kunst und Sprache untersucht.

DEUTSCHE ARBEITSGEMEINSCHAFT VORDERER ORIENT – DAVO Die *DAVO* ist ein Zusammenschluss von Personen, die in ihren jeweiligen Fächern gegenwartsbezogen zum Vorderen Orient forschen und sich mit dessen Beziehungen zu anderen Regionen befassen. Unter dem Raum Vorderer Orient werden alle arabischen Staaten und Territorien sowie Afghanistan, Iran, Pakistan, die Türkei, die islamischen Staaten der ehemaligen UdSSR sowie Israel verstanden. Die *DAVO* hat derzeit mehr als 800 Mitglieder – Wissenschaftler, Studierende, Journalisten, Mitarbeiter von deutschen Institutionen, die in jener Region tätig sind, und andere orientinteressierte Personen. Die *DAVO* richtet regionale und themenbezogene Arbeitstagungen aus, regt gemeinsame interdisziplinäre Forschungsvorhaben an und fördert sie, unterstützt den wissenschaftlichen Nachwuchs vor allem in interdisziplinärer Arbeit und bemüht sich darum, den Informationsaustausch zwischen den wissenschaftlich oder regional spezialisierten Institutionen zu fördern.

Die *DAVO*-Mitglieder werden wöchentlich per E-Mail über aktuelle Entwicklungen der Orientforschung sowie Ausschreibungen von Stellen und Praktika in der Region informiert.

Die *DAVO* hat den Überblick über Institute, Experten und neuere Entwicklungen auf dem Gebiet der gegenwartsbezogenen Orientforschung und informiert dazu Verbände, Ministerien, Behörden und andere Institutionen.

Für die Wirtschaft bietet die *DAVO* die kostenlose Vermittlung von Experten und Fachkräften mit interkultureller Kompetenz, exzellentem Sprachvermögen und ausgewiesenen Kenntnissen der politischen, gesellschaftlichen und ökonomischen Verhältnisse in der Region.

Vorsitzender: Prof. Dr. Günter Meyer, Zentrum für Forschung zur Arabischen Welt, Universität Mainz
Stellvertretende Vorsitzende: Dr. Sonja Hegasy, Zentrum Moderner Orient, Berlin
http://davo.uni-mainz.de/

konservativer. Nicht aber, was das Geldverdienen angeht, vor allem in der boomenden Touristikbranche. Bahrain zieht nach ebenso wie Qatar und Oman. Sogar das sehr konservative Kuwait will dabei sein. Die Touristenzentren entstehen allerdings weit weg vom „richtigen“ Kuwait, und ganz ähnlich macht man es in Saudi-Arabien, das schöne lange Küsten am Roten Meer hat.

PRÄSENTATION BEI 40 GRAD

LICHT-KUNST-LICHT IN ABU DHABI

Grafikprogramme, Leuchtmittel und Projektoren sind ihre bevorzugten Arbeitsgeräte: Architekten, die sich auf „Light Design" spezialisieren, betonen durch subtil inszenierte Beleuchtung Form und Charakter neuer Gebäude und erzeugen auf Wunsch spezielle Raumstimmungen.

Eines der international erfolgreichsten Büros dieser noch jungen Branche mit dem programmatischen Namen „Licht-Kunst-Licht", wurde 1992 vom deutschen Architekturprofessor Andreas Schulz gegründet: Von Bonn und Berlin aus hat sich sein interdisziplinäres Team aus Architekten, Designern und Elektroingenieuren schnell einen Namen machen können, der weit über Deutschlands Grenzen hinaus Strahlkraft entwickelt hat. So sorgte hierzulande die Lichtsetzung im Bundeskanzleramt, am Stuttgarter Flughafen und im Martin Gropius Bau für Aufmerksamkeit, international preisgekrönt wurden unter anderem das neue Hauptquartier der NOVARTIS AG („Forum Drei") und der Shin Marunouci Tower in Tokio. Anfang 2007 erregte eine spiegelnde Lichtfassade für den neuen Uniqa Tower in Wien das Interesse solventer arabischer Auftraggeber – aus Abu Dhabi, der Hauptstadt der Vereinigten Arabischen Emirate.

„In den Emiraten gibt es praktisch keine eigene Tradition für Architektur und auch keinen Ausbildungsgang", sagt Andreas Schulz. Deswegen bleiben auf den zahlreichen Baustellen des Landes westliche Architekten meistens unter sich. *„Man holt nur Leute von Rang und Namen, und die kennen sich untereinander, fast wie in einer großen Familie."* Umso wichtiger ist die erste Präsentation vor Ort. Dabei stellten sich dem Architekturprofessor aus Berlin schon vor dem Abflug ganz neue Fragen, denn Schulz und sein Team reisten ausgerechnet zum Fastenmonat Ramadan an: *„Darf man jemanden, der gerade fastet, überhaupt etwas zu trinken anbieten?"* Und: *„Was zieht man bei Temperaturen über 40 Grad im Schatten an?"*

Andreas Schulz entschied sich für Wasser, Tee und Säfte und den klassischen Businessdress, allerdings ohne Krawatte. Da man an einem Donnerstag anreiste, konnte sich sein Team am Freitag, dem traditionellen islamischen Feiertag, in Ruhe akklimatisieren. Die Präsentationen waren ein Erfolg. Allerdings: Die eigentliche Herausforderung begann hinterher: *„Verabredungen haben hier nicht wirklich Bestand. Gefordert wird vor allem viel Flexibilität"*, sagt Schulz. Mittlerweile bucht er Videobeamer und Büroräume für die Präsentationen lieber gleich für den ganzen Tag, millionenschwere Scheichs sind es eben gewohnt, auch sehr kurzfristig Termine um viele Stunden zu verlegen. *„Hier muss man eigentlich immer auf Abruf stehen"*, weiß Schulz – mittlerweile. Wer möchte schon in Jeans und legerer Kleidung beim Sightseeing in der Innenstadt vom nächsten

Anruf überrascht werden, wenn der beste und mindestens genauso millionenschwere Freund des eben erst überzeugten Kunden anruft und jetzt sofort die gerade gehaltene Präsentation noch einmal sehen und gegebenenfalls einkaufen will? Ganz sicher keiner, der in Abu Dhabi auch in Zukunft gute Geschäfte machen will.

Andreas Schulz hat gelernt, wie gut informiert und weltoffen seine Geschäftspartner in Abu Dhabi sind. *„Das Gespür für neue Trends und Stile ist sehr ausgeprägt, die Scheichs sind über alles bestens unterrichtet, bis hin zu komplizierten technischen Details.“*
Aktuell verhandelt Andreas Schulz über fünf lukrative Aufträge, darunter das Prestigeprojekt Emirates Pearl Tower, dem zukünftig vielleicht luxuriösesten Hotel der Welt. Entscheidend bleiben auch in dieser zweiten Phase gute Kontakte: *„Man muss die richtigen Leute kennen, und zwar gleich bis zur Spitze, sonst läuft man sich hier nur die Füße platt.“* Sollte es mit dem Großprojekt doch nicht klappen, wird es für die deutschen Lichtplaner dennoch genug zu tun geben. Überall entstehen in Abu Dhabi Villenkolonien, Wolkenkratzer, und Vergnügungsparks, eine ganze „Insel des Glücks" ist geplant, mit Hotels, Parks, Golfplätzen und natürlich: Shoppingmalls. In den nächsten Jahren, so das ehrgeizige Ziel, will die größte Metropole der Emirate den Sprung zur Kulturhauptstadt schaffen. Dafür haben die Scheichs mit Frank Gehry, Zaha Hadid, Jean Nouvel und Tadao Ando vier Superstars der Architektur engagieren können, alle auch ehemalige Geschäftspartner von Andreas Schulz.

Erst kürzlich hat der deutsche Architekt die zweite, wichtige Hürde für den ersten Großauftrag geschafft: eine private Einladung des Scheichs zum Abendessen bei seiner Familie.

Moritz Kralemann

DIE GEISTER, DIE MAN RIEF

ÖL UND MACHT IN ZEITEN DER ABHÄNGIGKEIT

Ölscheich und Ölkrise, Krieg um Öl und Schurkenstaat – das in etwa ist die Melange, aus der die Berichterstattung über die ökonomischen Angelegenheiten größerer Teile des Nahen Ostens besteht. Doch der Blick des Westens ist verengt auf Versorgungssicherheit, die Folgen des Ölreichtums auf die produzierenden Länder selbst werden kaum je in Erwägung gezogen. Und selten auch die Beteiligung des „Westens“ am Entstehen von Sachverhalten, die man heute beklagt. Die Geister, die man rief …

„Bis in die 70er-Jahre hinein waren die USA und deren gigantische Konzerne die alleinigen Regisseure im internationalen Erdöltheater“, erklärt Dr. Martin Beck, Politikwissenschaftler am GIGA-Institut für Nahost-Studien in Hamburg. *„Die USA verfolgten in der Nachkriegszeit eine stabile Ordnung im Bereich des wichtigsten Energieträgers, denn das war für die westlichen Marktwirtschaften von strategischer Bedeutung.“* Und so vertrugen sich die illiberalen Regime im Nahen Osten hervorragend mit den Versorgungs- und Sicherheitsinteressen des Westens. Man hatte keinerlei Ambitionen, irgendjemanden zu „demokratisieren“, zu reformieren oder Menschenrechtsfragen zu erörtern. *„Die autoritären Rentierstaaten arabischer Prägung, Verbündete mithin, die den eigenen Auffassungen diametral entgegenstanden, waren zwar keine Intention, aber man nahm sie billigend in Kauf“*, sagt Beck. Hauptsache, es herrschte Stabilität und Liefersicherheit.

Mit der Gründung des Förderkartells OPEC 1960 wollten die Erdöl produzierenden Länder ein Gegengewicht zu den großen westlichen Ölkonzernen bilden, die auf der Basis von Verträgen aus der Kolonialzeit ihre Gewinne weitgehend ohne Beteiligung der Staaten erwirtschafteten, auf deren Gebiet die Ölquellen lagen. Doch zunächst war die OPEC wenig schlagkräftig, weil viele Mitglieder kaum wussten, welche erdölpolitischen Entscheidungen in ihrem eigenen Land getroffen wurden. *„In den siebziger Jahren gelang es den Ölproduzenten, sich die Kontrolle über die Erdölrenten zu sichern“*, sagt Beck. Dem Ölembargo als Folge des Oktoberkrieges 1973 folgten drastische Preiserhöhungen – von 2,84 Dollar auf 11,65 Dollar pro Barrel: die „Erdölrevolution“. Besser in Erinnerung als die exakten Preise oder die genauen Umstände ihrer Entstehung sind wohl die autofreien Sonntage als Inszenierung einer gefährlichen Abhängigkeit – die man indessen selbst geschaffen hatte. Dementsprechend überlebte das geschlossene Interessenkartell aus westlichen Konsumenten und arabischen Produzenten Revolutionen und Krisen, bis 1979 eine Revolution vom Zaune brach, die man nicht mehr in den Griff bekam. Aus dem Kaiserreich Persien, einem treuen Verbündeten des Westens, wurde die Islamische Republik Iran. Aus dem großzügig unterstützten Verbündeten gegen den nunmehr feindlichen Iran, dem Nachbarland Irak, wurde nach dessen Einmarsch in Kuwait 1990 selbst ein Feind.

Und was lange kein Thema war, ist heute auf der Tagesordnung: Demokratie und Menschenrechte. Ob man allerdings Druck ausübt und wie intensiv, hängt sehr stark von der Art der Beziehungen insgesamt ab. *„Den Irak will man ‚durchdemokratisieren‘“*, erklärt Beck, *„Saudi-Arabien eher nicht.“* Innenpolitisch hat der Fluch des Reichtums ganze Arbeit getan, findet Martin Beck. *„Die materielle Privilegierung der Erdölstaaten qua Rentenpolitik (der direkte Fluss der Petrodollars in die Staatskasse) hat genau zu dem geführt, was man heute im Westen beklagt: Keine demokratische Entwicklung, eine schwache Zivilgesellschaft, keine Innovationen.“* Auch Entwicklungshilfe könne genau diese Folgen haben, fügt der Experte hinzu.

MAILÄNDER SCHICK IM INFORMELLEN SEKTOR
KLEINHANDEL IN KAIRO

Tourismus, Überweisungen ägyptischer Gastarbeiter, der Suezkanal, Öl und Gas sind die Grundpfeiler ägyptischer Ökonomie. Die Reiselust ins Land der Pharaonen hat trotz verschiedener Anschläge nicht nachhaltig gelitten. Das Öl und die für ihre erste Qualität berühmte ägyptische Baumwolle gehen in alle Welt, die Touristen kommen von überall her, der Suezkanal ist eine der am häufigsten befahrenen Schifffahrtsstraßen der Welt und seit seiner Verstaatlichung 1956 die drittwichtigste Einnahmequelle Ägyptens.

Und wie überall auf der Welt sind die großen Geschäfte den kleinen Leuten ziemlich fern. Die machen ihre kleinen Geschäfte und sind dabei mitunter ziemlich erfolgreich – und durchaus globalisiert. Prof. Günter Meyer, Wirtschaftsgeograf an der Universität Mainz, erforscht in einer Langzeitstudie seit 1985 das produzierende Kleingewerbe in Ägypten, Tausende kleinerer Betriebe, vor allem in der Kairoer Altstadt und den informellen Siedlungen am Rand der Metropole. *„Diese Betriebe sind extrem widerstandsfähig“*, hat Meyer herausgefunden. *„Es ist spektakulär, wie sie sich der Konkurrenz der eigenen Industrie und ausländischer Importwaren erwehren können. Nicht einmal die Chinesen können ihnen etwas anhaben.“*

Betrachten wir einen Schuster. Wir müssen vorausschicken, dass so ein Kleinunternehmer im informellen Sektor von Kairo nicht ganz ohne Internet lebt. Dort schaut sich unser Schuster die neuesten Modelle aus Mailand und Paris an und arbeitet sie nach. Damit geht er in die guten Geschäfte in den guten Straßen von Kairo und fragt, wie viele er wohl liefern solle. Fünf Paare bis morgen? Natürlich sind seine Schuhe billiger als die italienischen oder französischen Importe – und sie sind handgearbeitet. *„Auch Möbel werden schnell und preiswert nach Polaroid-Vorlage gefertigt“*, berichtet Meyer. *„Das geschieht hochgradig arbeitsteilig, ein Handwerker sägt das Holz zu, der nächste drechselt, schließlich wird gepolstert, dazwischen liegen zahlreiche Arbeitsschritte. Alles in allem existieren hier zahllose selbstständige Arbeitsplätze.“* Doch die reichen nicht, Armut ist ein drängendes Problem in Ägypten. In die internationalen Kreisläufe können sich die ganz Kleinen nicht profitabel einklinken, zeigten Meyers Untersuchungen. Doch etliche der etwas größeren Betriebe arbeiten als Subunternehmer für die heimische Industrie, die wiederum ist in die internationalen Wertschöpfungsketten eingebunden. Bislang ist mehr als die Hälfte aller städtischen Arbeitsplätze im informellen Sektor angesiedelt. Kredite könnten den Kleinen helfen, mehr Arbeitsplätze zu schaffen und dann von sich aus Kontakt zu den größeren Industriebetrieben aufzunehmen, ist Meyer überzeugt. Darüber hinaus sollte man die Berufsausbildung weiter verbessern. Da, wo im Rahmen eines deutsch-ägyptischen Abkommens bislang das deutsche duale System übernommen wurde, ist es sehr erfolgreich.

ZEMENT IM TAXI

KRV ARCHITEKTEN IN ÄGYPTEN

„KRV Architekten", ein Trio von drei Architekten mit Sitz in Brandenburg und Berlin, arbeitet seit 1999 unter diesem Namen zusammen. In Ägypten entwarfen und betreuten sie besonders prestigeträchtige Projekte wie die deutsche Botschaft und die Mubarak-Bibliothek in Kairo oder das Goethe-Institut in Alexandria, eine prachtvolle Patriziervilla mit handgeschnitzten Edelholzpaneelen und bleiverglasten Fenstern.

Wie rettet sich ein Architekt in Kairo vor einem drohenden Baustopp, wenn das Baumaterial ausbleibt, weil tagsüber kein schwerer Laster fahren darf? Man schafft die Zementsäcke per Taxis ran – das ist mühsam, aber möglich. Achim Krekeler hat genau dies vor einigen Jahren erlebt. Da stand der Deutsche auf einer „richtig wichtigen" Baustelle im Botschafterviertel auf der Nilinsel Zamalek und wedelte sich eifrig Luft ins feuchte Hemd. Der ungewöhnliche Liefertransport half ihm dann tatsächlich aus der Klemme.
Heute kann Achim Krekeler in Kairo kaum noch etwas aus dem Konzept bringen. Die ägyptischen Gepflogenheiten sind ihm nach 25 Jahren so bekannt wie das „Boßeln" im heimischen Niedersachsen, ein Volkssport, bei dem Männer in langen Unterhosen und Wollsocken um die Wette Kugeln die Straßen entlang werfen. Auch die Ägypter sind ihm jetzt vertraut: deren Stolz, Gewandtheit und Telefoniersucht. *„Sie können vor einer Besprechung dreimal darum bitten, dass die Handys ausgestellt werden – es macht keiner."* Achim Krekeler hat sich daran gewöhnt. Wenn wieder einmal alle Gesprächspartner am Konferenztisch in ihre Handys plaudern, lehnt er sich einfach entspannt zurück und wartet ab.
Und die Geduld zahlt sich aus. Es sind große, prestigeträchtige Bau- und Sanierungsprojekte, die sich Achim Krekeler gemeinsam mit den Kollegen Andrea Ruiken und Michael Vetter in Ägypten sichert: Die deutsche Botschaft und die Mubarak-Bibliothek in Kairo sind darunter, das GOETHE-INSTITUT in Alexandria, eine prachtvolle Patriziervilla mit handgeschnitzten Edelholzpaneelen und bleiverglasten Fenstern. Das Trio arbeitet seit 1999 erfolgreich unter dem Namen „KRV Architekten" zusammen. Daneben bestehen eigene Büros in Deutschland: die Dr. Krekeler Generalplanungs- und Ingenieurgesellschaft in Brandenburg an der Havel, das Büro „Ruiken & Vetter Architekten" in Berlin. Was aber macht den internationalen Erfolg aus? Achim Krekeler glaubt schon, dass die *„guten kulturellen Kenntnisse da mitspielen."*
Erste Erfahrungen in Ägypten sammelte Krekeler als 27-Jähriger gleich nach dem Studium. Da war er Assistent am SCHWEIZER INSTITUT FÜR BAUFORSCHUNG UND DENKMALPFLEGE in Kairo. Damals warf er erste Vorurteile über Bord. *„Die Oberschicht in Ägypten ist nicht nur gebildet, sondern auch sehr welt- und sprachgewandt."* Nahezu alle Professoren, Anwälte, Ingenieure oder Ärzte hätten Auslandserfahrungen, viele sprechen Englisch und Französisch, manche sogar

Deutsch. Oft gingen sie schon zur Ausbildung weg, spätestens aber mit Antritt des Berufs. Der Grund sei weniger die Reiselust, sondern vielmehr das niedrige heimische Gehalt: 100 bis 200 Euro verdiene ein Beamter im Monat, 200 bis 250 Euro ein Professor, bis zu 400 Euro ein Ingenieur. *„Wer sich eine Wohnung kaufen möchte, muss als Gastarbeiter für eine Zeit in die Golfstaaten oder nach Europa gehen."*

So sind westliche Lebensweisen vielen ägyptischen Geschäftspartnern vertraut. Trotzdem: Beim ersten persönlichen Kontakt, der oft abends in ein Restaurantschiff auf dem Nil führt, hält sich Achim Krekeler strikt an örtliche Gepflogenheiten. Das fängt schon mit den ausgedehnten Begrüßungsritualen an, bei denen höflich das Wohlsein der ganzen Familie abgefragt wird. Väter von Söhnen können da bereits punkten. *„Spannend ist auch immer die Frage, ob Alkohol getrunken wird."* Der Architekt wartet steht ab, was sein Gegenüber bestellt und passt sich an. Denn als Wegweiser sei der Glaube wenig hilfreich. Krekeler hat schon mit vielen Moslems Bier getrunken, das übrigens aus staatlichen Brauereien kommt. Die Treffen blieben aber stets auf das Restaurant beschränkt. Ausgelassene Kneipentouren nach Geschäftsabschluss gäbe es in diesem Land nicht. Auch das Privatleben sei bis auf einige höfliche Nachfragen tabu, eine Einladung in die Familie äußerst selten. Und einen Punkt vermeidet der erfahrene Ägypten-Kenner ganz: offene Kritik an Land und Leuten. *„Man muss wissen, dass Ägypter sehr selbstbewusst und nationalstolz sind."*

Und sie sind Nachteulen. Anders als in Deutschland, wo Unternehmer die aktuellen Wirtschaftsdaten schon beim morgendlichen Kaffee studieren, läuft in Ägypten am Vormittag nur wenig. Die Büros sind stattdessen bis weit in die Nacht besetzt. Der Architekt schätzt mittlerweile die abendlichen Besprechungen mit Blick über das hell erleuchtete Kairo – sie seien viel entspannter. Auch auf der Baustelle herrscht wegen des Fahrverbots am Tag für schwere Laster ab Mitternacht oft geschäftiges Treiben. Ägyptische Bauarbeiter können so tagsüber noch einer zweiten Arbeit nachgehen, was sehr viele tun. Auch der langjährige Bauleiter von Achim Krekeler führt so ein Doppelleben: Er ist Professor.

Wie wenig Arbeitsschutz in Ägypten Thema ist, zeigen auch die „frisierten" Sicherheitsschuhe auf Krekelers Baustelle: Mit dem Messer verwandeln manche Arbeiter sie in null Komma nichts in Schlappen. Da helfen auch die ernsten Anweisungen nur wenig, die der Architekt stets mehrfach wiederholt, damit sie überhaupt gehört werden. In Geschäftsgesprächen macht Achim Krekeler oft ähnliche Erfahrungen, weshalb er alle Verhandlungsergebnisse lieber schriftlich festhält. Bei Behördengängen schickt der Architekt schon längst keine Vermittler mehr, sondern geht gleich selbst zum Gouverneur. Der schreibt ihm stets einen kleinen Zettel, der dann die Beamten in Kairos Baubehörde in Bewegung setzt.

Moritz Kralemann

DER FROMME STAAT
DEMOKRATIE AUF ISLAMISCH

„Die Vielfalt der Meinungen ist eine Gnade für die Gemeinde“, sagte Mohammed, der Prophet. Und so muss es nicht in jedem Falle verwundern, dass es in der islamischen Welt, der man so viel autokratisches Beharrungsvermögen unterstellt, eine lebhafte Debatte über Demokratie gibt. Die Frage ist nur: welche Demokratie? Der westliche Begriff hat sich nach militärisch flankierten Erziehungszumutungen so weit diskreditiert, dass er nicht mehr zur Debatte steht. Im modernen politischen Islam sucht man nach eigenen Lösungen.

„Einen Pluralismus der Meinungen, Interessen und gesellschaftlichen Gruppen hat es in der islamischen Welt immer gegeben“, sagt Prof. Gudrun Krämer vom Institut für Islamwissenschaft der Freien Universität Berlin. *„Politische Mitbestimmung lässt sich aus der islamischen Tradition durchaus ableiten.“* Die Forscherin nennt das Prinzip der Konsultation – „shura“. Es beinhaltet gegenseitige Beratung in allen Lebenslagen – dazu gehört auch die Beratung des Herrschers. Hier nun knüpfen moderne Theoretiker an und versuchen, demokratische Praxis – zum Beispiel in parlamentarischen Gremien – mit den Traditionen des Islam vereinbar zu machen. *„Die parlamentarische Mehrparteiendemokratie kann demnach als eine zeitgemäße Form von ‚shura‘ gelten, solange sie sich auf dem Boden des Islam bzw. im Rahmen der Scharia bewegt“*, erklärt Krämer. *„Exklusiv wird die Scharia übrigens nirgends angewendet, nicht einmal in der Islamischen Republik Iran oder dem Königreich Saudi-Arabien, so laut die Islamisten auch danach rufen.“*

Die exklusive Anwendung der Scharia würde indessen einen islamischen Staat voraussetzen, der aber in der islamischen Welt keine ungeteilte Zustimmung findet. Doch allenthalben hört man Rufe nach „Islamischer Ordnung“, oder Aussagen wie *„der Islam ist Religion und Staat“*, und *„das göttliche Gesetz soll gelten“*. *„Die Schlagworte sind groß und grob und umstritten“*, sagt Gudrun Krämer. *„Am besten versteht man sie als Teil einer kultur- und gesellschaftspolitischen Auseinandersetzung, in der sich Islamisten nach innen wie nach außen gegen ihre Widersacher abgrenzen.“* Doch die Kritiker im Innern lehnen Verknüpfungen von religiöser Überzeugung und öffentlicher Ordnung ab. Die einen begründen dies mit Koran und Sunna, die anderen offen säkularistisch. *„Die Fixierung der Islamisten auf diesseitiges Handeln, auf Fragen des Rechts, der Politik und damit in letzter Konsequenz der Macht wird auch in muslimischen Kreisen vielfach stark kritisiert“*, weiß Krämer. Und nicht einmal Islamisten können leugnen, dass weder Koran noch Sunna eine bestimmte Staatsform vorschreiben.

SCHARIA FÜR ANFÄNGER

Es gibt Dinge, über die kann man mit einem frommen Muslim nicht ohne Weiteres sprechen. Jedenfalls nicht direkt. Über Schleier zum Beispiel, über die Verhältnisse der Geschlechter oder über Krieg und Frieden. Der Verdruss über westliche Besserwisserei ist ohnehin schon groß genug. Aber es gibt eine Möglichkeit, unangestrengt zu plaudern, ja, vielleicht sogar ein einigermaßen offenes Gespräch über schwierige Dinge zu führen. Reden wir über Sport.

Islam und Sport?

„Es gibt unzählige Werke zum Thema Schleier oder Dschihad. Das Thema Islam und Sport ist stark unterforscht“, hat Dr. Birgit Krawietz, Islamwissenschaftlerin am Zentrum Moderner Orient (ZMO) in Berlin festgestellt und sich nun dieses Themas angenommen. Sport

FREIE UNIVERSITÄT BERLIN
INSTITUT FÜR ISLAMWISSENSCHAFT

Ein Orchideenfach ist die Islamwissenschaft schon lange nicht mehr. Zwar überwiegen hier und da noch klassische Interessen, die Vorherrschaft der Philologie ist allerdings gebrochen und die Beschäftigung mit der Moderne salonfähig geworden – wie im Institut für Islamwissenschaft der FU in Berlin, wo man sich unter anderem mit den Interferenzen zwischen Religion und Politik in der islamischen Welt befasst. „Islamisch geprägte Gesellschaften“ ist der Titel einer Graduiertenschule, die dem Rechnung trägt. Denn die Auseinandersetzung mit „dem“ Islam prägt nicht nur in der Bundesrepublik zunehmend die Politik und die öffentlichen Debatten. Es wächst auch der Bedarf an sach- und sprachkundigen Fachleuten, und so bildet die Graduiertenschule künftige Führungskräfte in Wissenschaft, Medien, Politik sowie in der internationalen kulturellen und wirtschaftlichen Zusammenarbeit aus. Eingebettet ist die Islamwissenschaft in das Zentrum für Regionalstudien an der FU, in dem auch die Fächer Arabistik und Semitistik, Iranistik und Turkologie vertreten sind.

Lehre:

Der Bachelorstudiengang Geschichte und Kultur des Vorderen Orients mit seinen Studienschwerpunkten Arabistik, Iranistik, Islamwissenschaft und Turkologie vermittelt einen umfassenden Überblick über die Geschichte und Kultur des islamisch geprägten Vorderen Orients von der Frühzeit bis in die Gegenwart. Durch die Kombination der verschiedenen Einzeldisziplinen erwerben die Studierenden Kenntnisse über Beziehungen, Verflechtungen und gegenseitige Beeinflussung von Gesellschaften des Vorderen Orients in den Bereichen Kultur, Politik, Recht, Religion und Ideengeschichte.

ist auch in islamisch geprägten Ländern ein Teil des Alltags und berührt dabei zahlreiche islamische Regeln – nicht nur beim Thema Kleiderordnung. Es besteht also religiöser Orientierungs- und Regelungsbedarf, das Wissen dazu bietet die Scharia bzw. deren aktuelle Interpretationen.

Birgit Krawietz: *„Im islamischen Recht insgesamt hat man es längst mit Rechtsordnungen zu tun, die sich aus einer Gemengelage islamischer Jurisprudenz und ‚westlicher' Normen zusammensetzen. Sie entsprechen inhaltlich den heute weltweit verbreiteten – wenn auch nicht immer befolgten – Standards des säkularen Rechtsstaats. Auch innerstaatlich ergibt sich im Zusammenspiel von Scharia, (islamischem oder säkularem) Gesetzesrecht und gewohnheitsrechtlichen Praktiken ein weites Feld für Rechtspluralismus. Daneben umfasst der Regelungsanspruch der Scharia zahlreiche Bereiche des sozialen Lebens, die im Westen gar nicht als Recht wahrgenommen werden. Dieses Gefüge von Normen und Werten wird als göttliche Satzung verstanden und direkt oder mittelbar an die heiligen Quellen Koran und die Sunna angeknüpft, die Aufschluss gibt über das gottgefällige Verhalten des Propheten Mohammed. Die Scharia gilt als im Kern unwandelbar und jedem menschlichen Zugriff entzogen, aber sie bedarf der Auslegung. Das kann langwierig und kompliziert sein und lässt Ermessensspielräume offen. Aufgabe der islamischen Religions- und Rechtsgelehrten ist es, im Rahmen der Scharia die notwendigen Regelungen in Form von Fatwas – einer Art Rechtsgutachten – oder auch durch sonstige Stellungnahmen bzw. Erörterungen zu formulieren. Dabei ist eine Fatwa nicht etwa als ein Urteil oder Gesetz zu verstehen, der Koran ist entgegen dem weit verbreiteten Irrtum ebenfalls kein Gesetzbuch. Auch die Scharia selbst ist kein fest gefügtes Korpus von Gesetzen, und in vormoderner Zeit war sie auch nicht kodifiziert. Die Kodifizierung erfolgte erst in der Kolonialzeit, in der es zu modernen Staatenbildungen nach westlichem Vorbild kam. Fatwas kann man direkt bei einem Gelehrten erbitten, es gibt sie in gesammelter Form als Publikationen, man hört sie im Radio, und heute findet man sie vor allem im Internet."*

Eine Fatwa für die Formel-1-Pilotin

Die Liebhaber des Autorennsports werden Laleh Sadigh kennen. In ihrer Heimat Iran ist sie eine sehr populäre Frau. Die Formel-1-Pilotin verschaffte dem lautstarken Wettkampf große Popularität, nachdem sie die nationale Rallyemeisterschaft sowohl 2004 als auch 2005 gegen ihre männlichen Kontrahenten gewonnen hatte. Schließlich erhielt sie Startverbot, weil sie angeblich eine Ikone des Feminismus sei. (Sie selbst dachte eher an ihre verärgerten männlichen Konkurrenten, die sich nicht noch einmal von einer Frau überholen lassen wollten.) Laleh Sadigh löste das Problem auf islamische Art: Sie fand einen Mullah, der in einer Fatwa erklärte, dass es *„keinerlei religiöse Gründe gebe, die Frauen verbieten würden, gegen Männer Rennen zu fahren, solange islamische Bekleidungsvorschriften gewahrt würden."* Die Pilotin trägt unter dem Helm stets einen Schleier und auf dem Siegerpodest den Schador.

Der bedeckte Körper oder ist Fußball unislamisch?

Für konservative Muslime ist der unzulänglich bedeckte Körper, insbesondere wenn es ein weiblicher ist, ein ständiger Quell des Anstoßes und des Disputs darüber, wie man ihn wohl in der Öffentlichkeit präsentieren dürfe. *„Zunächst einmal gelten Schamgebote auch für Männer"*, klärt die Islamwissenschaftlerin auf. *„Vom Bauchnabel bis zum Knie müssen sie bedeckt sein."* Eigentlich. Die Hose eines Fußballtrikots ist allerdings kürzer – und hier scheiden sich die Geister: Darf man Ausnahmen zulassen oder nicht? Nur Ultraorthodoxe wollen indessen den gesamten Fußball in seiner modernen internationalisierten Form abgeschafft oder geändert sehen. *„In gewissen Abständen greifen Schariatsgelehrte auch mit überspannt erscheinenden Forderungen in die Debatte ein, etwa damit, Ausdrücke wie ‚Foul' oder ‚Ecke' aus dem Fußballwortschatz zu streichen"*, berichtet Krawietz. Sind solche Begriffe nicht Ausdruck kolonialer Schande? Doch die Mehrheit scheint damit leben zu können. Der Fußball ist auch in der islamischen Welt überaus populär und hat einheimische Sportarten oft längst vom ersten Platz verdrängt. Nur die fußballtypische übertriebene Heldenverehrung widerspricht islamischen Regeln, zudem könnten Sammelbildchen das islamische Bilderverbot berühren. (Manch ein Gelehrter wittert sogar in den Spielerfiguren beim Tischfußball eine unzulässige Idolatrie.) Vielfach abgelehnt wird auch die unkultivierte Szenerie, die sich dem Betrachter in den Kernlanden des Fußballs immer häufiger bietet: grölende betrunkene Fußballfans, die sich gegenseitig verprügeln.

Karate und Jane Fonda auf Persisch

Bei muslimischen Frauen spielt Kampfsport eine gewisse Rolle, und Karate ist gerade deswegen beliebt, weil es religionsrechtlich legitimierbar erscheint. Die Frauen können es in weiter Hose und mit weitem Blouson betreiben; aus ähnlichen Gründen ist Bogenschießen zulässig, das zudem ausdrücklich vom Propheten empfohlen wurde – zumindest für Männer. Konservative äußern sich aber auch dazu mitunter kritisch – im Moment des Bogenspannens könne man doch die Körpersilhouette sehen. Nicht so beim Kanufahren, dem sich muslimische Frauen widmen können, ohne Kleidervorschriften zu verletzen.

„Die Marginalisierung von Frauen im Sport erfolgt aber nicht nur über einen schariatrechtlichen Körperdiskurs", weiß Birgit Krawietz, sondern auch durch Verweis auf die obersten Pflichten einer Frau als Gattin, Mutter und Hausfrau. Diese Pflichten darf sie auf keinen Fall vernachlässigen, Sport ist da unfromme Zeitverschwendung. Doch wo sie können, wie im Iran

zum Beispiel, spielen Frauen auch Fußball – wenn keine Männer in der Nähe sind. Der Grad der Bedeckung hängt immer davon ab, ob Männer unter den Zuschauern sind. Sind aber die Frauen unter sich, gelten andere Regeln. Aerobic ist im Iran ein großes Thema. Jane Fondas Bestseller ist längst ins Persische übersetzt, und in den Fitnesscentern der Städte eifern die Turnerinnen auch in Sachen Kleidung ihrem westlichen Idol nach.

WEITERE BEISPIELE DER FORSCHUNG ZUM NAHEN OSTEN

Das Institut für Ethnologie der *Universität Leipzig* bearbeitet im Wesentlichen zwei Untersuchungsregionen, den Nahen Osten und Lateinamerika. Neben den entsprechenden regionalen Übersichten werden den Studierenden im Grundstudium Einführungen in die Bereiche Wirtschaft, Gesellschaft, Religion und Fachgeschichte geboten. Die Forschungsthemen der Mitarbeiter sind auch die Schwerpunkte der Lehre im Hauptstudium: Fachgeschichte, Tsiganologie, Ethnolinguistik, Höflichkeitstheorie, Nomadismus. Das Institut versteht sich als Teil einer mitteldeutschen Ethnologielandschaft, zu der die Nachbarinstitute der *MLU Halle-Wittenberg*, das *Institut für Volkskunde der FSU Jena*, das *Institut für sächsische Geschichte und Volkskunde Dresden*, die *Max-Planck-Institute*

für ethnologische Forschung (Halle) *und evolutionäre Anthropologie* (Leipzig) sowie die *Ethnographischen Sammlung Sachsen* zählen.

An der *Friedrich-Alexander-Universität Erlangen-Nürnberg* gibt es die derzeit einzige Professur für gegenwartsbezogene Orientforschung in einem wirtschaftswissenschaftlichen Institut, das zudem an einer Philosophischen Fakultät angesiedelt ist. Aktuelle Forschungen beziehen sich zum Beispiel auf das euro-mediterrane Partnerschaftsprogramm der Europäischen Union oder die neuen Perspektiven für Handel und Investitionen in Ländern Nordafrikas. Eingebunden ist der Arbeitsbereich in die Sektion Vorderer Orient des *Zentralinstituts für Regionalforschung* der Universität, in dem auch politikwissenschaftliche, geografische und philologische Forschung und Lehre betrieben werden. Der Studienschwerpunkt „Moderner Vorderer Orient" umfasst ein interdisziplinäres Studium von Wirtschaft, Politik, Geschichte, Kultur und Geografie der Länder des Nahen und Mittleren Ostens, verbunden mit der Ausbildung in einer gegenwärtig gesprochenen orientalischen Sprache (Arabisch, Persisch, Türkisch, Neuhebräisch oder Neuaramäisch). Er bietet eine Kombination von drei Fächern an, in denen der Nahe und Mittlere Osten einen regionalen Schwerpunkt der Ausbildung bildet.

An der *Philipps-Universität Marburg* wurde 2006 ein interdisziplinäres *Centrum für Nah- und Mitteloststudien (CNMS)* errichtet, in dem zahlreiche einschlägige Fächer zur Region zusammenarbeiten sollen (Ägyptologie Arabistik, Islamwissenschaft, Altorientalistik, Iranistik, Vorderasiatische Semitistik, Altertumskunde, Turkologie, auch Politik und Wirtschaft). Schon bestehende Studiengänge und -schwerpunkte werden schrittweise erweitert, bis im Wintersemester 2008/09 das gesamte Ausbildungsprogramm eingerichtet ist.

Lachen ist rhetorische Maßarbeit, es ist ein „soziales Lachen," eine menschliche Kulturtechnik, die man erst dann erklären kann, wenn man das meiste andere schon verstanden hat.

BAHRAINISCHES GELÄCHTER

Wo auch immer Shazia Mirza, eine britisch-pakistanische Komikerin, auf den Bühnen des Abendlandes auftritt, wird sie von Journalisten und Zuschauern wie eine Fata Morgana bestaunt: Eine muslimische Frau und Humor? Eine Gläubige im Kopftuch, die über den Hidschab *(ein Kopftuch, welches das Gesicht freilässt)* und ihren Pilotenschein witzelt, über Grabscher in Mekka und über ihre schnurrbartbewehrte Mutter, die ihr Kind gern an einen der hässlichen Cousins verheiraten möchte?

Man mag das für außergewöhnlich halten.

Aber das ist es nicht.

Zugegeben, eine muslimische Frau, die vor einem gemischtgeschlechtlichen Publikum als professionelle Spaßmacherin auftritt, hat einen gewissen Seltenheitswert. Aber der Tatbestand an sich, dass muslimische Frauen – wie andere Frauen auch – ihre Lebensumstände zum Gegenstand komischer Verfremdungen machen und herzhaft darüber lachen, ist weder kurios noch außergewöhnlich, sondern Alltag in der Welt „hinter dem Schleier."

Dr. Anke Reichenbach, Ethnologin aus Leipzig, erforschte die Lachkultur von Frauen im Inselkönigreich Bahrain und gewann Aufschluss über ihr Leben in Zeiten beschleunigter Veränderungen. *„In der gesamten islamischen Welt wird über das Verhältnis der Geschlechter diskutiert – Indikator für die weitreichenden Transformationen, die derzeit im Nahen Osten vonstatten gehen"*, weiß die Forscherin. *„Und eine wissenschaftliche Beschäftigung mit den Scherzen der anderen kann überraschende Erkenntnisse über die fremde Gesellschaft zutage fördern – schließlich speist sich jeder Spaß aus ‚ernsthaften' Lebensumständen, die im Lachen kommentiert und vielleicht auch transformiert werden."*

Schon in ihrer Dissertation (2000) befasste sich die Ethnologin mit häufig übersehenen, aber für das Verständnis einer Kultur eminent wichtigen Alltagsphänomenen. Mit solchen nämlich, die wesentlich dazu beitragen, das Zusammenleben von Menschen in einer Gesellschaft zu regeln: „Mit süßer Zunge – Höflichkeits- und Nachbarschaftskultur in Damaskus".

Auf den folgenden Seiten arrangiert Anke Reichenbach einige Passagen aus ihrer Habilitationsschrift, erschienen 2007 unter dem Titel „Lachkultur am Persischen Golf".

Fröhliche Wissenschaft

In der „Leitkultur" des Abendlandes – geprägt von Platon und der Bibel – galt der spielerische Diskurs des Unernsts lange Zeit als banal und irrelevant. Der „Zerrspiegel" des Humors ist besser als vieles geeignet, ein helles Licht auf Lebensumstände und Befindlichkeiten des Homo ridens, des lachenden Menschen, zu werfen. Doch was Wissenschaftler in ihren Notizbüchern nach Hause tragen, wenn sie die ernsten Reden ihrer Gesprächspartner als die einzig relevanten betrachten, sind Bausteine, die sich zu „gesellschaftlichen Strukturen," zum „religiösen System" oder einer „Wirtschaftsordnung" zusammenfügen lassen. Die Bilder vom vernünftigen „Aufbau" einer Gesellschaft, die Kulturträger wie Kulturanalysten bei ihrer ernsthaften Sinnsuche zeichnen, gaukeln eine trügerische Kohärenz vor. Der Ernst strebt nach Konsistenz, Logik und Eindeutigkeit. Der spielerische „humorous mode" dagegen kann die multiplen Realitäten der sozialen Welt besser erfassen, weil er reflektiert bzw. reproduziert, was Menschen in ihrem Alltag wirklich erfahren: Mehrdeutigkeit, Ambivalenz und eine oft brüchige „Ordnung".

Darin ist er dem Ernst überlegen.

Und die „großen" Theorien der Philosophen und der Psychologen zum Thema Lachen reichen nicht, um die vielen Facetten, Formen und Funktionen alltäglichen Gelächters erfassen zu können, und sie haben keinerlei interkulturelle Kompetenzen. Deshalb übersehen sie auch allzu leicht, dass es sich beim Lachen oftmals nicht um ein „unwillkürliches Herausplatzen" handelt, sondern vielmehr um rhetorische Maßarbeit, um ein „soziales Lachen," um eine menschliche Kulturtechnik, die man erst dann erklären kann, wenn man das meiste andere schon verstanden hat.

Wer lacht?

Das Hauptaugenmerk meiner Untersuchung galt den Lebensumständen junger Akademikerinnen. Der Alltag dieser Mädchen und Frauen ist in sehr spezifischer Weise von Gegensätzen und Unsicherheiten geprägt, die sich aus ihrem hybriden Umfeld, den Besonderheiten einer islamischen Petromodernität und ihrer zwiespältigen gesellschaftlichen Position ergeben: Während sie in Studium und Beruf erfolgreich mit Männern konkurrieren und oft hohe Positionen in beruflichen Hierarchien bekleiden, fordert ihnen die Gesellschaft auch weiterhin die ihrer Geschlechterrolle gebührende Zurückhaltung und Ehrerbietung ab; sie unterliegen strikter familiärer Kontrolle und unterstehen der Autorität von Vater oder

Ehemann – auf der Basis der patriarchalen nahöstlichen Ideologie, die Frauen als von Leidenschaften und Begierden (nafs) beherrscht sieht, während es ihnen angeblich an rationalem Urteilsvermögen (ʿaql) fehlt. Gleichzeitig jedoch genießen die meisten jungen Akademikerinnen im Vergleich zur Generation ihrer Mütter unbestritten größere Freiheiten bei der Wahl ihres persönlichen Lebensentwurfs, und es fällt ihnen oft nicht leicht, individuelle Träume und familiäre Erwartungen, lokale Sitten und die Anforderungen und Verlockungen eines globalisierten „Übermorgenlandes" miteinander zu vereinbaren. – Und gerade an diesen Reibungspunkten und Bruchstellen, an denen verschiedene Wertesysteme im Widerstreit miteinander liegen, entzündet sich oft ein Gelächter, mit dem die jungen Frauen die Gegensätze ihrer sozialen Existenz zu bewältigen suchen.

Die Frauen, mit denen ich gesprochen und an deren von Lachen erfüllten Treffen ich teilhaben durfte, waren zwischen 20 und 50 Jahre alt; die Hälfte von ihnen war verheiratet oder geschieden; es waren Studentinnen, Angestellte, Hausfrauen, Kaffeeserviererinnen und Unternehmergattinnen darunter sowie eine Angehörige der Herrscherfamilie der Al Khalifa. Viele von ihnen gehörten zu den baḥārna, das heißt den arabischen Schiiten, die den Großteil der Inselbevölkerung ausmachen; andere waren arabische Sunniten, deren familiäre Wurzeln auf der Arabischen Halbinsel im heutigen Saudi-Arabien liegen; wieder andere gehörten zu den schiitischen ʿağam bzw. zu den sunnitischen ḥōwala, deren Familien aus dem Iran stammen.

Weltbewegendes Lachen

Ein Lachen „überwindet die Grenzen zwischen den Menschen" und schafft Nähe, das heißt, es stiftet Gemeinschaft. Allerdings ist ein solcher sozialer Grenzübertritt nicht immer erwünscht: Im beruflichen Kontext oder in familiären Hierarchien beispielsweise fürchten Höhergestellte einen Autoritätsverlust, während ihre Untergebenen sich scheuen, Späße mit der Obrigkeit zu treiben, was als mangelnder Respekt ausgelegt werden könnte.

Die Alltagshumoristen Bahrains haben sehr konkrete Vorstellungen von den Chancen und Risiken eines Grenzübertritts in die Gefilde von Spiel, Spaß und Unsinn – sowohl was die körperlichen Auswirkungen schallenden Gelächters anbelangt als auch in Hinblick auf den so vergnüglichen wie gefährlichen Perspektivenwechsel, der im Humor vorgenommen wird. Bahrainischen Närrinnen gilt ein Lachen in der Tat als weltbewegend – es bringt nicht „nur" die ersehnte Unterbrechung des ernsten Alltags, sondern transformiert die Lachenden selbst, die Gegenstände ihres Humors, ihr Verhältnis zu Gott und der Familie des Propheten sowie die Beziehung zu anderen Menschen. Eben deshalb darf es auch nicht dem Gutdünken einzelner Humoristen überlassen werden, wann sie wie, worüber und mit wem lachen – Späße und Gelächter bewirken ebenso wie andere Formen menschlichen Ausdrucks Veränderungen in der Welt und unterliegen deshalb kulturspezifischen Vorlieben und Verboten.

Verbote

Humor kann ja auch jene Dinge lächerlich machen, die den Menschen kostbar und heilig sind – und eben diese sollten nach Auffassung meiner Gesprächspartnerinnen dem respektlosen Zugriff des Lachens entzogen bleiben. Als „unantastbar" nannten die Frauen mir vor allem die Religion, den Propheten Mohammed und seine Nachkommen sowie überhaupt alles, was zu den „letzten Dingen" gehört. Nōf, eine junge Universitätsdozentin, zitierte mir sehr ernsthaft die diesbezüglichen Warnungen religiöser Experten: *„Sie sagen: ‚Treibt keinen Spott mit unseren islamischen Traditionen. Die Globalisierung beeinflusst uns, und sie bringt uns dazu, über Dinge zu lachen, die wahrhaftig sind und von denen wir uns durch unseren vielen Spott Schritt für Schritt entfernen.' Davor warnen die Männer des Glaubens."*

Gefährliche Betörung

Für das Lachen von Frauen gelten dabei besonders strikte Vorschriften, die sich sowohl aus ihrer Geschlechterrolle als auch aus der vermeintlichen Verführungsgewalt ihrer Stimme ergeben: Die weibliche Stimme wird als ʻaura verstanden, das heißt sie zählt zu den Bestandteilen des weiblichen Körpers, die verhüllt und verborgen werden müssen, weil ihre Zurschaustellung fremde Männer betört und damit die Aufrechterhaltung von Ordnung und Moral gefährdet. Lautes Gelächter (qahqaha) verbietet sich daher für Frauen im Beisein nicht verwandter Männer. Weil Frauen gleichzeitig als weniger rational gelten und sich überdies sanftmütig und zurückhaltend geben sollten, schreibt man ihnen auch kein sonderlich komisches Talent zu: Ein souveränes und durchaus auch aggressives Spiel mit Sinn wird eher von Männern erwartet. Hinsichtlich der vorgeschriebenen Zurückhaltung zwischen den Geschlechtern wirkt gemeinschaftsstiftendes Lachen noch bedrohlicher: Frauen sollten sich dem „sozialen Orgasmus" kollektiven Gelächters mit fremden Männern keineswegs hingeben, weder in Reaktion auf deren humoristische Initiative noch indem sie ein solches Gemeinschaftserlebnis mit eigenen Witzeleien provozieren.

Nach Auffassung bahrainischer Frauen sind Lachen und Humor überdies nicht in jedem Falle dazu angetan, die Distanz zwischen den Menschen schwinden zu lassen und kollektives Wohlbehagen zu verbreiten: Gelächter kann soziale Abstände und hierarchische Gefälle sogar noch verstärken, neue Grenzen ziehen, beleidigen und verletzen.

Lieber lächeln

Unbedenklicher und mit der weiblichen Geschlechterrolle besser vereinbar erscheint daher das Lächeln. Ihm fehlt jene „Explosion von Energie," es wird nicht mit aufgewühlten Emotionen und körperlichem Kontrollverlust assoziiert, und es ist stumm. Meine Gesprächspartnerinnen betrachteten das Lächeln daher – im Gegensatz zum Lachen – als durchweg positiv, als religiös wie sozial verdienstvoll, als eine freundliche „Gabe" an ihre Mitmenschen, die gleichzeitig als höfliche Maskerade zur Manipulation des Gegenübers eingesetzt wird. Weiblicher Humor lässt sich aufgrund der genannten Einschränkungen, die in der gemischten Sphäre gelten, vornehmlich in der Welt „hinter dem Schleier" vernehmen. Dort gedeiht eine prächtig schillernde Lachkultur.

Mängelwesen Mann

Gegenwärtig scheint für viele Jungakademikerinnen Bahrains ein Lachen über das „Mängelwesen Mann" und über die patriarchale Ordnung am reizvollsten zu sein: In angriffslustiger Manier kündet es vom Missbehagen an einer beengenden patriarchalen Gesellschaft und ihrer Rebellion gegen eine Ideologie, die ihnen Vernunft und intellektuelle Brillanz abspricht. Scherze mit dieser Tendenz sichern der Humoristin ein lautes und von vielen Gleichgesinnten geteiltes Mitlachen. Ihr subversiver Spott findet auch nicht mehr ausschließlich in der Welt „hinter dem Schleier" statt – er dringt zunehmend in gemischte Interaktionsgefilde vor, wo männliche Kollegen und Kommilitonen oder auch Chat-Partner sich immer häufiger den verbalen Spitzen von Frauen ausgesetzt sehen, die ja „bloß Spaß" machen.

Humor evoziert in den Worten der britischen Anthropologin Mary Douglas *„das erfrischende Gefühl von Freiheit von jeglicher Form"*, er zeigt die Willkür und Relativität einer Ordnung auf und eröffnet der Fantasie neue Möglichkeiten – aber er legt sich nicht auf eine Alternative fest. Bahrainische Jungakademikerinnen mögen in ihrem Humor neue Entwürfe von Weiblichkeit erproben – die Rolle der Angry Young Woman ist dabei allerdings nur eine von vielen. Die leidgeprüften Nachbarinnen des Dorfes Deh Dariya, wo zu den patriarchalischen Drangsalen oft noch die Armut kommt, flüchten sich allabendlich ins Lachen, um ihre tragischen Lebensumstände mittels Humor erträglicher zu machen und um im Angesicht ihrer wissenden Gefährtinnen ihre Würde zu behaupten – sie erscheinen lieber lustig als lächerlich und bedauernswert.

In den Späßen der Nachbarinnen werden die Widersprüche und Ambivalenzen ihrer Lebenswelt vernehmbar: *„Alle unsere Probleme bringen uns zum Lachen"*, konstatierten die Dorfbewohnerinnen mehrfach im Laufe des abendlichen Beisammenseins. Ihre oft drastischen Anekdoten und Kommentare, mit denen sie die Schrecken des Alltags ins Komische wenden, sind für die Frauen von Deh Dariya die einzige Möglichkeit, das Unsagbare auszusprechen, ihre absurde und ausweglose Situation in Worte zu kleiden.

Bahrain und Berkeley

Die Lebensumstände der jungen Akademikerinnen scheinen sich zwar mit denen der macht- und mittellosen Dorfbewohnerinnen kaum vergleichen zu lassen, aber auch in ihrem Humor werden Sehnsüchte, Frustrationen und Unsicherheiten laut, die im Ernst schwer zu formulieren sind – sei es aus Scham, Verlegenheit oder Ratlosigkeit angesichts widerstreitender Optionen und Bedürfnisse. Die jungen Frauen inszenieren sich in ihren Scherzen mal als übermütige Rebellinnen, mal als Hüterinnen der Ordnung; sie spotten in einem Augenblick über die Normen ihrer Gesellschaft, im nächsten über diejenigen, die sie brechen; sie feiern kühne Entwürfe einer neuen Weiblichkeit, die von einer Femme fatale bis hin zur aggressiven Karrierefrau reichen, aber sie verhöhnen oder bemitleiden diejenigen, denen eine traditionelle „Frauenlaufbahn" als Ehefrau und Mutter verwehrt blieb.

Die widersprüchlichen Späße der jungen Akademikerinnen machen damit deutlich, welche Patchwork-Arbeit sie beim Entwerfen eigener Lebensstile zu leisten haben angesichts der widerstreitenden Normen und Verheißungen einer fragmentierten und hybriden Gesellschaft: Sie bewegen sich zwischen den Wertestrukturen einer patriarchalen orientalischen Gesellschaft einerseits und den unterschiedlich eingefärbten Feminismen okzidental-säkularer und orientalisch-muslimischer Provenienz andererseits. Sie suchen nach eigenen Positionen zwischen Appellen an weibliche Zurückhaltung und Rufen nach Chancengleichheit, zwischen dem Stolz auf lokale Traditionen und einem trotzigen Einfordern von Wandel, zwischen liebevoller Hingabe an die Familie und dem ehrgeizigen Streben nach professioneller Bestätigung. Und in ihren Erinnerungen, aus denen sich Identität wesentlich speist, wechseln sich Szenen bahrainischen Altstadtlebens ab mit denen einer Studentenzeit in London, Kairo, Paris oder Berkeley.

ASIEN –

TRADITIONELLE MODERNE

Asien ist Tao-Te-King und Große Mauer, heißt alte Königreiche und märchenhafte Tempel. Asien ist Tee und Seide, ist Weisheit und innere Ruhe. Asien, das ist Software und Autoindustrie, sind Billig-T-Shirts und Klonskandale. Asien, das sind Wachstumsraten, die schwindeln machen. Asien: die gelbe Gefahr~

IN DIESEM KAPITEL:

Asien, das ist Gleichzeitigkeit von jahrtausendealter Hoch- und flüchtiger Plastikkultur, ist das Nebeneinander von boomenden Weltmetropolen und einfachsten Dörfern. Asien, das ist der Software-Experte, der sich vor der Heirat ein Horoskop stellen lässt. Asien, das sind „mohammedanische Hindus" und kapitalistische Kommunisten. Asien, das ist die Behauptung eigener Identität und Bioethik nach eigener Tradition.

KEINE SOFTWARE, KEINE AUTOS, KEINE BILLIG-T-SHIRTS

ASIEN
TRADITIONELLE MODERNE

Einleitung

Feng-Shui und Tao-Te-King, die Verbotene Stadt und märchenhafte Tempel, Ikebana und Zen, die Große Mauer und alte Königreiche, Tee und Seide und freundliche, stets lächelnde Menschen. Das Faszinosum Ostasien ist lebendig wie eh und je und bietet immer noch Anlass für die Beschäftigung mit seinen Ländern. Doch romantische Projektionen verblassen zunehmend hinter pragmatischen bis angstvollen Blicken. In die ehedem stille Betrachtung des Fernen Ostens ist angesichts erschreckter Meldungen über die Raten des Wirtschaftswachstums ein martialischer Ton eingebrochen, der vor keiner Übertreibung, keiner Verzerrung und keiner falschen Zahl zurückschreckt. Vor der Drohkulisse sind ansonsten tief verfeindete Konzernlenker, Politiker und Journalisten in Panik vereint, der die Panikmache auf dem Fuße folgt. Und manche Zuschreibungen werden fast wieder so feindselig wie diejenigen des räuberischen 19. Jahrhunderts, als Europa die Welt durchkolonisiert hatte und als die Briten zum Ausgleich für ihr horrendes Handelsbilanzdefizit mit China staatlicherseits Rauschgifthandel betrieben und Opium nach China hineinpressten. Deutschland hatte Kiautschou mit seiner Hauptstadt Tsingtao besetzt und dann für 99 Jahre „gepachtet", und der deutsche Kaiser Wilhelm II. schließlich hielt bei der Verabschiedung des deutschen Ostasiatischen Expeditionskorps zur Niederschlagung des Boxeraufstandes am 27. Juli 1900 in Bremerhaven seine berüchtigt gewordene „Hunnenrede": „Pardon wird nicht gegeben." Ein heute exotischer Spaß namens Tsingtau-Bier erinnert an den insgesamt wenig rühmlichen deutschen Auftritt im Fernen Osten.

Die besonders große Empörung der Europäer, die zur ausgesucht grausamen Niederschlagung des Aufstandes gegen die Kolonisatoren führte, beruhte übrigens auf einer Falschmeldung der britischen „Daily Mail", nicht einige, sondern alle Ausländer im Gesandtschaftsviertel von Peking seien ermordet worden.

Vexierbilder

Jede Zeit hat ihre Bilder. Ab dem 17. Jahrhundert wurde das lesende Publikum in Europa ausführlich über China ins Bild gesetzt. Die meisten Berichte verdankte der Westen jesuitischen Missionaren am Hofe zu Peking. Leibniz, für den Europa und China zwei sich ergänzende Hälften der Weltkultur waren, reagierte überschwänglich auf die ersten Berichte und pflegte zum Zwecke der Horizonterweiterung rege Korrespondenz mit den Jesuiten in China. Man hatte Respekt vor Chinas Größe und seiner Originalität. Chinesische

Zimmer, Pavillons und Porzellansammlungen zierten die europäischen Höfe. Spätestens im Zuge der kolonialen Expansion im 19. Jahrhundert kippt das Bild. Und wo Leibniz noch gleiche Augenhöhe konstatiert, produziert der forschende Kolonisator Ferdinand von Richthofen ein Gefälle, indem er Leibniz' Gewährsleute in ihrer Angewohnheit kritisiert, chinesische Kleidung zu tragen. *„Es ist ein Hinabsteigen zu den Gewohnheiten einer niederen Rasse, während der Missionspriester in jeder Beziehung einen höheren Standpunkt einnehmen soll als die Eingeborenen."* In der Folge wird China zugleich verkitscht, banalisiert und – wie heute wieder – dämonisiert als „gelbe Gefahr". Von den immensen Problemen des Riesenreiches ist nur dann die Rede, wenn sie für die allgemeine Panikmache nutzbar gemacht werden können.

Als Drohkulisse hat Indien es nicht ganz so weit gebracht wie China, aber mit Blick auf Südasien haben viele vor nicht allzu langer Zeit in der Hoffnung auf gute Geschäfte recht sportlich die Perspektive gewechselt und das riesige Land vom Entwicklungsland mit Überbevölkerung plötzlich in einen lukrativen Markt mit 700 Millionen potenziellen Konsumenten verwandelt. Es ist noch nicht lange her, dass die Berichterstattung über Indien vor allem die Hungerkatastrophen zeigte, wo sie heute Wirtschaftswunder über Wunder meldet. Neue alte Pracht bestimmt die Bilder. Armut ist als Randerscheinung auf dem zügigen Weg mitten in den Fortschritt sicher bald überwunden – ebenso wie die für anachronistisch gehaltene Organisation der indischen Gesellschaft in Kasten, kulturelle Restbestände sozusagen. Auch der an Eliteuniversitäten exzellent ausgebildete Wissenschaftler, der sich vor seiner Hochzeit ein Horoskop stellen lässt, wird sich schon besinnen. Einer der Hauptexportschlager asiatischer Länder in den Westen ist neben Seide, Tee und Billigtextilien übrigens Religion. Aber natürlich nicht diejenige der 700 bis 800 Millionen Muslime in Asien – im Nahen Osten gibt es etwa 130 bis 150 Millionen.

Anfang der 1990er-Jahre war Japan zu einer führenden Weltwirtschafts- und Finanzmacht aufgestiegen und war nun auch für Deutschland eine feste Größe geworden. Man war neugierig auf diese Gesellschaft und ihre Erfolgsrezepte. Und dann platzte die Seifenblase, Asien trudelte in eine Wirtschaftskrise, Reformstau und jede Menge Strukturprobleme bestimmten die Schlagzeilen. Japan hat sich längst erholt, und in den langen Schatten, mit denen China und zum Teil auch Indien den westlichen Blick verdunkeln, wird kaum noch wahrgenommen, dass nach wie vor Japan der ökonomische Gigant in der Region ist und die Hälfte der Wirtschaftsleistung Asiens erbringt. Aber man begnügt sich lieber mit dem traditionellen Mythenbestand, der für viele aus Japan nach wie vor ein Land voller Geishas und lebenslang Beschäftigter macht, die sich im Dienste der Firma halb tot arbeiten.

Selbstbehauptung

So unterschiedlich die Länder Asiens auch sind, in einem Punkt wächst die Übereinstimmung. Seit etwa zweieinhalb Jahrzehnten zeichnet sich eine Tendenz zur Behauptung der eigenen Identität und die Rückbesinnung auf eigene Traditionen ab. Die Asian-Values-Debatte wurde zwar von einigen westlichen Theoretikern vorschnell für beendet erklärt, als man in Asien im Zuge der Wirtschaftskrisen zu ökonomischen Instrumenten griff, die bekannt vorkamen. Doch der Gebrauch des Geschirrs heißt nicht, dass auch das Pferd gekauft wird, und so übersah man, dass das westliche Modell insgesamt mehr und mehr in Frage gestellt wird. Chinas neueste Versuche mit dem Konfuzianismus haben viele Gründe, aber auch sie sind Teil dieser Tendenz. Und in Vietnam, dem ökonomischen Newcomer mit den sensationell hohen Wachstumsraten, wachsen konfuzianische Schulen wie Pilze aus dem Boden, religiöse Bewegungen gewinnen täglich Anhänger, und Verwestlichung ist häufig nur ein Oberflächenphänomen. Man hat noch lange kein westliches Lebensmodell und Ziel vor Augen, nur weil man Geld verdienen will. Der Weg aus dem Kommunismus führt nicht automatisch in den „Westen", wo im Übrigen der Kommunismus herkam. Dazu gehört auch, dass man sich in Asien mit seiner wachsenden Biotechbranche und seinen immensen Anstrengungen in der Forschung nicht länger stillschweigend westlichen Diskursen in Sachen Bioethik unterwirft, als müsse man erst in den Stand höherer Moral gebracht werden. Längst werden eigene traditionelle ethische und moralische Vorstellungen zu Biotechnologien wie beispielsweise dem Klonieren in die Waagschale geworfen – auf der Grundlage von Kulturen, die weitaus älter und erfahrener sind als das christliche Abendland, allerdings weniger anmaßend.

Die ungeheure Komplexität des asiatischen Kultur- und Wirtschaftsraumes mit seiner Gleichzeitigkeit von jahrtausendealter Hoch- und flüchtiger Plastikkultur und dem Nebeneinander von boomenden Weltmetropolen und einfachsten Dörfern stellt den westlichen Wunsch nach widerspruchsfreiem Denken auf die Probe, und bevor man sich irritieren lässt, belehrt man lieber die anderen. Doch vor dem Hintergrund der weitreichenden politischen Transformationen, die auch in Asien keinen Stein auf dem anderen lassen, wird Romantikern ebenso der Garaus gemacht wie allzu forschen Geschäftemachern, die mehr als die Hälfte ihrer Bemühungen in den Sand setzen, weil sie nicht wissen, worauf sie sich einlassen und wie man in der Fabrik Zigaretten verteilt.

Die Experten

„Ich will Asche machen", gab ein Sinologiestudent auf die Frage nach dem Motiv für sein Studium zum Besten. Alles in allem ein richtiger Gedanke, Experten mit Regionalkompetenz werden mehr denn je gebraucht. Mit der welthaltigen Ausbildung könnte es allerdings schwierig werden.

Die Anfänge der Ostasienwissenschaften liegen am Anfang des 19. Jahrhunderts. Der Orientalist Carl Friedrich Neumann brachte in den 30er-Jahren des 19. Jahrhunderts 12.000 chinesische Bände nach München, die die Grundlage der Ostasiatischen Sammlungen der Bayerischen Staatsbibliothek und der Staatsbibliothek zu Berlin bilden. Am 1887 in Berlin errichteten Seminar für Orientalische Sprachen wurde auch Chinesisch unterrichtet, 1889 errichtete die Universität Leipzig den ersten deutschen Lehrstuhl für Sinologie, 1912 folgte ein Lehrstuhl in Berlin und 1914 einer am Kolonialinstitut in Hamburg. Die akademische Japanologie geht ebenfalls aus der Orientalistik hervor und etablierte sich als eigenständige wissenschaftliche Disziplin gegen Ende des 19. Jahrhunderts. Der ersten Lehrstuhl für Japanologie wurde 1914 am Kolonialinstitut der späteren Universität Hamburg eingerichtet. Auch die Indologie als philologische Wissenschaft entstand im 19. Jahrhundert zur Zeit des (britischen) Kolonialismus, und von etwas wie Hindureligion im Singular zu sprechen, geht vor allem auf das Wirken der Kolonisatoren zurück. Zuvor gab es nämlich weder den Begriff des Hinduismus noch die Vorstellung einer einheitlichen hinduistischen Religion. Tatsächlich unterscheiden sich die einzelnen Hindureligionen mehr voneinander als Christentum, Judentum und Islam, erklärt Prof. Shalini Randeria, Ethnologin an der Universität Zürich. Das Wissen über Japan musste für die sogenannten systematischen Wissenschaften erst erschlossen und übersetzt werden. *„Vorhandene kulturelle Kenntnis wurde in Fachdisziplinen wie Politik- oder Wirtschaftswissenschaft häufig nicht zur Kenntnis genommen"*, sagt die Japanologin Prof. Verena Talcott-Blechinger von der Freien Universität Berlin.

Wie überall sind auch in der Forschung zu Asien die Doppelqualifikationen rar. Die Ökonomen glauben, ohne Regionalexpertise auskommen zu können, die Asienwissenschaftler finden, dass das schönste Modell nichts nützt, wenn man das Land nicht kennt, auf das man es anwendet. *„In der Sinologie gibt es eine Tendenz, sich wieder verstärkt mit dem alten China zu befassen"*, weiß Dr. Günter Schucher vom Hamburger GIGA-Institut für Asienstudien. Dass 90 % der Studierenden keine Universitätslaufbahn beschreiten werden, ist für manche deutsche Universitäten kein Motiv, vor allem regionalspezifische Studienangebote auf aktuelle und diesseitige Belange auszuweiten. Die Studierenden reagieren auf ihre Art und gehen dahin, wo sie etwas für ihre Karriere tun können. „80 % der Abschlüsse werden zu Themen des modernen China gemacht", weiß Günter Schucher. Denn da ist die Asche.

„Lustig, dynamisch, jung und kreativ", beschreibt Alexander Bischoff vom Handelshaus Lietz seine „große Familie" in Saigon. „Die Leute sind hier nicht so abgebrüht", hat er erfahren und von ihm, dem einzigen Deutschen, ist vor allem Spontaneität gefragt: „Jeder Tag läuft hier komplett anders." Obwohl der ehemals kommunistische Norden Vietnams mehr strukturelle Defizite aufweist als der Rest des Landes, entwickeln sich hier die meisten strategischen Investments. „In Hanoi kommen die Leute einfach schneller zum Punkt und schließen Geschäfte zielstrebiger ab. Im Süden hingegen braucht es mehr Zeit, bis man miteinander warm wird, dafür kann man viele Jahre auf das errungene Vertrauen bauen", hat Bischoff gelernt.

Martin Posth ist ein Pionier. „Wir wussten nicht genug über China", sagt er heute. 1984 kam er nach Anting bei Shanghai, um das Joint-Venture zwischen der staatlichen chinesischen Autofabrik STAC und dem Volkswagen-Konzern vorzubereiten und auf die Beine zu stellen – das erste seiner Art. Wenn man nicht in die Kultur eintaucht, wird es teuer, hat Posth erfahren. Daran hat sich seit der Pioniertat in China nichts geändert.

„Das Problem liegt vor dem Problem", erklärt Posth, heute Unternehmensberater. „Die deutschen Unternehmen haben Spitzenprodukte, weltbeste Technologie und können sich vor lauter Selbstbewusstsein gar nicht vorstellen, dass sie etwas nicht wissen könnten." Sein Rat: „Erst einmal zuhören und nicht alles von vornherein besser wissen."

Hectronic, Spezialist für Park- und Tanksysteme, betritt in Indien Neuland. Zum Teil wird echte Pionierarbeit geleistet, bisherige Arbeitsabläufe völlig umgekrempelt. Das Tankverhalten der Inder ist anders als bei den Deutschen. Zumeist werden Kleinstmengen für Mopeds getankt. „In der beruflichen Zusammenarbeit mit Indern spüren wir teils große Unterschiede in Mentalität und Arbeitsweise", sagt Geschäftsführer Stefan Forster. „Der persönliche Kontakt und das Vertrauen sind wichtiger als ein ausgeklügelter Vertrag, wie es in Deutschland der Fall ist."

„MOHAMMEDANISCHE HINDUS“

Eine Frage der Identität

ALS die britische Kolonialverwaltung in Indien eine Volkszählung durchführte, war sie mit einem Phänomen konfrontiert, das sie völlig durcheinanderbrachte. Hunderttausende hatten sich als „mohammedanische Hindus“ bezeichnet. Nachdem die Kolonialherren mit dem Versuch, gemeinsame Züge der polytheistischen Religionen des Subkontinents zu kennzeichnen, gescheitert waren, gingen sie den umgekehrten Weg: Wer nicht christlich oder muslimisch war, wurde eben offiziell als „hinduistisch“ definiert. Ursprünglich war aber „Hindu“ nichts weiter als eine geografische Bezeichnung für die Bewohner jenseits des Indus. Es zeigte sich, was geschehen kann, wenn man eigene Begriffe und Theorien auf fremdes Terrain exportiert. Ehe man sichs versieht, wird die Geografie zur Religion, zumal zu einer einzigen, wo vorher viele waren. *„Die verschiedenen Strömungen im ‚Hinduismus' haben weniger miteinander zu tun, als Judentum, Christentum und Islam“*, erklärt die Ethnologin Prof. Shalini Randeria von der Universität Zürich. Religiöse Vielfalt und Toleranz waren die Regel – nicht nur innerhalb der unterschiedlichen „hinduistischen“ Strömungen inklusive der atheistischen und agnostischen, sondern auch im Zusammenleben mit Angehörigen der christlichen Kirche Indiens, die älter ist als die meisten europäischen, und mit denjenigen des Islam, der – im Westen kaum wahrgenommen – seit 1.000 Jahren einen Teil der indischen Kultur bildet. „Der Hinduismus“, der als so typische indisch gilt, ist als monolithischer Block indessen maßgeblich erst durch die Politik des Nationalstaates im 19. und 20. Jahrhundert geprägt worden; mit der indischen Tradition hat er nichts zu tun.

Der Islam hingegen wird beim Blick auf Asien kaum wahrgenommen. Dabei leben je 150 Millionen Muslime in Südasien und Südostasien, weitere 200 Millionen in Indonesien, in Malaysia noch einmal etwa 12 bis 14 Millionen, einige auch in Südthailand, dazu kommen die Muslime in Zentralasien.

In Asien hat der Islam ein anderes Gesicht als in seinen Ursprungslanden. *„Kulturell ist das sehr divers“*, erklärt der Politikwissenschaftler Prof. Dietrich Reetz vom Seminar für Südasien der Humboldt-Universität zu Berlin. *„Der Unterschied zur arabischen Welt ist die größere Vielfalt. Alles, was im Islam möglich ist, ist auch vorhanden.“* Es gibt militante Islamisten, Wahhabiten saudi-arabischer Prägung, Literalisten, die den Koran wörtlich auslegen, Reformsekten wie die Ahmadiyya und auch den Sufismus, eine bei orthodoxen Muslimen umstrittene mystische Bewegung. Vielfach trug der Islam synkretistische Züge mit buddhistischen und hinduistischen Elementen. Die islamischen Mogulkaiser spielten eine bedeutende Rolle in

Indien, es gab islamische Königtümer mit Hindumehrheit und umgekehrt. *„Ein polytheistisches Reich muss tolerant sein"*, sagt Reetz. Muslimische Dynastien herrschten trotz hinduistischer Mehrheitsgesellschaft 600 Jahre lang und endeten erst mit der britischen Kolonialherrschaft.

Soziales Können

Was die Briten so erschütterte, gibt es in Indien immer noch. *„Wir finden dort nicht wie hier konkurrierende Merkmale von Identität"*, erklärt Dietrich Reetz. Das Entweder-oder ist keine Kategorie, die Identitäten überlappen sich: Muslim, moderner Manager, Kaste, Akademiker, Ethnie, Partei, heute Hindu, morgen Tamile und manchmal auch militanter Schläger. Die Zeitweiligkeiten und Gleichzeitigkeiten spotten dem westlichen Konsistenzbedürfnis und werden nach wie vor nicht begriffen. Hilfsweise benutzt man Zuschreibungen entlang der Linie „modern" – „traditionell", wobei unverstandene Phänomene in der Regel der Kategorie „traditionell" zugeordnet werden. *„Es gibt viele Beispiele, die zeigen, wie unpassend die modernisierungstheoretischen Dichotomien „Tradition" und „Moderne" sind angesichts der mühelosen tagtäglichen Vermischung von Diskursen, Praktiken und Institutionen in einem Land wie Indien"*, gibt die Zürcher Professorin Randeria auch all jenen zu bedenken, die in der Hoffnung auf gute Geschäfte recht sportlich die Perspektive wechseln und Indien vom „traditionellen" Entwicklungsland mit Überbevölkerung in einen lukrativen „modernen" Markt mit 700 Millionen potenziellen Konsumenten verwandeln. Doch wie man sich mit denen zu beiderseitigem Nutzen und Frommen ins Benehmen setzt, ist im Westen noch nicht gut gelernt. *„Uns fehlt vielfach das kulturelle Kapital, Dinge, wie wir sie in Indien vorfinden, begreifen zu können"*, weiß Dietrich Reetz. *„So wird zum Beispiel Verbindlichkeit nicht allein durch die Buchstaben eines Vertrages, sondern vor allem durch eine kulturelle Beziehung konstituiert."* Etwas anderes hat uns Indien eindeutig voraus. Dort wird ein soziales Können kultiviert, das multikulturelle Tatbestände und Uneindeutigkeiten aushalten kann. Reetz: *„Dieses soziale Können fehlt uns."*

UNIVERSITÄT ZÜRICH
ETHNOLOGISCHES SEMINAR

Die Projekte am Ethnologischen Seminar sind thematisch und regional breit gestreut. Regional bezogene Arbeiten gibt es zu Afrika, Asien und Lateinamerika, darüber hinaus wird ländervergleichend gearbeitet. Die thematische Ausrichtung liegt bei Forschungen zu Recht, Politik und Konflikten, landwirtschaftliche Transformationen sind ein drängendes Problem in vielen Ländern der sogenannten Dritten Welt ebenso wie Umweltfragen. Auch Fragen der sozialen Sicherheit spielen eine Rolle – ebenso wie der ethnologische Blick auf Globalisierung, Migration und Interkulturalität.

INDISCHE GLEICHZEITIGKEITEN

Sind Kasten nicht der traditionelle Schnee von gestern, den Indien als neuer Global Player so schnell wie möglich loswerden werden will? *„Nein"*, erklärt Shalini Randeria. *„Kasten sind keine Überbleibsel einer dahinschwindenden Vergangenheit. Sie sind konstitutive Elemente des modernen Lebens in Indien."* Der Computerspezialist, der womöglich an den Eliteuniversitäten seines Landes oder in Großbritannien studiert hat, wird seine Eltern fragen, wen er heiraten darf, und dabei spielt auch die Zugehörigkeit zur Kaste, einer Heiratsgruppe, die über den Beruf der Männer definiert wird, ein Rolle. In der Stadt ist das nicht mehr so häufig der Fall wie auf dem Land, wo indessen 70 % der Inder leben. Diese Phänomene haben nichts mit einem Gefälle zwischen Tradition und Moderne zu tun. *„Es ist allein der westliche dichotome Blick, der die Welt in binäre Gegensatzpaare teilt: traditionell-modern, religiös-säkular, westlich-nichtwestlich"*, erklärt Randeria.

„Und wer vor allem die Unfreiheit des Kastenwesens betont, übersieht dessen sozialintegrierende Funktion", korrigiert die Wissenschaftlerin einen Lieblingsmythos westlichen liberalen Bürgertums. Kasten (in Indien: „Jatis", der Begriff Kaste ist portugiesischen Ursprungs) bieten für ihre Mitglieder nicht nur eine Vielzahl von Dienstleistungen wie den Unterhalt von Schulen und Colleges oder die Vergabe von Stipendien und preiswerten Krediten. Sie sind auch ein selbstorganisierter Raum zwischen Familie und Staat, in dem zum Beispiel familiäre Konflikte effizient geschlichtet werden – im Unterschied zu den Gerichten eines fernen Staates, die schwer zugänglich sind und Urteile zumeist nur langsam und ineffizient durchsetzen können. Und so richten sich mitunter auch emanzipatorische Bestrebungen benachteiligter Frauen auf eine Reform „traditioneller" Formen von Gerichtsbarkeit. Als politische Einheiten nach außen haben sich Kasten übrigens erst in den letzten 30 Jahren hervorgetan. Es geht dabei um Einfluss auf regionaler Ebene, um ökonomische Vorteile und sozialen Aufstieg – und zwar der Kaste, nicht des Individuums. Aber genau wie „der Hinduismus" sind Kasten in ihrer heutigen Form und Funktion maßgeblich durch die Politik des Kolonialstaates im 19. und 20. Jahrhundert geprägt worden – auch hier vor allem, weil gezählt, klassifiziert oder quotiert wurde.

HUMBOLDT-UNIVERSITÄT ZU BERLIN
SÜDASIEN-SEMINAR

Das Südasien-Seminar bietet ein weites Spektrum in Forschung und Lehre, das von klassischen bis zu aktuellen Themen reicht. Einen Schwerpunkt nimmt die Forschung zum Islam in Südasien ein, seine Kulturgeschichte ebenso wie allegemeine politische Implikationen, außerdem islamische Militanz und Radikalität in der Region. Weitere Forschungsgebiete sind altindische Geschichte und mittelalterliche Geschichte Südasiens, Untersuchungen zur aktuellen Hindi-Literatur und zur Geschichte der altindischen Literatur. Am Seminar kann man Sanskrit lernen, und es bietet Hindi-Kurse im Rahmen der Studiengänge „Asien/Afrika" (BA) sowie „Neuere und Neueste Geschichte Südasiens" an.

Allah auf Java

Muslim und Indonesier zu sein gehörte zusammmen in der nationalistischen Auflehnung gegen holländische Kolonialherren und chinesische Händler, die im besten Einvernehmen miteinander reich geworden waren – die einen durch die übliche Ausbeutung, die anderen durch Landbesitz, Handel und Kreditzinsen. Viele Völker und viele Götter wurden zum Ärgernis. Man suchte Eindeutigkeit und brauchte ein feindliches Gegenüber.

Auf Java, einer der vier Großen Sunda-Inseln des Indonesischen Archipels, war die Islamisierung bis zur Mitte des 17. Jahrhunderts abgeschlossen, bis zum 19. Jahrhundert verlor der Islam seine buddhistischen und hinduistischen Elemente. Arabische Händler – bei den strengeren Muslimen verehrt, weil sie aus den Kernlanden ihrer Religion kamen – hatten die Insel seitdem bereist. Und muslimische javanische Händler hatten in Mekka, das sie ebenfalls seit dieser Zeit besuchten, die Einheit der islamischen Welt erlebt. Es war eine Zeit, als im Islam die Vorstellung von der Einheit von Religion und staatlicher Autorität immer stärker wurde. Spirituelle Vorstellungen fanden ihren Ausdruck in politischen Organisationen. Auf Java war dies Sarekat Islam (islamische Union).

„Sie hatte zunächst die Funktion, den javanischen Händlern ein schlagkräftiges Instrument für den Kampf gegen die Konkurrenz der chinesischen Kaufleute zu schaffen", sagt Prof. Peter Heine, Islamwissenschaftler am Seminar für Südasien der Humboldt-Universität zu Berlin. *„Daraus entwickelte sich aber angesichts der wachsenden Unzufriedenheit mit der Kolonialverwaltung und wegen der vermeintlichen oder tatsächlichen Bevorzugung der chinesischen Händler eine indonesisch-nationalistische Bewegung, die vier grundsätzliche Ziele verfolgte: die Förderung indonesischer kommerzieller Unternehmungen, die gegenseitige wirtschaftliche Unterstützung der Mitglieder, die Förderung der geistigen und materiellen Wohlfahrt der Indonesier und die Wahrung des reinen Islam."*

Sarekat Islam war nicht nur in den Städten erfolgreich, auch auf dem Land fand sie viele Anhänger – mehr als andere war die Landbevölkerung in Bedrängnis, vor allem durch die koloniale Steuerlast. Um die Abgaben bezahlen zu können, mussten sich die Bauern zu horrenden Zinsen bei den chinesischen Händlern verschulden (für einen frommen Muslim nicht nur ein finanzielles Problem, sondern durch das Zinsverbot auch eine religiöse Zumutung), die zudem die einzigen Abnehmer ihrer Produkte waren. *„Aus dieser Konstellation entwickelte sich allmählich eine preisbestimmende Monopolstellung, die die*

Abhängigkeit der Javaner von den Chinesen und damit die ohnehin vorhandene Spannung zwischen den beiden Bevölkerungsgruppen verstärkte", erklärt Heine. *„Die Muslime fühlten sich in jeder Beziehung existenziell bedroht."* Im 19. Jahrhundert waren zahlreiche Heilserwartungsbewegungen entstanden, verstreut und unkoordiniert vor allem in ländlichen Gebieten und von lediglich lokaler Wirkung. Allein die Sarekat Islam mit ihrer städtischen Basis konnte schließlich einen ideologischen Rahmen erarbeiten, der flexibel genug war, die Besonderheiten der verschiedenen Strömungen einzuhegen und das Gemeinsame zu betonen, nämlich den Hass auf Chinesen und Verwaltung und die Feindseligkeit gegen alle Nichtmitglieder. Es herrschte eine Grundstimmung religiöser Erneuerung: *„Der islamische Glaube, der die Gesamtheit der Bevölkerung verband, schloss zugleich deren Feinde aus"*, sagt Peter Heine.
Aus der antikolonialen Haltung entwickelte sich ein indonesisches Nationalbewusstsein, das eine stark sozial orientierte Komponente enthielt. *„Hier liegt auch der Ursprung des muslimischen Widerstandes gegen die autokratischen Herrscher des unabhängigen Indonesien."*

„WESTLICHE WERTE“

BIOETHIK AUF KURZE SICHT

Singapur exportiert Stammzellen nach Europa, Südkorea erschüttert ethische Normen durch den Klonskandal um den Forscher Woo Suk Hwang, China erteilt als erstes Land weltweit die Zulassung für ein gentherapeutisches Arzneimittel. Was im asiatischen Biotechnologiesektor vor sich geht, ist mit dem europäischen Verständnis von Bioethik oft nur schwer vereinbar. Permissive Praktiken dort sorgen schnell für Entrüstung hierzulande. *„Haben ‚die‘ Asiaten überhaupt ein bioethisches Gewissen?“*, dürfte sich derzeit mancher fragen, um zu dem (vor-)schnellen Schluss zu kommen: *„Offensichtlich nicht!“*
Bioethiker asiatischer Länder indessen, die mit der gängigen Praxis europäischer Mediziner hadern, dürften für Überraschung sorgen. *„Buddhistische Gelehrte beispielsweise kritisieren, dass westliche Mediziner den Hirntod eines Patienten vorzeitig deklarieren“*, weiß Prof. Jens Schlieter, der am Institut für Religionswissenschaft der Universität Bern den bioethischen Diskurs in buddhistisch geprägten Ländern erforscht. Im Buddhismus gilt der Körper selbst dann noch nicht als tot, wenn bereits die aus europäischer Perspektive klassischen Todeszeichen wie Erkaltung und Starre eingesetzt haben. *„Der Sterbeprozess dauert in der buddhistischen Vorstellung viel länger, weil sich das Bewusstsein bzw. die Seele erst im Herzen sammeln muss, bevor sie zur Reinkarnation bereit ist“*, erklärt der Philosoph und Religionswissenschaftler. Auch die in westlichen Ländern praktizierte anonyme Organspende ist für Buddhisten undenkbar – es fehlt die Reziprozität, persönlicher Dank ist das mindeste, was man für eine neue Niere zurückgeben möchte. Zusätzlich drücken auch islamische oder konfuzianische Wertvorstellungen der asiatischen Bioethikdebatte eine aus europäischer Sicht schwer nachvollziehbare Prägung auf. Wer jedoch glaubt, dass Bioethik in asiatischen Ländern nicht diskutiert wird, irrt.

Spiegelbilder

Wie würde wohl umgekehrt ein buddhistischer Journalist über westliche Bioethik schreiben? *„Er würde den europäischen Begriff der Würde aufgreifen, sich darüber wundern, dass im europäischen Diskurs die Rechte des Opfers so einen zentralen Stellenwert einnehmen“*, vermutet Jens Schlieter. Im Buddhismus dagegen sind der Täter und dessen Karma Hauptgegenstand der Überlegungen. *„Auch das große Mitspracherecht der Theologen in westlichen Ländern würde er herausstellen“*, sagt Schlieter. *„Buddhistische Gelehrte beteiligen sich wesentlich weniger an der Debatte.“* Sie betrachten Bioethik viel mehr als eine Angelegenheit, die Politiker, Juristen und Mediziner unter sich ausmachen müssen.

Das heißt jedoch nicht, dass sie sich aus der Diskussion gänzlich heraushalten – den Stellungnahmen buddhistischer Gelehrter zum Klonen und anderen von der bioethischen Debatte berührten Technologien fehlt lediglich der hierzulande gewohnte apokalyptische Unterton. In Japan beispielsweise kann man sich durchaus vorstellen, dass Roboter bei ausreichender Komplexität menschenähnlich werden. Und der Dalai-Lama höchstpersönlich spekuliert, ob die Gentechnik den Prozess von Wiedergeburt und künftiger Befreiung vereinfachen könnte. Über Technologien, die in das Wesen des Menschen eingreifen, erlaubt er sich kein vorschnelles Urteil: Wenn die Manipulation der menschlichen Gene helfen kann, die aggressiven Triebe des Menschen zu besiegen, warum nicht?

Warum nicht? Die Würde des Individuums fällt uns ein, die Unantastbarkeit der göttlichen Schöpfung. *„Doch Buddhisten sehen die Erschaffung neuen Lebens nicht als Geschenk Gottes an“*, sagt Schlieter. Und auch die Vorstellung von einem abzugrenzenden Individuum ist im Buddhismus hinfällig, das „Ich“, wie wir es denken, eine Illusion. Stein des Anstoßes ist für viele buddhistische Gelehrte hingegen die Tatsache, dass die moderne westliche Medizin nicht allen Menschen gleichermaßen zugute kommen kann. Für ärmere Länder unerschwingliche HIV-Medikamente, Organhandel auf Kosten Bedürftiger, hier müssen sich westliche Länder an den fremden ethischen Normen messen lassen. *„Das ist auch ein Grund für die permissive Haltung gegenüber dem biotechnologischen Fortschritt im eigenen Land“*, hat Schlieter im Gespräch mit buddhistischen Gelehrten erfahren. Man will den Anschluss nicht noch einmal verpassen, will der Abhängigkeit von den westlichen Ländern entrinnen.

Diese Haltung auf den gesamten asiatischen Kontinent zu verallgemeinern, wäre sicher ein Fehler. Zu vielfältig sind religiöse Einflüsse und andere ethische Wertvorstellungen, selbst innerhalb einer Religion gibt es keine einheitliche bioethische Norm. So kommen die Religionsgelehrten im weite Teile Asiens prägenden Islam zu ganz unterschiedlichen bioethischen Positionen. Was sagen muslimische Gelehrte beispielsweise zum reproduktiven Klonen, also der Übertragung eines Zellkerns auf eine entkernte Eizelle, die anschließend in den Mutterleib eingepflanzt wird? *„Einerseits gibt es eine Gruppe, die dies mit Bezug auf einen Koranvers als Teufelswerk verurteilt“*, schreibt der Islamwissenschaftler Thomas Eich vom Institut für Orientalistik der Ruhr-Universität Bochum. In dem betreffenden Koranvers sagt der Teufel zu Gott, er werde den Menschen dazu verführen, die Schöpfung Gottes zu verändern. Andere legen den Begriff der Schöpfung indessen großzügiger aus, weiß Eich. Das Klonen sei für sie nur *„die Entdeckung neuer Formen der Fortpflanzung innerhalb der Schöpfung“*. Im chinesischen Konfuzianismus hingegen wägt man pragmatisch zwischen Nutzen und Schaden einer Technologie ab. Dabei nimmt man – den gesamtgesellschaftlichen Nutzen im Blick – das Opfer Einzelner unter Umständen in Kauf.

Diese Haltung ist jedoch mit westlichen Werten nur schwer zu vereinbaren. Wie also einigt man sich auf international gültige, bioethische Werte? Die UNESCO hat zu diesem Zweck das Internationale Bioethikkomitee eingesetzt. In der „Universal Declaration on Bioethics and Human Rights" finden die Experten des Komitees, die Interessen und das Wohlergehen des Individuums sollten *„Priorität haben vor dem alleinigen Interesse von Wissenschaft und Gesellschaft"*. In der „Asian-Values-Debate" kam man indessen zu einem anderen Schluss, berichtet Jens Schlieter. Kriterium für bioethische Entscheidungen sollte demnach weniger die Würde des Einzelnen sein als vielmehr das Wohlergehen der Gemeinschaft. *„Buddhistische Gelehrte und Vertreter anderer Konfessionen fühlen sich deshalb in der von der UNESCO angestoßenen Debatte nicht ausreichend berücksichtigt"*, sagt Schlieter.

Doch selbst wenn die Bioethiker aller Länder es schaffen, einen weltweit akzeptierten Standard zu definieren, bleibt das Problem der Umsetzung. Wie werden die Beschlüsse eines Ethikkomitees von den einzelnen Ländern institutionell aufgegriffen, wie in der Praxis durchgesetzt? *„In vielen Ländern Asiens gibt es keine ausreichend funktionierenden Kontrollorgane"*, weiß der Experte.

UNIVERSITÄT BERN
INSTITUT FÜR RELIGIONSWISSENSCHAFT

Am Berner Institut wird ebenso über tibetische und mongolische Dämonenvorstellungen geforscht wie über die Bioethik der Religionen, eine hochaktuelle Thematik. Systematische Fragestellungen, zum Beispiel nach der Entwicklung einer religionswissenschaftlichen Terminologie jenseits einer christlich geprägten Begrifflichkeit, bilden einen weiteren Forschungsschwerpunkt.

Die Zentralasiatische Kulturwissenschaft ist forschungsintensiv und international ausgerichtet. Das Forschungsfeld reicht von der philologischen Grundlagenforschung über archäologische Feldarbeit bis zur empirischen Sozialforschung.

Lehre:

In den Bachelor- und Masterstudienprogrammen „Religionswissenschaft" werden Religionen aus einer kulturwissenschaftlichen Perspektive in ihren kulturellen, sozialen und historischen Kontexten studiert, in dem Bachelorstudienprogramm (nur Minor) und den beiden Masterstudienprogrammen „Zentralasiatische Kulturwissenschaft" werden die Sprachen und Kulturen Zentralasiens, insbesondere Tibets und der Mongolei, angeboten.

Das Maß der Entrüstung über fehlende Kontrollen dürfte aber in westlichen Ländern schnell an seine Grenzen stoßen: Viele Forschungslaboratorien werden schließlich von transnationalen Unternehmen finanziert, die mit umstrittenen Forschungsvorhaben auf der Flucht vor der westlichen restriktiven Gesetzgebung in Länder ausweichen, wo bioethische Kontrollen nicht greifen.

Dietrich von Richthofen

PIONIERARBEIT MIT DER GUNST DER GÖTTER

HECTRONIC PARK- UND TANKSYSTEME IN INDIEN

Oft gesagt und doch so wahr: Indien steckt voller Widersprüche. Hochtechnologie und Analphabetismus, Demokratie und Fundamentalismus, Reichtum und Massenelend. Ein Land, das sich auf dem Weg zur Wirtschaftsweltmacht befindet, ein Markt, den der Spezialist für Tank- und Parksysteme Hectronic für sich entdeckt hat. Seit einem Jahr ist das Unternehmen mit einer eigenen Niederlassung auf dem Subkontinent vertreten.

Angefangen hat alles schon fünf Jahre früher, als das Unternehmen einen Teil seiner Software-Entwicklung nach Indien verlagerte. Doch darauf sollte sich die Verbindung nicht beschränken. *„Ein Markt mit diesem Potenzial bietet für ein international agierendes Unternehmen phänomenale Möglichkeiten"*, sagt Hectronic-Chef Stefan Forster.

Seit 2001 war der Hectronic-Chef immer wieder in Indien unterwegs. Er knüpfte Kontakte, erkundigte sich über die Infrastruktur: Wo gibt es eine Autobahn, wie sind die Eisenbahnverbindungen, wo befindet sich der nächste Flughafen? Und Forster beobachtete nicht nur den Markt, sondern vor allem auch Land und Leute.

Nach fünf Jahren intensiver Landeskunde eröffnete Hectronic 2006 im Rahmen einer Pooja-Zeremonie eine neue Niederlassung, 30 Minuten vom Zentrum der Industriemetropole Bangalore entfernt. *„Wir waren alle sehr stolz, als Rajesh Chandrasekhara, der Leiter des neuen Standorts, die landestypische Segnung vornahm. So haben wir für die Zukunft die Gunst der Götter für unser Unternehmen in Indien"*, sagt Stefan Foster.

Hectronic betritt in Indien in vielerlei Hinsicht Neuland. *„Wir leisten zum Teil echte Pionierarbeit und krempeln unsere bisherigen Arbeitsabläufe völlig um"*, sagt Frank Gampp, Produktmanager für den Bereich Tanken bei Hectronic. Das Tankverhalten der Inder beispielsweise sei in dieser Region komplett anders als bei den Deutschen. Die Inder tankten überwiegend Kleinstmengen für Mopeds, sagt Gampp: *„Schnell noch zwei Liter in den Tank und schon geht es* *weiter.“* Und wer tankt? Der Tankwart, *„der morgens seinen Dienst am Tankautomaten beginnt und bis zum Abend die Zapfpistole nicht mehr aus der Hand gibt“.*

Hectronic hat ca. 200 Mitarbeiter in der Firmenzentrale in Bonndorf sowie an vier weiteren Standorten in der Schweiz, in Frankreich, Polen und Indien. Von Bonndorf aus knüpft man wirtschaftliche Kontakte in die ganze Welt, und man hat mehr als 90 Vertriebspartner rund um den Globus. Das Unternehmen verfügt in den Bereichen Parken und Tanken über ein komplettes Produktangebot und belegt in punkto Qualität und Innovation weltweit einen Spitzenplatz.

Viel beschworen werden das Chaos und die Vielfalt Indiens, die westliche Besucher faszinieren und zugleich oftmals überfordern. Und wie in den meisten Klischees steckt auch in diesem ein wahrer Kern: Der Subkontinent – siebtgrößtes Land der Welt und neben China das einzige mit mehr als einer Milliarde Einwohner – ist so gegensätzlich wie kaum eine andere Nation. Doch was so faszinierend klingt, kann auch problematisch sein.

„Vor allem in der beruflichen Zusammenarbeit mit Indern spüren wir teils großen Unterschiede in Mentalität und Arbeitsweise“, sagt Stefan Forster. Der persönliche Kontakt und das Vertrauen seien beispielsweise wichtiger als ein ausgeklügelter Vertrag, wie es in Deutschland der Fall ist. Auch die Führungskultur sei anders und viel mehr als in Deutschland durch Hierarchien geprägt. Respekt verschaffe sich der Chef durch Distanz und durch seine ererbte soziale Stellung, so Forster. Und der Chef lege nie selbst Hand an, er delegiere, dirigiere, lenke.

„Der Chef legt ungern selbst Hand an“ – das mag für manchen nicht sonderlich exotisch klingen. Aber das vielleicht: Als der Hectronic-Chef in Indien die Niederlassung aufbaute, sorgte sein Umgang mit Zeit bei den Kollegen oftmals für Unverständnis. Warum? *„Weil Inder mit dem Faktor Zeit sehr viel entspannter umgehen und dazu neigen, zu optimistisch zu planen“,* erinnert sich der Hectronic-Chef. Als Forster damals einmal seinen indischen Geschäftspartner leicht nervös dazu drängte, sich nun doch etwas zu beeilen, damit man den Termin nicht verpasse, habe dieser auf seine Schweizer Wurzeln zielend geantwortet: *„Herr Forster, sie in der Schweiz haben die Uhren, wir in Indien die Zeit.“* Auch der Umgang mit offener Kritik ist vielfach anders bei den Indern. *„Die ist nämlich verpönt“,* sagt Stefan Forster. Wer eine Meinung äußere, der tue das lediglich indirekt – etwa durch die Verweigerung einer Antwort.

Ein Jahr nach der Eröffnung arbeiten heute 20 Mitarbeiter in der indischen Niederlassung und die Geschäfte laufen gut. Ein Großauftrag für die Lieferung von 5.000 Füllstandsmesssystemen für die Tankstellen des Mineralölkonzerns Indian Oil macht das Unternehmen derzeit zum Marktführer in diesem Bereich. Und Stefan Forster will „weiter wachsen“. Weiter wachsen in den beiden Produktbereichen Parken und Tanken, den Standort weiter ausbauen. Und vom Erfolg etwas abgeben: Senior-Chef Ernst Forster ist Vorsitzender des im Oktober 2006 gegründeten Gandhi-Club Deutschland. Vereinszweck: bedürftigen Menschen in Indien helfen. *„Das ist auch eine Möglichkeit, sich in ein Land zu integrieren, eine Kultur*

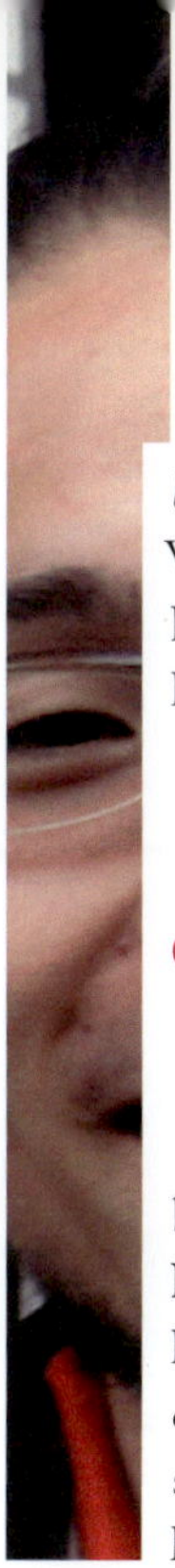

besser zu verstehen", sagt Forster. Das größte Projekt der Initiative ist der Bau eines neuen Dorfes: Vallamedu. Was so viel bedeutet wie „Dorf im Sumpfgebiet". Es liegt im Bundesstaat Andhra Pradesh und damit im Südosten des Landes, einer der ärmsten Regionen Indiens.
Die Götter dürften auch diesem Projekt gewogen sein.

Moritz Kralemann

CHINDIA

DER ZUSAMMENSCHLUSS DER GIGANTEN

Ende 2006 kam Hu Jintao nach Indien, um zusammen mit seinen Gastgebern „Chindia" zu feiern. Der erste Besuch eines chinesischen Präsidenten beim südlichen Nachbarn seit zehn Jahren löste im Westen die übliche Besorgnis aus. Verschiebt das neue Doppelgestirn das ökonomische Gleichgewicht der Kräfte? War nicht eines dieser beiden Länder mit seinen aggressiven Wachstumsraten schon schlimm genug? Und nun auch noch eine strategische Partnerschaft zweier „komplementärer Ökonomien" (Indien Software, China Hardware), die einander perfekt ergänzen?

Dr. Karsten Giese, Sinologe und Politikwissenschaftler vom GIGA-Institut für Asien-Studien in Hamburg weiß, dass Im- und Exporte zwischen den beiden offiziell seit 2004 „strategischen Partnern" zwar extrem stark angezogen haben – Ausgangspunkt war allerdings ein verschwindend geringes Handelsvolumen noch im Jahr 2000. Für China ist Indien ein eher unbedeutender Handelspartner, in erster Linie Rohstoffquelle, vor allem für Eisenerz. Indien exportiert ferner Halbfertigware, China umgekehrt Mobiltelefone, Chemieprodukte und diverse Konsumgüter. Und so bald werde sich das nicht ändern, ist Giese überzeugt. Auch die viel beschworene Vermählung zwischen indischer Software und chinesischer Hardware ist eine Verbindung mit ungenauen Angaben über die Mitgift – die chinesischen Zahlen dazu haben mit den indischen nicht viel gemein.

Indische Unternehmen, die sich in China niederlassen, kooperieren dort vorwiegend mit bereits dort ansässigen multinationalen Konzernen und mit zumeist ausländischen Kunden, die sie auch schon in Indien hatten. Den chinesischen Binnenmarkt bedienen sie nur wenig. Eine Nische allerdings hat Indien erfolgreich besetzt: Die IT-Ausbildung mit 100 Trainingszentren in 25 Provinzen – möglicherweise aber nur ein kurzfristiger Erfolg, meint Giese, denn China könnte sich so Indiens Softwarekompetenz aneignen und zum Konkurrenten statt zum Partner werden. Umgekehrt haben es chinesische Investoren in Indien nicht leicht – allerdings aus anderen Gründen. Trotz aller Beschwörungen von „Chindia": China gilt

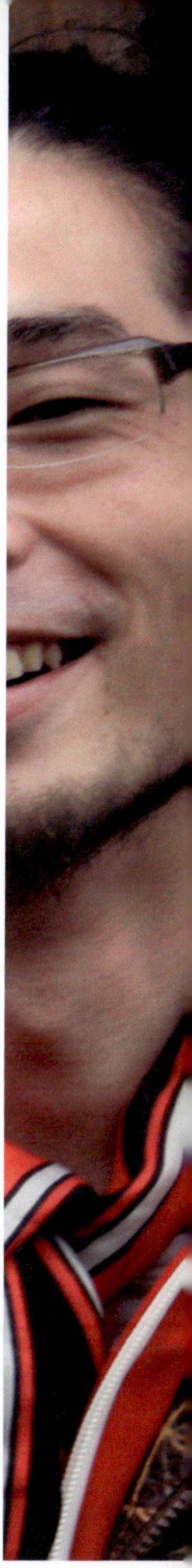

in Indien zwar nicht mehr wie früher als mächtigster Feind aus dem Norden, aber man bringt dem asiatischen Riesen nach wie vor Misstrauen entgegen. Auch das wird sich nicht von heute auf morgen ändern, weiß Karsten Giese. Bedrohungsszenarien sind überflüssig. Chindia wird noch auf sich warten lassen.

GIGA-INSTITUT FÜR ASIEN-STUDIEN

Das *GIGA-Institut für Asien-Studien* wurde 1956 auf Initiative des Deutschen Bundestages und des Auswärtigen Amtes in Hamburg gegründet. Es erforscht die politischen, wirtschaftlichen und gesellschaftlichen Entwicklungen in den Ländern Asiens, und zwar die mittel- und langfristigen Entwicklungen und die eher kurzfristig wirkenden Tendenzen.

Die interdisziplinäre Forschung ist welthaltig und anwendungsorientiert, so dass sie als Entscheidungsgrundlage in Politik und Wirtschaft dienen kann.

Derzeit wird im Hamburger Institut mit Förderung der EU-Kommission ein Netzwerk von China-Experten gebildet. Forschungsprojekte mit Aktualitätsbezug sind Asiens wachsende Bedeutung im globalen Innovationssystem, Chinas sozialer Wandel in Zeiten des Umbruchs, Proteste in Südkorea oder „Chindia", die neue Herausforderung im globalen Miteinander.

Das Institut verfügt über eine der größten Fachbibliotheken zu Asien in Deutschland, arbeitet mit Forschungseinrichtungen innerhalb und außerhalb von Universitäten zusammen und kann mit seinen Doppelqualifikationen aus klassischer Regional- und sozialwissenschaftlich-ökonomischer Expertise da einspringen, wo aktualitätsbezogene Asienforschung nicht im Vordergrund steht.

WENIG LOHN UND ALTES BROT

DER ARBEITSMARKT IN CHINA

Massenentlassungen, sozialistische Ideale, Hungerlöhne, die nicht einmal bezahlt werden, botmäßige Gewerkschaften, Ausbeutung à la Manchester-Kapitalismus, Spitzenverdienste, Sozialprogramme, erfolgreiche Start-ups. Die Nachrichten über den Arbeitsmarkt in China sind mehr als widersprüchlich. *„Alles ist richtig"*, sagt der Sinologe und Historiker Dr. Günter Schucher vom INSTITUT FÜR ASIEN-STUDIEN am Hamburger GIGA.

Noch gibt es in China viele Staatsbetriebe, die man nicht oder nur zögerlich umgewandelt oder geschlossen hat – man fühlt sich schon noch sozialistischen Grundsätzen verpflichtet. Man sieht sich aber auch mehr und mehr dem Weltmarkt ausgesetzt, und inzwischen nehmen manche Umwandlungen zum Teil brutale Züge an.

Üppig waren die Löhne in China nie. Doch zu den Staatsgehältern gab es Lebensmittel, Wohnung, Gesundheitsversorgung, Kindergärten, Schulen und manchmal auch Hochschulen. Mit weniger Staat in der Arbeitswelt fällt das nun alles weg und muss mit dem kargen Lohn selbst finanziert werden. Das Hire-and-Fire begann, Verträge gab es nicht, weil man in den Staatsbetrieben ohnehin lebenslang beschäftigt war. Seit Mitte der 1980er-Jahre versucht man, Verträge einzuführen – sehr zum Unwillen vieler Firmen, auch westlicher, die lauthals dagegen protestierten und gar von einem Rückfall in den Kommunismus sprachen. Insgesamt wird in der chinesischen Arbeitswelt das sozialistische Prinzip mehr und mehr zurückgefahren, meint Schucher, aber in vielen Betrieben, bei so manchem Abteilungsleiter und besonders bei der älteren Bevölkerung gibt es noch dieses Denken: Wir sind doch ein sozialistisches Land. Wir müssen uns kümmern. Der 14. Parteitag der Kommunistischen Partei Chinas Anfang der 90er-Jahre proklamierte die *„sozialistische Marktwirtschaft mit chinesischen Merkmalen"*, was meinte, dass die negativen Auswüchse der Marktwirtschaft durch staatliche Eingriffe ausgeglichen werden sollen. Inzwischen diskutiert man auch darüber, dass Eigentum und Reichtum zwar möglich und geschützt sein sollen, aber auch verpflichtend sind – ein Gedanke, der in Deutschland Verfassungsrang hat (Art. 14 GG).

So schreckte man vor Massenentlassungen bislang zurück. *„Aber der Weltmarkt fordert Konsequenzen"*, sagt Schucher, *„und den Leuten geht es nicht gut. Sie werden freigesetzt und bekommen minimale Abfindungen."* Wie überall sind auch in China die Frauen die Hauptleidtragenden der Umbrüche; sie werden als Erste entlassen. *„Darüber hinaus sind sie plötzlich mit den sehr antiquierten Rollenbildern von der Hausfrau und Mutter konfrontiert"*, weiß Schuchers Kollegin am GIGA-INSTITUT FÜR ASIEN-STUDIEN, die Ökonomin Dr. Margot Schüller. Wenn die Erwerbsarbeit knapp wird, ist die „Hälfte des Himmels", die den Frauen zu Maos Zeiten gehören sollte, keine Option mehr. In die Arbeitslosenstatistik finden die brotlos Gewordenen keinen Eingang, denn offiziell gehören sie noch zu ihren Betrieben, und so stehen den offiziellen 4 % Arbeitslosen tatsächliche 12 % bis 13 % gegenüber – realistisch geschätzt. Die Führung in Peking kennt das Konfliktpotenzial der frühkapitalistischen Zustände, die sie im Zuge der wirtschaftlichen Liberalisierungen geschaffen oder zugelassen hat – bei den Löhnen, bei den Renten, bei der Gesundheitsversorgung – sehr genau und versucht, soweit sie das in der Hand hat, gegenzusteuern, bevor das Pulverfass hochgeht.

Noch ein Viertel aller Beschäftigten arbeiten im staatlichen Sektor im weitesten Sinne. 1978, als man mit den Veränderungen begann, waren es 99 %. Aber mit den Zahlen ist es so eine Sache. Auf dem Lande gibt es zahlreiche Betriebe, die in keiner Statistik auftauchen. 10 % davon mögen staatlich sein, der Rest ist privat, die Hälfte davon sind kleine und mittlere Unternehmen. Margot Schüller erklärt die für den westlichen Betrachter überraschende Unübersichtlichkeit: *„Es ist ein Mythos, dass China ein zentralistisch gesteuertes Land sei. Neue Unternehmen erscheinen ganz unerwartet auf der Bildfläche und mit ihnen eine Menge Phänomene, die nach hiesiger herrschender Theorie gar nicht passieren dürften.“* Beispiel Autoproduktion: Ursprünglich wollte Peking eine klare Linie in diesem Industriezweig. *„Inzwischen gibt es 100 Automobilfirmen in China“*, sagt Schüller, *„überall, und die machen, was sie wollen.“*

„SPIELENTSCHEIDEND SIND DIE MENSCHEN“
MIT MARTIN POSTH IN CHINA

Martin Posth ist ein Pionier. *„Wir wussten nicht genug über China“*, sagt er heute. 1984 kam er nach Anting bei Shanghai, um das Joint-Venture zwischen der staatlichen chinesischen Autofabrik STAC und dem Volkswagen-Konzern vorzubereiten und auf die Beine zu stellen – das erste seiner Art. Die Autofabrik war ein abbruchreifes Abenteuer, Shanghai hatte noch nichts mit der Glitzermetropole zu tun, die es heute auch ist, und „Langnasen“ waren in China anders als heute eine exotische Seltenheit. In dem 50 : 50-Joint-Venture hatte keiner der Partner eine Stimmenmehrheit, bei jeder Entscheidung musste man den Konsens schaffen, Sprachprobleme überwinden und in eine fremde Kultur eintauchen.

Tut man das nicht, wird es teuer, weiß der Chinakenner und geht noch einen Schritt weiter zurück in der Analyse zahlloser gescheiterter Geschäfte deutscher Unternehmen in China. *„Das Problem liegt vor dem Problem“*, erklärt Posth. *„Die deutschen Unternehmen haben Spitzenprodukte, weltbeste Technologie und können sich vor lauter Selbstbewusstsein gar nicht vorstellen, dass sie etwas nicht wissen könnten.“* Erst einmal zuhören und nicht alles von vornherein besser wissen, rät

Posth und kommt zum entscheidenden Punkt. *„Die Menschen sind die spielentscheidende Kraft“*, sagt Posth, heute Unternehmensberater, viele Jahre Arbeitsdirektor bei Volkswagen, Chef von VW in Hongkong und nach wie vor in den Aufsichtsräten zahlreicher Unternehmen, die in China aktiv sind. *„Vergessen Sie China, wenn Sie keine chinafähigen Leute haben, schicken Sie Ihre besten Leute hin und nicht die, die Sie loswerden wollen, und gehen Sie davon aus, dass Ihre Geschäftspartner inzwischen an den weltbesten Universitäten studiert haben.“* 80 % des Erfolgs hängen von den richtigen Leuten ab, weiß Posth aus langjähriger Erfahrung. Auch Fachkompetenz allein reicht nicht. *„Ich brauche auch nicht so viele Manager, sondern vielmehr Leute in der zweiten Reihe, die Lust haben und fähig sind, sich in einem anderen kulturellen Umfeld und Team zu bewegen.“* Wer mit Macherauftritten und Führen durch Druck die Bilanz verschönern will, wird am Ende rote Zahlen schreiben. Fehlende kulturelle Kenntnisse und überhebliches, borniertes Auftreten sind die häufigsten Ursachen für das Scheitern aller Mühen, weiß Posth und bedauert, dass den „weichen Faktoren“ immer noch zu wenig Aufmerksamkeit geschenkt wird. Das Wissen darüber existiert zwar, aber es wird mit teuren Folgen ignoriert – auch weil es sich nicht verständlich machen kann.

Expertenlatein

„Die Sprache der Wissenschaft ist so schrecklich“, sagt Posth, promovierter Jurist, *„dass ich nicht einmal die Frage begreife. Wie soll ich da die Antwort verstehen?“* Wissenschaft muss konkret sprechen, findet er. Anstatt nur mit sich selbst zu reden, muss sie sich mehr als bisher als einen Teil des Ganzen betrachten und sich gesellschaftlich integrieren. Viel welthaltiges Wissen, das dringend benötigt wird, liegt brach. *„Wir verschwenden Geld und vergeuden Zeit“*, warnt Posth. Und viele Unternehmen machen teure Fehler, weil sie bei konventionellen Unternehmensberatungen nicht das Wissen finden, das sie eigentlich brauchen. *„Beim globalen Prozessmanagement oder beim Export sind wir ganz schnell beim kulturellen Thema, da kann die Wissenschaft helfen.“*

Leider neigten die Angehörigen beider Sphären dazu, sich gegenseitig belehren zu wollen oder sich voneinander abzuschotten, beschreibt Posth einen misslichen Zustand. *„Das darf nicht passieren“*, warnt er indessen, *„wenn wir in dieser globalisierten Welt noch irgendetwas gewinnen wollen, dann müssen wir alle zusammenarbeiten. Wir haben gar keine andere Wahl. Die Wissenschaft muss konkret sprechen, und die Wirtschaft muss erkennen, dass sie nicht der Nabel der Welt ist.“*

Um so schlimmer, dass vielfach an der Zukunft vorbeistudiert wird, wie Posth weiß. China vor 1910 steht auf dem Programm der Mehrheit der sinologischen Institute. Und mangelndes Wissen über das zeitgenössische China ist eine „gute Grundlage“ für all die martialischen Chinabücher, die das asiatische Land als die Nummer-eins-Bedrohung des Westens, des Weltmarktes, womöglich des Weltfriedens sehen. *„Eine Katastrophe!“*, sagt Posth nur. Die Zahlenapparate stimmen nicht, die immensen Probleme Chinas werden außer Acht gelas-

sen, man macht Alarm, um Geld zu verdienen und versetzt auf verantwortungslose und durch keine Realität gestützte Weise Menschen und Unternehmen in Angst und Schrecken.

Das Jahrhundert ist nicht chinesisch, sagt Posth. Es ist global. Das wird sein nächstes Buch. „1000 Tage in Shanghai" heißt sein erstes, in dem der Pionier auf dem chinesischen Markt seine Erfahrungen in einem schwierigen Land niederschrieb – seit seinem Erscheinen Ende 2006 steht es auf allen Bestsellerlisten.

DAS REICH DER MITTE IN BEWEGUNG

„Die große Mauer ist verschoben", sagt Prof. Bettina Gransow, Chinawissenschaftlerin am Ostasiatischen Seminar der FREIEN UNIVERSITÄT BERLIN. *„Sie verläuft heute nicht mehr in erster Linie zwischen Stadt und Land, sondern zwischen formeller und informeller Beschäftigung ohne soziale Absicherung."* Etwa 150 Millionen Arbeitsmigranten leben in den Städten Chinas, wo die Privilegien der Stadtbürger für sie nicht gelten und sie nicht in die sozialen Sicherungsnetze eingebunden sind. So werden sie leichte Beute für kriminelle Machenschaften, die sie letztlich

FREIE UNIVERSITÄT BERLIN

OSTASIATISCHES SEMINAR (OAS)

Bereits in den 1950er-Jahren wurden an der *Freien Universität Berlin* Lehrstühle für Japanologie und Sinologie eingerichtet. Das Ostasiatische Seminar wurde 1968 gegründet und ist heute ein Teil des Ende 2006 gegründeten Zentrums für Regionalstudien an der FU. Schwerpunkte der Forschung und Lehre der Sinologie sind die Gesellschaft des gegenwärtigen China, ihre Geschichte sowie die politischen, sozialen, wirtschaftlichen und kulturellen Transformationen in einem sich globalisierenden Umfeld.

Schwerpunkte von Forschung und Lehre der Japanologie sind das moderne Japan und seine historische Entwicklung, moderne und zeitgenössische Literatur, Politik, Wirtschaft und Gesellschaft Japans. Kultur- und sozialwissenschaftiche Fächer arbeiten im OAS zusammen.

Lehre:

Ziel des Studiums ist die Befähigung zur sprachlich und methodologisch fundierten Beschäftigung mit japan- bzw. chinabezogenen Themen. Eine besondere Bedeutung kommt der Sprachausbildung zu.

in die moderne Sklaverei führen. Sie haben nämlich häufig nur ein Ziel: Nach Ablauf eines Jahres wollen sie wieder zurückgehen in ihr Dorf, ein Haus bauen, eine Existenz gründen oder sichern. Doch nach Ablauf des Jahres wird möglicherweise nicht bezahlt; es gab Proteste bis hin zu Selbstmorddrohungen. „*Das hat schließlich aufgeschreckt*“, sagt Bettina Gransow, „*zumal man inzwischen annimmt, dass es ab 2015 nicht mehr genügend städtische Arbeitskräfte geben wird.*“ Man braucht Migranten und beginnt zu überlegen, wie man für die bislang informell Beschäftigten mobile Sicherungen entwickeln kann. Vor allem die Gesundheitsversorgung ist problematisch. Das Gesundheitswesen ist stark kommerzialisiert, Maos Barfußärzte sind verschwunden, die öffentliche Versorgung auf dem Lande ist weiträumig zusammengebrochen. Die SARS-Krise hat gezeigt, dass man die Dinge nicht im Griff hat. Seit einiger Zeit entsteht auch im Gesundheitswesen ein informeller Sektor, besonders unter den Migranten, die nicht auf häusliche Versorgung zurückgreifen können. „*Wie helfen sich die Leute in den städtischen Migrantensiedlungen, die keinen Zugang zu öffentlicher oder familiärer Versorgung haben und die sich teure Privatbehandlungen nicht leisten können?*“, fragt Bettina Gransow in einem Projekt, das sie zusammen mit der Kölner Geografin Frauke Kraas leitet.

In früheren Zeiten war Migration verboten, derzeit wird sie geduldet, in Zukunft wird man sie fördern – auch in die größer werdenden Städte in der Mitte Chinas. Denn immer mehr Bauern verlieren ihren Boden wegen großer Bauprojekte, und immer weniger Bauern finden in der Landwirtschaft ein Auskommen. Migranten haben übrigens gute Voraussetzungen, sich selbstständig zu machen, berichtet Bettina Gransow. Sie sind ohnehin schon mobil, risikofreudig, jung, nutzen die Netzwerke, die schon existieren, Frauen eher die verwandtschaftlichen, Männer mehr die landsmannschaftlichen. Erfolgreich sind sie, obwohl sie im Schnitt schlechter gebildet sind als die Städter, die aber ein bisschen behäbiger sind. Die wiederum mithilfe von Wiederbeschäftigungsprogrammen in die Selbstständigkeit zu befördern, hat sich als wesentlich schwieriger herausgestellt. Nach langen Jahren des sicheren Angestelltendaseins ist ein Gedanke wie Eigeninitiative noch recht fremd.

YI UND HAN

MORALISCHE ÖKONOMIE UND GESCHÄFTSTÜCHTIGKEIT

Die Yi finden die Han amoralisch, weil sie allen Reichtum für sich behalten. Die Han halten die Yi für unfähig, sich auf den Markt einzustellen.

Die Han sind die große Mehrheit im Reich der Mitte, diejenigen, die wir gemeinhin Chinesen nennen. Die Yi leben in der Provinz Sichuan im chinesischen Südwesten und sind eine von 55 ethnischen Minderheiten im Vielvölkerstaat China, mit sieben Millionen Angehörigen die sechstgrößte. Kultur und Tradition unterscheiden sich von derjenigen der Mehrheitsgesellschaft, und sie wirtschaften auf ihre Art. Wer zu etwas kommt, muss abgeben, das wird so erwartet. Der Gewinn fließt in Schulen, Straßen, ins allgemein Notwendige. In westlichen wissenschaftlichen Theorien nennt man das mit leicht esoterischem Anklang „Moral Economy".

Prof. Thomas Heberer, Ostasien- und Politikwissenschaftler von der Universität Duisburg-Essen kennt die Bevölkerungsgruppe seit Jahren und erforscht zusammen mit jungen Wissenschaftlern der Yi das Entstehen einer neuen Unternehmerschaft in einer Gesellschaft, in deren Geschichte Marktwirtschaft und Unternehmertum nie eine Rolle gespielt haben. Die „rationale" Idee vom Eigennutz des westlichen Homo oeconomicus ist ihnen fremd.

Lange haftete den Yi in China ein Ruf an wie hierzulande denjenigen, die man abfällig „Zigeuner" nennt. Bis in die Mitte der 1950er-Jahre hinein hatten sie relativ selbstständig gelebt. Im 19. und frühen 20. Jahrhundert bauten sie Opium an, kauften Waffen und wehrten sich zunächst erfolgreich gegen „China". Nach 1949 erregte die „Sklavenhaltergesellschaft" der Yi den Zorn der Revolution. 1956/57 kam es zu schweren Kämpfen, die Oberschicht der Yi wurde beseitigt, es gab 100.000 Tote im Partisanenkampf. Die Kulturrevolution schließlich forderte Sprache, Trachten, Lebensweisen – wie in allen ethnischen Minderheiten – am Ende war das Selbstbewusstsein gebrochen. Doch unter der Hand liefen alte religiöse Traditionen weiter. Heute leben sie wieder auf, alte Riten werden revitalisiert, die Schamanen stehen reichlich zu Gebote. *„Fast zu viele"*, sagt Heberer.

UNIVERSITÄT DUISBURG-ESSEN
LEHRSTUHL POLITIKWISSENSCHAFT, SCHWERPUNKT POLITIK OSTASIENS

Die Forschungsthemen am Lehrstuhl sind gegenwartsbezogen und welthaltig. Ganz große Themen der Politik spielen eine ebenso große Rolle wie zum Beispiel kommunalpolitische Fragen, die Erneuerung lokaler Verwaltung in China oder die Bedeutung von Stadtteilwahlen für die politischen Reformen im Lande. Vergleichend werden am Beispiel von Unternehmern in Vietnam und China Privatisierungsprozesse untersucht, in China zudem ethnische Unternehmer zwischen Marktverhalten und sozialer Moralität.

Trotz „Moral Economy“ gibt es – im Zuge von Liberalisierungen und Reformen in China – auch bei den Yi wirtschaftliches Fortkommen und unternehmerische Erfolge. Unnötig zu erwähnen, dass die gegenseitigen Zuschreibungen von Han und Yi eben nur Zuschreibungen sind. Auch die Han kennen seit alters her eine Verpflichtungskultur, in der die zu Wohlstand Gekommenen nach „unten“ abzugeben hatten. Im Gegenzug durften sie Dienste erwarten. Wer als Reicher seinen Pflichten nicht nachkam, verlor alle Macht, brachte mitunter sogar sein Leben in Gefahr. Bis heute spielen diese Dinge – aus westlicher Sicht oft übersehen, missverstanden oder im schlimmsten Fall als Korruption denunziert – eine wichtige Rolle im gesellschaftlichen und geschäftlichen Leben Chinas.

„Die Erfolge der Yi stärkten ihr Selbstbewusstsein“, erklärt Heberer, *„auch gegenüber den Han-Unternehmern, die bislang ihre Arbeiter mitbrachten, wenn sie kamen. Heute müssen sie auch Yi beschäftigen.“*

Den erfolgreichen Unternehmern wachsen darüber hinaus neue soziale Aufgaben zu. Clanchefs wurden früher diejenigen, die für Ausgleich standen und gut vermitteln konnten. *„Heute übernehmen mehr und mehr die Unternehmer diese Funktion“*, sagt Heberer. Auch eine Art Zivilgesellschaft.

KONFUZIANISCHER KITT

BLICKE IN DIE CHINESISCHE VERGANGENHEIT

Konfuzius ist wieder da. Er steht zwar erst halb in der Tür, aber sie wird ihm nicht mehr wie früher vor der Nase zugeschlagen. *„In China beginnt man zu begreifen, dass die sozialistische Ideologie nicht mehr genügend Kitt gibt“*, sagt Prof. Heiner Roetz, Inhaber des Lehrstuhls Geschichte und Philosophie Chinas an der Ruhr-Universität Bochum. Im Zuge von Modernisierung, Liberalisierung, von Anpassungen an die Weltmärkte ist das minimale soziale Netz eingerissen. Noch kann man die frühkapitalistischen Zustände in die Vorstellung eines „Chinese dream“ von Wohlstand und Glück umlenken. Doch schon stellen die Einkommensunterschiede der sozialistischen Volksrepublik diejenigen zwischen Tellerwäscher und Millionär in den Schatten.

„Harmonie“ ist Schlagwort und Gebot der Stunde, der Deckel auf dem Pulverfass, und tatsächlich finden Volksausgaben der chinesischen Klassiker reißenden Absatz. Allen voran Konfuzius. Doch der vermeintliche Rückgriff auf die „Tradition“ ist ein trügerisches Gebilde, warnt Roetz.

Die konfuzianische Schule entstand um die Mitte des ersten vorchristlichen Jahrtausends als eine der Reaktionen auf die Krise der chinesischen Adelsgesellschaft. Konfuzius, einer der ersten freischaffenden Pädagogen Chinas, setzte weder auf Natur noch Gesetze, sondern auf Moral, auf die moralisch kultivierte Person. Lange galt die „Schule der Sanftmütigen“ als weltfremd und blieb eine Strömung unter vielen. Ihr Aufstieg verdankt sich schließlich dem Bedürfnis nach Stabilität. *„Im zweiten vorchristlichen Jahrhundert empfiehlt der Gelehrte Shusun Tong dem Gründer der Han-Dynastie, dem siegreichen Rebellen Liu Bang, den Konfuzianismus als ordnenden Faktor“*, erklärt Roetz. Er tauge zwar nicht zum Erobern, aber sehr wohl *„zum Bewahren des Erreichten“*. Konfuzianismus und chinesischer Staat gehen eine Verbindung ein, die mit Unterbrechungen bis zum Beginn des 20. Jahrhunderts Bestand haben sollte. Die verbeamtete intellektuelle Elite stützt das imperiale System und wird mit politischem Einfluss belohnt. Schließlich wird der Konfuzianismus Staatsphilosophie, nur die erfolgreich absolvierte Prüfung zu den Texten des Meisters befähigt zum Beamtenstand. *„Mit der Zeit entsteht ein Amalgam aus konventioneller Ethik, legistisch inspirierter Staatsräson, aus Numerologie und Kosmologie“*, erklärt Roetz, *„und bis heute ist dieses Amalgam oft mit ‚Konfuzianismus‘ schlechthin identifiziert worden.“* Nach kurzen Einbrüchen entwickelt sich schließlich das Literatenbeamtentum zu voller Blüte, die Verschmelzung von Geist und Macht ist besiegelt.

RUHR-UNIVERSITÄT BOCHUM
FAKULTÄT FÜR OSTASIENWISSENSCHAFTEN, GESCHICHTE UND PHILOSOPHIE CHINAS

Der Lehrstuhl „Geschichte und Philosophie Chinas" beschäftigt sich in Forschung und Lehre mit der chinesischen Philosophie in ihren verschiedenen Strömungen und mit der chinesischen Geschichte von den Anfängen bis zur Gegenwart. Auch die Beschäftigung mit dem vormodernen China steht dabei im Lichte gegenwartsbezogener Fragen. Forschung, die aktuelle Fragen der internationalen Kooperation behandeln, ist zum Beispiel „Kulturübergreifende Bioethik" oder die unterschiedliche – chinesische und westliche – Rezeption chinesischer klassischer Texte im Kontext der Menschenrechtsfrage.

Lehre:

Die Sektion bietet in Zusammenarbeit mit der Sektion „Sprache & Literatur Chinas" den Studiengang Sinologie mit dem Abschluss Bachelor of Arts (BA) an. Auf diesen baut der Studiengang Chinesische Philosophie und Geschichte mit dem Abschluss Master of Arts (MA) auf.

„Den Todesstoß erhält das vom Konfuzianismus mitgeprägte chinesische Kaisertum erst durch den Einbruch des Westens“, sagt Roetz. In China selbst wird Konfuzianismus zum Inbegriff des Erstarrten und Reaktionären. *„Nieder mit dem Konfuzius-Laden!“*, hören die ersten Jahrzehnte der Republik, noch in den 1970er-Jahren gibt es in der Volksrepublik eine radikale antikonfuzianische Kampagne. Und heute, zweieinhalbtausend Jahre nach seiner Entstehung als Antwort auf eine Krise, soll die „Schule der Sanftmütigen“ Chinas immense Probleme lösen? Heiner Roetz ist skeptisch.

Ein schlechthin konfuzianisches China, das bis heute mentalitätsprägend geblieben wäre, hat es nie gegeben, erklärt der Sinologe. Doch der Konfuzianismus wird leichthin mit China gleichgesetzt, fungiert als Container für chinesische Entwicklungen und Eigenschaften, sei es nun seine ökonomische „Stagnation“ und sein Zurückbleiben hinter dem „Westen“, sei es das schiere Gegenteil, nachdem konfuzianisch geprägte Disziplin und beharrlicher Fleiß für die jüngsten ökonomischen

Erfolge verantwortlich gemacht werden. Ein akademischer „Neukonfuzianismus" versucht derzeit, die alte Lehre durch die Integration westlicher Ideen weiterzuentwickeln und ihren genuinen moralischen Anspruch auch in der Moderne aufrechtzuhalten. *„Die Versuche der chinesischen Führung, die konfuzianische Ethik als Bollwerk gegen das Eindringen „westlicher Werte" zu instrumentalisieren und insbesondere, da sie das Kollektiv und nicht den Einzelnen betone, gegen die Idee individueller Menschenrechte auszuspielen, haben damit nichts zu tun"*, betont Roetz. Insgesamt hält er den Rückgriff auf die Tradition für fragwürdig.

„Heute ist die soziale Basis jeder Tradition gestört", fährt er fort, *„in China genau wie in Europa, wo man sich in Zeiten der Umbrüche und Unsicherheiten ebenfalls auf Traditionen und ‚Kultur' beruft, um sich gegen ‚das Andere' abzugrenzen."* Dort mit Konfuzius gegen den „Westen", hier mit dem christlichen Abendland gegen den Rest der Welt. Und alle reden von Globalisierung.

KONFUZIUS, DER EDLE UND DIE RAUBKOPIE

Der „unfreiwillige Technologietransfer", einer der Lieblinge unter den westlichen Schreckensszenarien, wird gelegentlich wohlwollend einer konfuzianischen Tradition zugeschrieben, nach der es ehrenhaft sei, dem Besseren nachzueifern. „Mit Konfuzius hat das nichts zu tun", korrigiert Heiner Roetz einen gut gemeinten Mythos. „Natürlich wird kopiert, aber das hat man in Europa auch getan. Auch hier ist die Urheberrechtsidee nicht alt, Industriespionage gibt es auf der ganzen Welt, und Leute, die im Trüben fischen, sind überall. Konfuzius sollte man dafür nicht in Anspruch nehmen." Zumal es, so Roetz, im Konfuzianismus ein ausgeprägtes Denken gegen die Orientierung am reinen Nutzen gibt.

Denn auch die Ökonomie unterliegt den Vorgaben der Moral. Reichtum ist nur legitim, wenn er tugendhaft erworben wurde, und selbst dann nicht erstrebenswert. Der eigene Nutzen ist gegenüber der Gerechtigkeit prinzipiell zweitrangig.

In erster Linie ist der Konfuzianismus eine Ethik mit dieseitig-praktischem Ziel, nämlich eine sittlich-moralische Lebensführung zu erreichen. Der Edle ist frei vom Urteil der Vielen, heischt weder Dank noch Beifall, die Selbstkultivierung soll zu unabhängigem Handeln führen. Das heißt aber nicht Absonderung von der Gesellschaft, vielmehr stellt man sich in den Dienst des Ganzen. „Das isolierte protestanische Individuum angelsächsischer Prägung ist nicht das Ideal", hebt Roetz einen entscheidenden Unterschied hervor, und der Primat der Moral und dessen Durchsetzbarkeit über die Bildungsfähigkeit des einzelnen Menschen hat zur Folge, dass man gegenüber institutionellen und verfahrensmäßigen Regelungen skeptisch blieb.

Eine Gesellschaft kann nur auf der Basis einer Reziprozität funktionieren, die den „geteilten Nutzen" eines Zweckverbandes kennt, also allen Beteiligten Vorteile bringt und verhindert, dass Differenz zur Kluft wird – wenngleich sie ohne Ungleichheit nicht denkbar ist. „Im real-historischen Konfuzianismus trat indessen die egalitäre Dimension hinter der hierarchischen bis zur Unkenntlichkeit zurück", beschreibt Roetz die Diskrepanz zwischen Theorie und Praxis. Eine Erfahrung, die in erster Linie Frauen machen mussten. Auch das „gemeine bildungsunfähige" Volk konnte in der elitistischen Philosophie nicht handelndes Subjekt sein. Paternalistisch musste deshalb die Regierung handeln und für die Massen mitentscheiden.

AUF EIGENE ART

Vietnam im Aufschwung

MAN gibt es zwar nicht so gern zu, doch ein wenig schaut man auf China – denn Vietnam geht einen ähnlichen Weg wie der riesige Nachbar. Mit zehn % hat die Sozialistische Republik in Asien die zweitgrößte Wachstumsrate nach China. *„Ganz so flexibel ist man noch nicht“*, weiß Thomas Heberer, Ostasien- und Politikwissenschaftler von der UNIVERSITÄT DUISBURG-ESSEN. Aber längst besteht kein Zweifel mehr: Vietnam ist „the new kid on the block“. Die ca. 85 Millionen überwiegend jungen Bewohner arbeiten einem neuen Wohlstand entgegen – der Süden mehr als der Norden, wo der Geschäftssinn noch nicht ganz so ausgeprägt ist. Das gepeinigte Land fängt an, sich neu zu erfinden. *„Während früher die Klammer zwischen Nord und Süd die Feindschaft gegenüber Frankreich und den USA war, treten heute langsam nationalistische Motive in den Vordergrund“*, erklärt Heberer. Die Erzählungen der Kriegsteilnehmer finden immer weniger Gehör bei den Jungen, die sich auf ihre Art amerikanisieren, wenn auch überwiegend im Reich der äußeren Erscheinung. Denn auch die politischen Ideologien aus dem Westen mit ihren spezifischen Rechts-links-Schemata treten langsam zurück – genau wie in China übrigens –, und ältere eigene Vorstellungen brechen sich wieder Bahn. Religiöse oder philosophische Traditionen wie Buddhismus oder Konfuzianismus haben Hochkonjunktur.

„Das ‚Kollektiv‘ spielt durchaus eine Rolle“, weiß Heberer. *„Das zeigt sich in allen asiatischen Selbstbehauptungsdiskursen, dabei wird das westliche Modell insgesamt mehr und mehr in Frage gestellt“*, – kaum bemerkt hierzulande, weil man nach wie vor von der Vorstellung geblendet ist, „der Westen“ sei die Lehr- und die anderen die Lernkultur.

„Dass andere Kulturen westliche Strukturen übernehmen, heißt nicht, dass sie auch den ganzen Rest wollen“, warnt Heberer vor allzu schnellen Schlussfolgerungen. Zudem werden diese Strukturen in eine jeweils andere Basis eingebaut, was letztlich auch die Vergleiche erschwert. Und Worte wie „Demokratie“ sollte man gar nicht benutzen, wenn von politischer Beteiligung die Rede ist, findet der Experte. Auch das funktioniert eben anders.

DYNAMISCH, JUNG UND KREATIV

DAS HANDELSHAUS LIETZ IN SAIGON

Eigentlich hatte Alexander Bischoff nur ein wenig Auslandsluft schnuppern wollen. Acht Jahre später ist er Managing Partner und Chef von 45 vietnamesischen Mitarbeitern in der Saigoner Filiale der RUDOLF LIETZ, INC. Den gelernten Groß- und Außenhändler hat das „Asienvirus“ gepackt – wie vor ihm schon seinen Chef, der als Namenspatron der Firma 1970 auf den Philippinen die erste Filiale eröffnete.

42 Dollar kostet der Quadratmeter in Bischoffs Büro in Saigon, lustig, dynamisch, absolut jung und kreativ, so beschreibt er seine „große Familie“. *„Die Leute sind hier nicht so abgebrüht“*, sagt Bischoff. Von ihm, dem einzigen Deutschen, ist vor allem Spontaneität gefragt: *„Jeder Tag läuft hier komplett anders, fällt jemand in einem Projekt auf die Nase, stehen wir gemeinsam auf und marschieren weiter.“*

Das HANDELSHAUS LIETZ importiert pharmazeutische Rohmaterialen, Feinchemikalien und Lebensmittelzusatzstoffe aus den USA und Europa für vietnamesische Firmen. Wichtiger Servicebestandteil: *„Wir machen unsere Kunden mit westlichen Qualitätsstandards vertraut“*, ob bei Kartoffelchips, die monatelang frisch bleiben müssen, oder beim ökologisch sensiblen Einsatz von Phosphat für die Massenproduktion von Shrimps.

Mittlerweile hat Bischoff acht Jahre Wirtschaftsboom hinter sich; mit jährlichen Zuwachsraten von über zehn Prozent arbeitete sich die „Volksrepublik“ Vietnam in dieser Zeit an Asiens Tigerstaaten heran. Noch immer sind die Produktionskosten vergleichsweise gering, selbst im direkten Vergleich mit Indonesien oder China. Zwar ziehen im Raum Saigon die Preise an, und neue Fabriken würden mittlerweile wohl eher im Hinterland gegründet werden, bis zu 150 Kilometer vom Mekong-Delta oder dem berühmten Hafen Da Nang entfernt. Trotzdem blieben die Geschäftschancen in der Region immens, sagt Bischoff: *„Vor allem die Asiaten, Kore-*

OSTASIATISCHER VEREIN – EINE BRÜCKE NACH ASIEN Der *Ostasiatische Verein* mit Sitz in Hamburg fördert als Dienstleister für die deutsche Asienwirtschaft die Wirtschaftsbeziehungen zur Asien-Pazifik-Region. Der Verein arbeitet branchenübergreifend und überregional und unterstützt deutsche Unternehmen beim Auf- und Ausbau von Geschäftsbeziehungen. Man arbeitet dabei mit den Spitzenverbänden der deutschen Wirtschaft und mit den Ministerien zusammen. Der Ostasiatische Verein spiegelt zudem das gesamte Spektrum der deutschen Asienwirtschaft wider. Unter den Mitgliedern sind Großindustrie und Banken sowie Handelshäuser und mittelständische Betriebe. Die Services umfassen individuelle Beratung und Sachinformationen in den Publikationen und bei den attraktiven Veranstaltungen des Vereins.

1970 gründet Rudolf J. H. Lietz „Lietz Import Indent Export" und errichtet eine erste Filiale in Manila auf den Philippinen. Inzwischen hat die Firma insgesamt 100 Beschäftigte, 45 davon in der 1994 errichteten Niederlassung in Vietnam mit Sitz in Saigon. Das Handelshaus Lietz importiert pharmazeutische Rohmaterialien, Feinchemikalien und Lebensmittelzusatzstoffe aus den USA und Europa für vietnamesische Firmen.

aner wie Japaner, haben früh an Vietnam geglaubt und hier investiert." In einer zweiten Welle investierten Auslandsvietnamesen aus den USA und Kanada Millionen Dollar und importierten die zupackende angloamerikanische Businesskultur gleich mit.

Im Gegenzug schicken viele Einheimische ihre Kinder heute in die USA zur Ausbildung, oft legen ganze Familien ihr Geld zusammen, um wenigstens einem oder zwei Jugendlichen die beste Ausbildung zu ermöglichen. Der Konkurrenzkampf ist immens, *„da wachsen Potenziale und Geschäftskontakte heran, die wir in Deutschland leider eher verpassen"*, warnt Bischoff.

Obwohl der ehemals kommunistische Norden mehr strukturelle Defizite aufweist als der Rest des Landes, entwickeln sich hier die meisten strategischen Investments. *„In Hanoi kommen die Leute einfach schneller zum Punkt und schließen Geschäfte zielstrebiger ab. Im Süden hingegen braucht es mehr Zeit, bis man miteinander warm wird, dafür kann man viele Jahre auf das errungene Vertrauen bauen"*, hat Bischoff gelernt. Ihn verblüfft noch heute, wie schnell sich die vietnamesische Kultur verändert, wie weltoffen sich die Menschen geben, seitdem das allgemeine Reiseverbot aufgehoben wurde: *„Die Leute reisen wie verrückt und staunen, wieviel sie nachholen müssen, um mit Thailand oder Malaysia mithalten zu können."* Das schürt die Motivation – auch bei den eigenen Mitarbeitern. So pochen in vielen vietnamesischen Firmen relativ gut ausgebildete Nachwuchskräfte auf eine möglichst exzellente Aus- und Fortbildung. Bischoff erklärt das so: *„75 % der Bevölkerung sind jünger als 30 Jahre, und nur die Besten werden es schaffen, in guten Firmen Fuß zu fassen"*.

Trotz alledem, in Vietnam werden auch in Zukunft die Uhren im Arbeitsalltag etwas langsamer laufen als in westlichen Ländern. Termine können sich bis zur letzten Sekunde ändern – manchmal auch, weil der Geschäftspartner abwarten will, ob sich nicht doch etwas Besseres ergibt. *„Die Planungssicherheit muss oft erkämpft werden"*, sagt Bischoff. Das Land bleibt immer etwas unberechenbar: So wurde für den neuen Saigoner Flughafen, der eigentlich 2012 fertiggestellt sein soll, noch kein einziger Spatenstich getan, andererseits wurden die WTO-Standards in Vietnam weit schneller erreicht als gedacht. Für das Handelshaus Lietz wird es in dieser Situation ein Hauptziel bleiben, seine vietnamesischen Kunden auch darin zu beraten, wie man die eigenen Abwicklungsprozesse besser organisieren kann.

Und die langfristige Perspektive? Bischoff hält es für wahrscheinlich, dass sich in Vietnam eine weit stärkere Konsensgesellschaft herausbilden wird als in China: *„In Vietnam laufen die Dinge manchmal komplizierter, hier muss jeder zustimmen, dafür gibt es aber mehr Willen zum Kompromiss, auch wenn manche Maßnahme umständlicher umgesetzt wird als in China.“* Verfolger im Windschatten zu sein, das liegt den Vietnamesen offenbar. Die Führungsrolle überlassen sie ohne Neid dem immer noch ungeliebten großen Nachbarn im Norden.

Moritz Kralemann

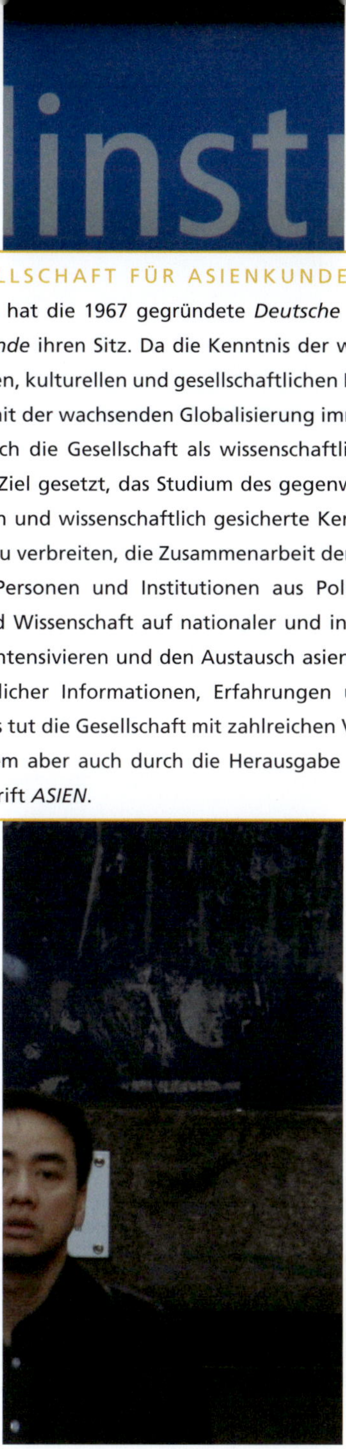

DEUTSCHE GESELLSCHAFT FÜR ASIENKUNDE

Ebenfalls in Hamburg hat die 1967 gegründete *Deutsche Gesellschaft für Asienkunde* ihren Sitz. Da die Kenntnis der wirtschaftlichen, politischen, kulturellen und gesellschaftlichen Entwicklungen in Asien mit der wachsenden Globalisierung immer wichtiger wird, hat sich die Gesellschaft als wissenschaftliche Fachgesellschaft zum Ziel gesetzt, das Studium des gegenwärtigen Asien zu fördern und wissenschaftlich gesicherte Kenntnisse von der Region zu verbreiten, die Zusammenarbeit der an Asien interessierten Personen und Institutionen aus Politik, Wirtschaft, Kultur und Wissenschaft auf nationaler und internationaler Ebene zu intensivieren und den Austausch asienbezogener wissenschaftlicher Informationen, Erfahrungen und Ideen zu beleben. Dies tut die Gesellschaft mit zahlreichen Veranstaltungen, vor allem aber auch durch die Herausgabe der renommierten Zeitschrift *ASIEN*.

KAPSELHOTELS UND ARBEITSMORAL

Japanische Alltagsskizzen

„FÜR *die Politikwissenschaft ist Japan uninteressant, weil seit 52 Jahren dieselbe Partei an der Macht ist"*, sagt Verena Talcott-Blechinger, Professorin für Japanologie an der FREIEN UNIVERSITÄT BERLIN und Spezialistin für Politik und Wirtschaft der fernen Inseln. Man unterstellt Bewegungsarmut, übersieht die Regungen der Zivilgesellschaft und findet, dass es insgesamt in Japan eben ruhig, harmonisch und fließend zugeht, fast ein bisschen emotionslos. Und in dieses Bild gehören kniende Geishas, die anmutig lächelnd Tee einschenken.

„Japaner sind hochemotionale Menschen", hat Talcott-Blechinger erfahren, und wenn es Konflikte gibt, explodiert es früher als hier. Die berühmte und oft karikierte hochelaborierte Höflichkeitskultur ist ein Mittel zur Konfliktbewältigung ebenso wie das häufig belächelte Social Drinking nach Feierabend. *„Dieses Social Drinking hatte seine Hochzeit in den 1980er-Jahren, als die Unternehmen sehr reich waren, inzwischen hat das nachgelassen"*, erklärt die Japanologin. Nachgelassen hat auch der große Geldstrom in die japanischen Unternehmen, die immer noch im Ruf stehen, ihre Belegschaften lebenslang zu beschäftigen. *„Auch das galt zu Zeiten der Hochkonjunktur für etwa 40 % der Beschäftigten"*, korrigiert Talcott-Blechinger einen haltbaren Mythos, *„und das auch nur bei den großen Konzernen."* Die wurden zudem – wie etwa NIPPON-STEEL – vor allem in den 1950er- und 60er-Jahren im Zuge einer „gelenkten Marktwirtschaft" staatlich gefördert. Man wollte nicht alles dem freien Spiel der Kräfte überlassen. Kleinere Unternehmen können und konnten sich so etwas gar nicht leisten. In den Großbetrieben gibt es heute nur noch 23 % bis 25 % lebenslang Beschäftigte. Stattdessen steigt der Anteil der Leih- und Zeitarbeiter, auch für Japan ein ganz neues Phänomen. Die Einkommensunterschiede sind groß, auch die viel gepriesene japanische Mittelstandsgesellschaft ist ein Mythos – und dass man sich in Japan aufopferungsvoll halb tot arbeitet, ist auch mehr Drohkulisse als Realität. *„Es wird natürlich – besonders in Führungspositionen – zeitliche Flexibilität erwartet"*, sagt Talcott-Blechinger. Aber wenn es ruhig ist, produziert man nicht wie hier künstlichen Stress, sondern sammelt Kräfte für die nächste Spitzenherausforderung.

Und wer's dann einmal nicht zum letzten Zug nach Hause schafft – weit draußen –, findet preiswerte Unterkunft in Bahnhofsnähe. Die Kapselhotels, in deren Zellen ein Mensch gerade mal längs hineinpasst, bieten Toilettenartikel, einen Yukata zum Schlafen, und nur zum Schlafen geht man hin. Und nur die Männer. Für Frauen sind die Häuser nicht gedacht. Denn die haben kaum Chancen, so lang arbeiten zu müssen, dass sie den Zug verpassen könnten. Dazu bräuchten sie schon einen Job im Management Track der Unternehmen.

Aber in Führungspositionen in der Wirtschaft vorzustoßen, ist in Japan für Frauen genau so schwer wie in Deutschland.

Geschäftsgebaren im Badehaus

„Wenn man die Japan-Knigges und interkulturellen Ratgeber für Manager liest, fragt man sich, wie sich die Leute wohl zu Hause benehmen", lacht Verena Talcott-Blechinger – abgesehen davon, dass das meiste in derlei Publikation ohnehin falsch oder viel zu grob ist. Die Verhaltensmechanik, die man im Wochenendkurs oder in einem Nebenmodul der BWL gelernt hat, ist auch noch nicht dasselbe wie Sensibilität für eine andere Kultur. Doch gute Manieren werden weltweit und kulturübergreifend auch als solche verstanden. Aber Talcott-Blechinger hat während ihrer langjährigen Japanaufenthalte immer wieder erlebt, dass besonders westliche Manager mit nicht ganz makellosem Schliff gern überflüssige Belehrungen zum Besten geben. Und sie warnt davor, sich bei der Einladung ins Badehaus – einem gelegentlich gewährten Ritual auch für Gäste – zu Vertraulichkeiten hinreißen zu lassen. In Japan ist das ein peinlicher Faux-pas, der am Ende teuer zu stehen kommt.

WEITERE BEISPIELE DER FORSCHUNG ZU ASIEN

Friedrich-Alexander-Universität Erlangen-Nürnberg – Sinologie

In Erlangen-Nürnberg konzentriert man sich besonders auf die Geschichte des Wissensaustauschs zwischen China und dem Abendland. Das Projekt „Wissenschaftssprache Chinesisch" untersucht die Entstehung der modernen chinesischen Terminologien in Politik, Recht, Philosophie, Natur- und Sozialwissenschaften seit etwa 1800. „Chinese Neologisms in Jesuit Works", ein Vorhaben, das gemeinsam mit einer Forschergruppe der *Universität Rom La Sapienza* durchgeführt wird, dokumentiert die zahlreichen Neuprägungen, die über die Werke jesuitischer Missionare in die chinesische Sprache Eingang fanden. Ziel des Vorhabens ist die Publikation eines chinesisch-englischen Wörterbuchs.

Ruprecht-Karls-Universität Heidelberg – Südasien-Institut

Das Südasien-Institut ist ein interdisziplinäres Zentrum für die Forschung und Lehre über Südasien. Einzigartig ist die Verknüpfung von Sozial- und Wirtschaftswissenschaften mit historisch und philologisch ausgerichteten Kulturwissenschaften. Das Fächerspektrum umfasst Klassische und Moderne Indologie, Politische Wissenschaft, Geschichte, Ethnologie und Wirtschaftswissenschaften. Die im SAI vertretenen Fächer ermöglichen ein breites Angebot an Lehrveranstaltungen. Die Fächer Geschichte Südasiens, Klassische Indologie, Moderne Indologie und Politische Wissenschaft Südasiens können als Magisterstudienfächer gewählt werden. Die Veranstaltungen der anderen Abteilungen sind Ergänzungen zu den Lehrangeboten der jeweiligen Institute und Fakultäten.

FÜR WISSEN, GELD UND VATERLAND

Das chinesische Abenteuer des Ferdinand von Richthofen

AM 3. August 1868 schifft sich Ferdinand von Richthofen in San Francisco auf dem Dampfer „Japan" ein, Kurs Ostasien. Dem 35-Jährigen steht der Sinn nach einer Heldentat, die ihm Zugang zu den gehobenen Zirkeln von Wissenschaft, Wirtschaft und Politik verschaffen sollte. Er hatte in Breslau und Berlin Geologie studiert, erforschte Südtirol und die Karpaten.

„Ich hatte das Verlangen, irgendeine Aufgabe von größerer Tragweite auf dem asiatischen Kontinent zu lösen", erinnert er sich später. Seine Wahl fällt auf die Erforschung Chinas, in Beratungen mit J. D. Whitney, einem befreundeten Forscher, kommen die beiden überein, *„dass China unter allen zivilisierten und ihren allgemeinen Verhältnissen nach bekannten Ländern das am wenigsten durchforschte und zugleich wegen seiner ungeheuren Bevölkerung, seiner reichen Produktion und seiner steigenden Bedeutung im Weltverkehr im höchsten Grade einer Untersuchung wert sei"*. Und so kommt es, dass Richthofen am 5. September *„nicht ohne Bangigkeit [...] an der Pforte des ungeheuren Reiches [steht], dessen Erforschung durch einen Einzelnen ein verwegenes Unterfangen schien"*. Der Gefahr ins Auge blickend, macht er sich auf, um das Innere des chinesischen Kaiserreiches zu vermessen, zu verstehen, im Geiste zu erobern.

China ist zur damaligen Zeit zwar bekannt, aber nicht durchdrungen. *„Fremde Seefahrer, Kaufleute und Abenteurer berührten Chinas Küsten"*, schreibt der Historiker Prof. Jürgen Osterhammel von der UNIVERSITÄT KONSTANZ, *„sie sahen Macao, Formosa, dann vor allem die Hafenstadt Kanton, auf welche die chinesische Regierung seit 1760 den Überseehandel beschränkte."* Das Landesinnere bleibt den Blicken fremder Reisender jedoch weitgehend verschlossen. Dennoch wurde das lesende Publikum bereits im 17. und 18. Jahrhundert ausführlich über China ins Bild gesetzt. Die meisten Berichte verdankte der Westen jesuitischen Missionaren am Hofe zu Peking. Man reagierte überschwänglich sinophil, hatte Respekt vor Chinas Größe und seiner Originalität. Im 19. Jahrhundert kippt das Bild, der europäische koloniale Übergriff brauchte andere Bilder. China wird zugleich verkitscht, banalisiert und – wie heute – dämonisiert als „gelbe Gefahr", die sich anschickt, den Westen zu erobern. Ein Kinderbuch aus dieser Zeit lobt wohl die *„Kunstfertigkeit, Tätigkeit, Gewerbfleiß, Frömmigkeit, Sanftmut, Höflichkeit und Gehorsam"* der Chinesen, um sogleich ihre Fehler aufzuzählen: *„Misstrauen, Feigheit, Schamlosigkeit im Betrügen, Liebe zum Prunk und Lärm"*, die *„aus ihren eignen Staatseinrichtungen und der Schwierigkeit ihrer Sprache"* hervorgingen.

Richthofen bereist 15 von insgesamt 18 Provinzen, durchquert Wüsten und macht gefährliche Flussfahrten. Ihn treiben Neugier und Forscherdrang, er macht wichtige

geografische Beobachtungen, entwickelt bedeutende Theorien und produziert ein äußerst präzises Kartenwerk. 1872 kehrt er nach zwölf Jahren in Asien nach Deutschland zurück und bringt ein neues Bild von China mit – oberflächlich. Indessen keine neue Haltung. Richthofen ist von symptomatischer Bedeutung für die europäische Wahrnehmung östlicher Zivilisation, erklärt Osterhammel, denn als naturwissenschaftlicher Empiriker trägt der Forschungsreisende *„ein universales Prinzip an sie heran und misst sie an Maßstäben, die nicht unbedingt die ihren sind. Jenseits eines kruden Ethnozentrismus oder gar Rassismus repräsentierte er den Überlegenheitsanspruch Europas".* Der Forscher reist im Auftrag der Bank of California und der Shanghai General Chamber of Commerce, einer Handelskammer, die britische und amerikanische Interessen vertritt, und man erwartet von ihm die Prospektion von Bodenschätzen, insbesondere von Kohle. Der Energiebedarf der aufstrebenden Industrien ist enorm. Richthofen sieht sich in der Rolle des wissenschaftlichen und imperialen Pioniers, zugleich als Herold der Zivilisation an einer ‚halb barbarischen' Frontier. Richthofen missbilligt den Habitus der Jesuiten, sich in die Gewänder chinesischer Mandarine zu kleiden. *„Es ist ein Hinabsteigen zu den Gewohnheiten einer niederen Rasse, während der Missionspriester in jeder Beziehung einen höheren Standpunkt einnehmen soll als die Eingeborenen."* Er verachtet die einheimische Kleidung, die chinesische Küche, lässt sich von angelernten chinesischen Boys europäische Kost zubereiten. *„Gibt es wohl etwas, worin die Chinesen sich wirklich auszeichnen, worin sie uns überlegen sind?"*, fragt sich der Forscher. *„Nur in einem können die Chinesen der Welt zum Muster – vielleicht zum abschreckenden Muster – dienen: das ist die Fortpflanzung des Geschlechts! Darin sind sie Virtuosen, trotz Reis und Kauliang!"* Der disziplinierte Preuße schützt sich mit Selbstzucht und Askese vor derlei Anfechtungen. Dürfen wir hier den Ursprung des Diktums von der „gelben Gefahr" sehen?

Als Politikberater des deutschen Kolonialprogramms in China macht Richthofen Vorschläge, die dem Kolonialrepertoire Großbritanniens entlehnt scheinen: *„Innerhalb der Kolonie sollte die Administration peinlich darauf achten, chinesische Besitzrechte nicht willkürlich anzutasten"*, beschreibt Osterhammel Richthofens Expertise zur Interessenswahrung, *„sie sollte sich bemühen, durch Hebung der Wohlfahrt der Bevölkerung deren Loyalität zu gewinnen; ratsam sei es, sich mit chinesischem Kapital – vor allem reichen Würdenträgern – in Gemeinschaftsunternehmen zu verbinden; vor allem sei so weit wie möglich der Verwaltung durch kollaborationswillige Mandarine der Vorzug vor direkter Herrschaft zu geben"* – Indirect Rule. Richthofen ist davon überzeugt, dass China eines Tages zur industriellen Großmacht aufsteigen werde, und angesichts dessen hätten sich *„die fremden Mäch-*

te die größtmöglichen Vorteile bei dem bevorstehenden Aufschwung zu sichern". Geradezu visionär erscheint seine Vermutung über Chinas Hauptbedeutung für den Westen: Ein gewaltiger Absatzmarkt. 1875 wurde Ferdinand von Richthofen, dem wir den Begriff „Seidenstraße" verdanken, Professor für Geografie in Bonn, ab 1883 in Leipzig und schließlich ab 1886 in Berlin. Sven Hedin, ein anderer berühmter Forschungsreisender, gehörte zu seinen Studenten.

Wie man einen Helden macht

Im 19. Jahrhundert war die Geografie ein neues Fach, das um seinen eigenen Charakter rang wie es auch bemüht war, das Idealbild seiner Vertreter zu entwerfen. Stubengelehrter oder Forschungsreisender? Romantisches Genie oder Haudegen? Die Geografin Dr. Ute Wardenga, stellvertretende Direktorin des Leibniz-Instituts für Länderkunde in Leipzig, erklärt die Mühen der Selbstfindung: *„Sollte er eher feingliedrig, nervös, vergeistigt, introvertiert und in sich versponnen sein, fähig, über Jahrzehnte hinweg Bibliotheken zu bewohnen? Oder sollte er eher robust, zupackend, praktisch, wetterfest, weltläufig und extrovertiert sein, geeignet erscheinen, die um diese Zeit rasch zu einem globalen Ganzen zusammenwachsende Erde für das Kaiserreich empirisch zu entschleiern?"*

Um es vorwegzunehmen: Der ideale Geograf war ein Held. Und zwar einer nach der Façon, wie sie in Petermanns Mitteilungen und in die Nachrufe auf die erste Generation von Hochschulgeografen einfloss. Die Karrierewege sind gerade, das Scheitern wird beschwiegen, und zur Reproduktion der eigenen Art werden anhand des großen Beispiels Anweisungen gegeben, wie die Nachfolgenden zu sein und zu forschen haben.

Ferdinand von Richthofen war so ein Beispiel. *„An ihm wurde das Set von Charaktereigenschaften formuliert, das in Zukunft einem guten Hochschulgeografen abverlangt wurde"*, erklärt Ute Wardenga. Anhand der erhalten gebliebenen Gutachten von Berufungsverfahren kann man nachweisen, dass dieses Set ab dem Beginn des 20. Jahrhunderts zur Norm wurde.

„Heiter und humorvoll sollte er sein, uneigennützig und unermüdlich bei der Arbeit, obrigkeitstreu und diszipliniert und der Politik auf Nachfrage beratend zur Seite stehen", zählt Wardenga die Eigenschaften des idealen Forschers auf. *„Von Jugend an sollte er sich zur empirischen Beobachtung der Natur gedrängt fühlen und später weite, nur der Idee reiner Wissenschaft dienende Forschungsreisen, möglichst nach Übersee, wenigstens aber in entlegene Teile Europas unternehmen. Dabei sollte er sich nicht nur damit begnügen, die bereisten Gebiete explorativ zu durchstreifen, sondern sollte sowohl anschauliche Schilderungen über fremde Länder und Völker vorlegen als auch innovative Forschungen über regionale Spezialproblematiken publizieren, deren Ergebnisse er bei Bedarf als Experte überlegt in die öffentliche Diskussion einspeisen konnte. Jegliche Reisestrapazen sollte er stoisch und ohne Rücksicht auf psychische und physische Erschöpfung ertragen, sich immer dessen bewusst, dass er als ein Botschafter Deutschlands unterwegs war."*

DEUTSCHE KOLONIALINTERESSEN IN CHINA Im September 1731 läuft die „Apollon" in Hamburg ein. Es ist vermutlich das erste deutsche Schiff, das sich auf die lange Reise nach China gemacht hatte. Obwohl die exotische Fracht, Porzellan und Tee, reißenden Absatz findet, beginnen die deutsch-chinesischen Handelsbeziehungen eher zögerlich. Regelmäßige Handelsexpeditionen waren zunächst den Niederlanden und England vorbehalten, deren Schiffe unter der Protektion der *Vereenigte Oostindische Compagnie* beziehungsweise der *East India Company* segelten.

Erst der Opiumkrieg zwischen China und England und der darauf folgende Vertrag von Nanking 1842 führen zu einer „Öffnung" des Landes für den Handelsverkehr mit Deutschland. Erste deutsche Unternehmer gründen Handelshäuser in China – und entdecken China als Absatzmarkt für deutsche Produkte. Deutsche Waffen und Munition stoßen auf reges Interesse. Ende des 19. Jahrhunderts nimmt Deutschland nach England den zweiten Platz im Chinahandel ein.

Durch die Weltmachtpolitik Wilhelms II. erfahren die deutsch-chinesischen Beziehungen einen tiefgreifenden Wandel. Zu den zuvor in erster Linie wirtschaftlichen Interessen gesellt sich der Wunsch, neue Kolonien zu errichten und so den politischen Einflussbereich auszudehnen: Die Forderung nach einem territorialen Stützpunkt auf chinesischem Boden wird laut.

Und man wusste auch schon, wo dieser Stützpunkt errichtet werden sollte. Der China-Forscher Ferdinand von Richthofen hatte den Hafen Qingdao auf der Halbinsel Schandong als geeignet identifiziert und notwendige Kenntnisse über Möglichkeiten zum Eisenbahnbau und über die Erschließung von Bodenschätzen geliefert. Die Ermordung zweier deutscher Missionare dient schließlich zum Anlass, die eigenen Interessen gewaltsam durchzusetzen. Am 14. November 1897 besetzen deutsche Marinetruppen das Hafengebiet. In der Folge wird eine deutsche Musterkolonie aufgebaut.

Doch den kolonialen Ambitionen Deutschlands in Ostasien ist ein rasches Ende beschieden. Im ersten Weltkrieg gehen die deutschen Besitztümer zurück an China.

Und wie war Richthofen wirklich?

Er kann kein Chinesisch, chinesische Sitten und Gebräuche sind ihm ein Graus. *„Er braucht als ‚Remedium' immer wieder die Inszenierung von Heimat"*, weiß Wardenga. Preußenfahne inklusive. Als Hochschullehrer war er eher schwierig, und bei einer Lehrexkursion in die Eifel klagt er nach dem ersten Tag bereits über wund gelaufene Füße und kehrt um. Doch die Geografie brauchte einen anderen Richthofen. Also wurde er post mortem stilisiert und instrumentalisiert, die Geschichtsschreibung über ihn *„war hochgradig funktionalisiert auf zeitgenössische Probleme, die es zu lösen galt und die allen Geografen unter den Nägeln brannten"*, sagt die Wissenschaftshistorikerin.

Richthofen wurde zum Prototyp des Forschungsreisenden, wird Grundlage für die geografische Wissenschaft insgesamt, Symbol für den Entdecker des Fremden und Unbekannten, Entdecker auch der Geheimnisse der inneren Welten *„in Einsamkeit und Freiheit"*.

Aber nein, es hat sich nichts geändert. Ute Wardenga entdeckt das Narrativ der Heldenerzählung als strukturierendes Element nicht nur in Nachrufen und Würdigungen, sondern auch in quasi-dokumentarischen Sendereihen im Fernsehen. Der Wissenschaftler als Held hat nach wie vor Konjunktur, nicht zuletzt in Zeiten weltweiter Klimaveränderung.

Dietrich von Richthofen

AMERIKA –

NEUE WELT DES ABENDLANDES

Amerika, das ist Tango und Samba, ist Zuckerhut und Favela. Amerika, das sind Drogenkriege und Schuldenkrisen, sind Militärdiktaturen und Staatsstreiche. Amerika, das ist Machismo und Stillstand. Amerika, das sind federgeschmückte Indianer.

IN DIESEM KAPITEL:

Amerika, das ist die Ursünde des Ökonomenlateins, sind emporschnellende Wachstumsraten und Verteilungsprobleme in der Armut. Amerika, das ist Innovation im informellen Sektor und Frauen in Männerberufen. Es ist die demokratische Methode zur Vertreibung korrupter Staatschefs. Amerika, das sind mexikanische Parteien in Chicago, ist Salsa aus den USA und Rap aus Kuba. Lateinamerika in den USA, das ist die Grenze und ihr Gegenteil.

UND WIE ZUR ZEIT SEINER „ENTDECKUNG" IST „AMERIKA" IN DIESEM KAPITEL VOR ALLEM DER SÜDEN DES KONTINENTS.

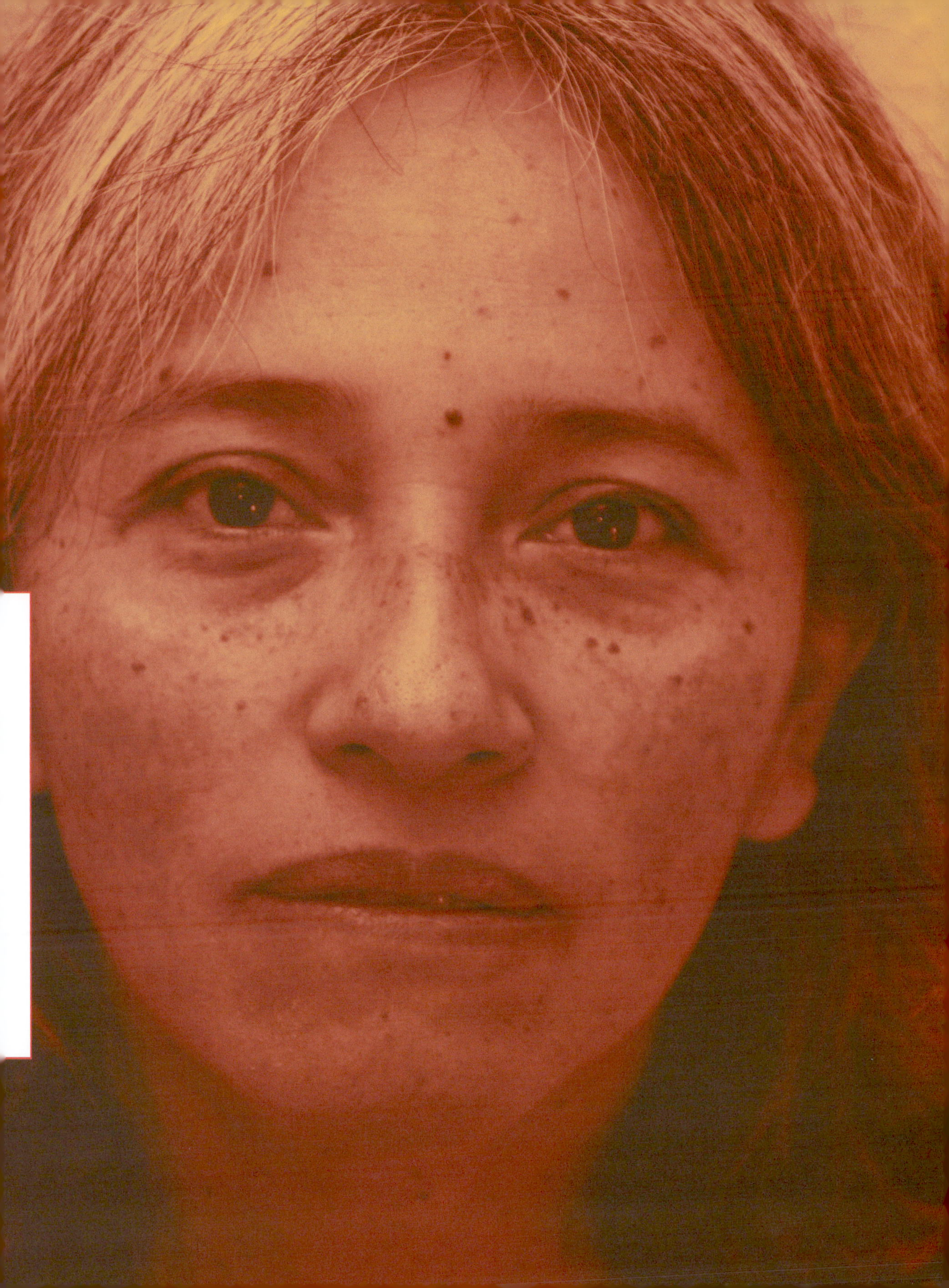

AMERIKA
NEUE WELT DES ABENDLANDES

Einleitung

DIE FRAU sieht einen voll bekleideten Mann mit den Insignien seines Standes und seiner Position, mit Flagge und Schwert als Zeichen von Hoheit und Eroberung, dem Kreuz als Zeichen seines Glaubens und mit einem Astrolabium als Zeichen der Vermessung. Der Mann sieht eine Frau in einer Hängematte, nackt, müßig, erwartungsvoll, die er in Besitz nimmt und aus dem Schlaf der Geschichtslosigkeit erweckt, indem er ihr einen Namen gibt: Amerika.

Der Mann auf dem berühmten Kupferstich von Jan van der Straet Ende des 15. Jahrhunderts ist Amerigo Vespucci, Kartograf in den Diensten der Medici, der eine Zeitlang als der Entdecker der „Neuen Welt" galt. Das unbekannte Land nach sich selbst zu benennen, war freilich nicht seine Idee. Der Name „Amerika" ist eine deutsche Erfindung. *„Ich wüsste nicht, warum jemand mit Recht etwas dagegen einwenden könnte, diesen Erdteil nach seinem Entdecker ... Land des Americus, oder America zu nennen"*, schreibt der Kartograf Matthias Ringmann in der „Cosmographiae introductio", die er zusammen mit seinem Kollegen Martin Waldseemüller 1507 herausgegeben hatte. Kolumbus war tot und Vespucci ein geschickter Agent in eigener Sache, der im Unterschied zu seinem italienischen Landsmann begriffen hatte, dass er einen unbekannten Kontinent gesehen hatte. Bis Waldseemüller Bedenken kamen und er den Begriff Amerika auf späteren Karten nicht mehr verwendete, war es bereits zu spät. Amerika war unverzichtbar geworden – auch als Projektionsfläche für die guten und die bösen Träume der Europäer.

Die Ein-Bildungen von heute zeigen Lateinamerika gern noch immer von finsteren Caudillos vom Schlage eines Augusto Pinochet beherrscht, ihrerseits bekämpft von zu allem entschlossenen Guerilleros, geschüttelt von Drogenkriegen und Schuldenkrisen, übersät mit Favelas und ausufernden Megacitys. Wie immer gehen Wirklichkeit und Mythenbildung Hand in Hand, wobei liebgewonnene Mythen meist stärker sind als die Realität. Und neben den simplen Schwarzweißmalereien aus den Zeiten den Kalten Krieges erinnert der heutige Blick auf Amerika mitunter an die Begegnung des Vespucci mit der Nackten auf dem Kupferstich. Samba, Zuckerhut und Karneval beherrschen die Bilder, der sinnliche Süden ist Casino und Dauerparty für den puritanischen Norden – wie einst das ausschweifende Kuba vor Castro und seiner Revolution. Und was wäre Argentinien ohne Schuldenkrise und Tango, dem melancholischsten aller Mythen, der in Buenos Aires' altem niedergegangenen Industrieviertel La Boca mundgerecht für Touristen aufbereitet wird – während die echte Musik ganz

woanders spielt und die Zeugnisse alter Industriekultur nach und nach abgerissen werden. Mythenumwoben sind auch die Ursachen des Dauerphänomens Schuldenkrise, die man wie in anderen lateinamerikanischen Ländern stark vereinfachend lieber „schlechter Regierungsführung“ zuschreibt, als dass man die Gültigkeit der konventionellen ökonomischen Theorien in Frage stellte.

Die Caudillos mussten abdanken. Inzwischen war längst eine neue Generation gewählter Staatschefs in die Kritik geraten, weil sie häufig die hohen Erwartungen des demokratisch gewandelten Lateinamerika in andere Politik und anderes Wirtschaften nicht erfüllten oder in ruinöse Korruptionskrisen verwickelt waren. Aber trotz der Frustrationen mit dieser ersten Generation von Repräsentanten der Demokratie etablierte sich überall ein Lateinamerika ein starkes Engagement der Bürger für demokratische Beteiligung. Staatsstreiche und Militärs spielten bei den Umwälzungen der letzten Jahre keine Rolle mehr, und die Wachstumsraten der Länder in der Region sind nach den Krisen zu Beginn des Jahrhunderts in die Höhe geschnellt. Dennoch macht das Wort von der „Brasilianisierung der Arbeitswelt“ die Runde, wenn die Rede auf schlecht bezahlte und ungeregelte Arbeitsverhältnisse kommt. Armut und soziale Unsicherheit sind Aspekte des informellen Sektors, in dem ein Drittel der Wirtschaftsleistung Lateinamerikas erbracht wird. Informeller Sektor heißt aber auch Kreativität und Innovation, heißt in seinen dynamischen Segmenten Entstehung von Mittelstand und mit ihm wiederum zahllose Arbeitsplätze. Und wie überall auf der Welt gibt es zahllose Verbindungen zwischen dem informellen und dem formellen Sektor, besonders in den großen Industrieagglomeraten wie zum Beispiel São Paulo – der größten deutschen Industriestadt. Derweil machen in deutschen Fußgängerzonen bolivianische Musiker mit Panflöten ihren Zuhörern weis, die „Indianer“ Südamerikas trügen Federn, tatsächlich ein ausgesprochen nordamerikanischer Schmuck. Doch die hiesige Vorstellung will den Indianer federgeschmückt.

Die Musiker wissen das.

Und auch in der Darstellung des Jan van der Straet zeigt sich weniger die amerikanische Realität als vielmehr die europäischen Vorstellung davon. Die Frau „Amerika“ ist die Reinkultur tief verwurzelter Projektionenen des christlichen Abendlandes, für die die Frau ebenso wie der neu entdeckte Kontinent ein Teil der irrationalen und sinnlichen Natur sind, ebenso anziehend wie beängstigend, die vom Mann, dem Kulturheros aus dem Reich der Vernunft, „entdeckt“, erobert und benannt wird. Eigene Namen, eigenes Wissen, eigene Traditionen

„Amerikas“ werden in der Folge von den „Entdeckern“ systematisch vernichtet. Keine Weltgegend war aus europäischer Sicht so jungfräulich wie diese Neue Welt, und nicht nur die materielle Habgier der Eroberer arbeitete sich hier ab. „Amerika“ in der Hängematte wurde zur „Indianerin“ – in dieser ebenfalls europäischen Erfindung hat sich der Irrtum des Kolumbus verewigt – und je nach Gusto und eigener Agenda wurden sie und ihre Landsleute zu guten oder zu bösen Wilden. Kolumbus selbst gilt mit seinen Beschreibungen der Kariben als Schöpfer des Mythos vom Guten Wilden, der sich im Laufe der Zeit in viele Varianten ausfächerte und schließlich vor allem den tapferen asketischen Mann verehrte. Ein später Abglanz dieser Variante ist ein schließlich getaufter „deutscher“ Indianer namens Winnetou.

Mit der sogenannten Aufklärung kommt der Gute Wilde aus der Mode, die europäische Selbstbespiegelung braucht starke Gegenbilder. Aber bereits 1557 wusste der calvinistische Hugenottenpastor Jean de Lery – er hatte einige Monate bei den Tupinamba in der Bucht von Rio de Janeiro gelebt – dass „die Amerikaner sichtbar und wirklich von bösen Geistern gepeinigt“ sind, tierisch und vom Wahnsinn geschüttelt, die wegen ihrer Uneinsichtigkeit in die einzige „Wahrheit“ des Christentums aus eigener Schuld zum Untergang verdammt sind. Wie viele andere trägt er ein halbes Jahrhundert nach der Reformation eine sehr europäische Debatte in die Neue Welt und vergleicht den brasilianischen „Kannibalismus“ mit der katholischen Kommunion. Durchaus in Übereinstimmung mit den Größen seiner Zeit – Montesquieu, Buffon, Voltaire – kann sich auch der Abbé Cornelius de Pauw, Mitglied des Gelehrtenkreises des preußischen Königs Friedrichs II., in seiner 1768/69 in Berlin erschienenen philosophischen Schrift über die Amerikaner kaum retten über deren Degeneriertheit, Lasterhaftigkeit und Teufelsbesessenheit. Außer dem Philosophen Johann Gottfried Herder widerspricht dem vor allem der vielgebildete Alexander von Humboldt, den man in Lateinamerika in tiefer Verehrung den „zweiten Entdecker Amerikas“ nennt. Zwar führt auch er noch die „Jugend“ und „Unreife“ Amerikas ins Feld, um Unterstützung anzubieten und Amerika wieder zu dem zu verhelfen, was seine eigentlichen Möglichkeiten seien. Doch Humboldt prangert das Morden und Stehlen der Kolonisatoren an, entreißt die Amerikaner dem Reich der Natur, in dem sein Leser und Zeitgenosse Georg Wilhelm Friedrich Hegel, Professor an der Berliner Universität, sie beließ, damit er sich zu einer Haltung versteigen konnte, die den Völkermord in Amerika mit der Schwäche seiner Opfer rechtfertigt. „Von Amerika und seiner Kultur, wie sie namentlich in Mexiko und Peru sich ausgebildet hatte, haben wir zwar Nachrichten, aber bloß die, dass dieselbe eine ganz natürliche war, die untergehen musste, sowie der Geist sich ihr näherte.“

Was heißt Amerika?

Es war auch dieses Bild vom primitiven Amerika, gegen das schließlich die Nachfahren der Kolonisatoren aufbegehrten, als es Mitte bis Ende des 18. Jahrhunderts zu Revolutionen und Unabhängigkeitskämpfen gegen die koloniale Herrschaft kam. Bis Mitte des 19. Jahrhunderts war die formale politische Unabhängigkeit Lateinamerikas vollendet – die ökonomischen Strukturen blieben kolonial. Und der Name „Amerika“, der lange Zeit den Süden des Kontinents, vor allem die Ostküste Brasiliens, meinte, dehnte sich mit der fortschreitenden Besiedlung des Nordens durch Engländer und andere Europäer auf den gesamten Doppelkontinent aus, um schließlich mit der US-amerikanischen Revolution und dem Aufstieg der Vereinigten Staaten zum Synonym für die USA zu werden. Die „Neue Welt“ wurde das „New Israel“ des „auserwählten Volkes“ in „God's own country“.

Was aber blieb dann für das südliche Amerika? „Hispano" oder „Ibero"-Amerika waren negativ besetzt, sie erinnerten an die alten Kolonialmächte. Im 19. Jahrhundert entsteht der Gedanke der lateinischen Völkerfamilie, die neue Namensgebung erfolgte von Frankreich aus und wurde erst später von den Bewohnern des südlichen Amerika übernommen. Das Konzept des Panamerikanismus, das zur gleichen Zeit entstand, wurde in der Folge von den USA in ganz spezieller Weise ausgelegt. Präsident Theodore Roosevelt ersann 1904 das Wort von Lateinamerika als dem Hinterhof der USA. Nach dem Eingriff seines Landes in den spanisch-kubanischen Krieg 1898 hatte die Zeit der flächendeckenden Interventionen auf dem Subkontinent begonnen. Als zudem Anfang des 20. Jahrhunderts Investitionen aus den USA in Lateinamerika neue Rekordwerte erreichten, als Jazzmusik in den Hauptstädten des Subkontinents für Furore sorgte und der US-Amerikaner Jack Dempsey den argentinischen Boxchampion Luis Angel Firpo nach wenigen Minuten k. o. schlug, wurde im Süden erstmals in einer breiten Öffentlichkeit darüber debattiert, was die vielfältigen US-amerikanischen Einflüsse, die „Norte Americanización" bedeuten könnte. Kulturelle Amalgamierung und politische sowie ökonomische Intervention des Nordens im Süden gingen Hand in Hand. US-amerikanisch – und auch europäisch – gestütze Militärdiktaturen, deren Gräueltaten noch immer nicht vollständig aufgeklärt sind, beherrschten die politische Szenerie. Inzwischen hat sich vielerorts der Blick verkehrt.

Denn angesichts eines nicht abreißenden Stroms von Migranten aus dem Süden, der nicht nur weite Teile der US-Industrie aufrechterhält, sondern allein aufgrund der schieren Zahl von 40 Millionen Menschen auch wahlentscheidend sein könnte, denkt man zunehmend über die politische, soziale und kulturelle Lateinamerikansierung der USA nach.

Forschungsprobleme

Die ersten Berichte aus der „Neuen Welt" kamen kurz nach ihrer „Entdeckung" nach Europa. Reiseberichte von Landsknechten und Forschern bildeten einen Teil des Grundstocks späterer Forschung. Doch insgesamt wurde Lateinamerika in der neueren Forschung eher „miterledigt" als philologisches Teilgebiet der Romanistik, als Nebenproblem europäischer Geschichte oder als Sondergebiet der Archäologie. Erst in den 60er-Jahren begann die Verselbstständigung der Amerikastudien – beide Teile des Doppelkontinents betreffend. Forschung und Berichterstattung zu Lateinamerika erlebten seit 1992, dem 500. Jubiläum der „Entdeckung" der „Neuen Welt" einen Aufschwung. Doch inzwischen fehlen allenthalben wieder vor allem die Ökonomen und Sozialwissenschaftler mit ausgewiesener Regionalkompetenz, die einstmals geschaffenen Stellen dazu werden selten nachbesetzt. Auch hier wie in Bezug auf andere Weltregionen verpassen deutsche Universitäten den Anschluss. Lateinamerika wird vielfach wieder „miterledigt". „Man kann aber nicht ohne Weiteres unsere Kulturtechniken und theoretischen Rezepte in einen bolivianischen oder peruanischen Kontext übertragen", weiß die Politikwissenschaftlerin Prof. Marianne Braig vom LATEINAMERIKA-INSTITUT der FREIEN UNIVERSITÄT BERLIN, „schon gar nicht, wenn man nicht einmal Quechua oder Aymara versteht", Muttersprachen des Großteils der dortigen Bevölkerung. Und für Brasilien, den größten Wirtschaftspartner auf dem Subkontinent, das fünftgrößte Land der Erde, gibt es in ganz Deutschland nur eine einzige speziell für „Brasilianistik" ausgewiesene Professur in Berlin. Wie wenig unzeitgemäß ein Fach wie Altamerikanistik ist, zeigt Prof. Nicolai Grube aus Bonn, der Aufklärung schafft, wo die schlimmsten Projektionen der Vergangenheit via Hollywood massenwirksam auch in die deutschen Kinos kommen und den Zuschauern die Maya als blutrünstige Schlächter zeigen, die nur durch die Kolonisierung von ihrer schrecklichen „Natur" erlöst werden konnten.

Umgekehrt ist man in Lateinamerika ausgezeichnet informiert über die „Alte Welt", wie Prof. Barbara Potthast von der UNIVERSITÄT ZU KÖLN betont. „Hierzulande werden Kenntnisse und Bildung der Menschen auf dem Subkontinent weithin unterschätzt", ergänzt sie. Sich also mit Geschichte und Kulturen Lateinamerikas vertraut zu machen, erweitert nicht nur den Horizont, es ist auch ein Gebot der Höflichkeit, findet sie. Und es verbessert die Geschäftsgrundlage. Unterschätzt werden auch die Leistungen in Theorie und Wissenschaft; lateinamerikanische Forscher werden kaum wahrgenommen. *„Dabei"*, so der Romanist Prof. Ottmar Ette von der Universität Potsdam, *„entstehen die relevanten Kulturtheorien schon längst nicht mehr in Europa"*.

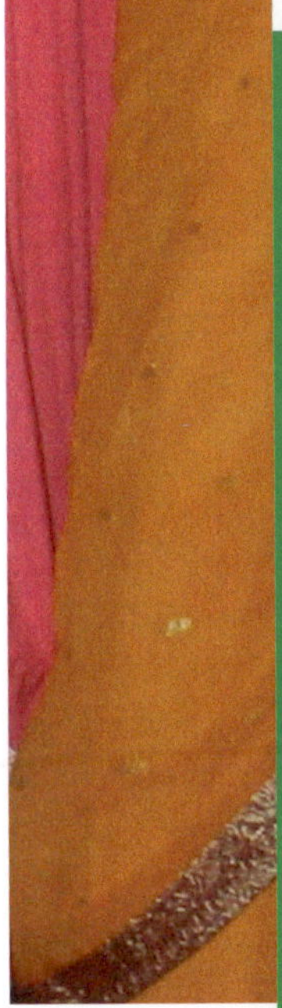

ERFAHRUNGEN

„Made by Germans" hat in Brasilien immer noch einen sehr hohen Stellenwert, weiß Manfredo Dreyer von *Giesecke & Devrient.* Deutsche Waren sind immer noch mit einer Art Gütesiegel versehen, was zugleich eine große Verpflichtung ist, diesen Qualitätsanspruch auch einzulösen. Manfredo Dreyer: „Wem das als deutschem Unternehmen in Brasilien gelingt, der hat die wichtigsten Grundlagen für den Erfolg im Land gelegt." Und wenn man nicht „allzu preußisch korrekt" auftritt, kann man auch kleinere, kulturell bedingte Anlaufschwierigkeiten überwinden.

Zu lernen, sich in einem schwierigen Umfeld zu bewegen und zu etablieren, ist für Uwe Köpke von *Alfimex* in Kuba Teil seines unternehmerischen Selbstverständnisses. Und natürlich muss sich ein Unternehmer informieren, betont er. Er selbst ist beispielsweise Mitglied im *Lateinamerika Verein* mit Sitz in Hamburg. Doch vor allem die Kaufleute der alten Garde, die noch das Glück und die günstigen Bedingungen hatten, ihr Unternehmen aus „der Lameng" aufzubauen, hätten oft ihren eigenen Stolz, weiß Köpke. Da herrsche vielmals die Überzeugung vor: „Ich weiß schon, wie ich zurecht komme." Dabei werden dann auch manchmal recht ‚blauäugige' Entscheidungen getroffen.

„Der Lateinamerika Verein ist mehr als ein Netzwerk", erklärt Hauptgeschäftsführer Christoph G. Schmitt. „Er ist personifizierte Information". Man kennt einander im Verein – wichtige Grundlage des vertrauensvollen Erfahrungsaustausches – ebenso wie die persönliche Beziehung in den Ländern Lateinamerikas nach wie vor das A und O einer guten Geschäftsverbindung ist. Und viele halten Lateinamerika immer noch für einen monolithischen Block ohne große Unterschiede im Inneren. „Südamerika ist aber etwas anderes als Mittelamerika oder die Karibik, Argentinien ist ganz anders als Chile, und Brasilien unterscheidet sich vom ganzen Rest."

SCHULDEN, MYTHEN, THEORIEN

Ökonomenlatein in Amerika

„DIE *Lateinamerikaner integrieren sich auf dreierlei Wegen in die globalisierte Weltwirtschaft: Als Kulturschaffende, als Emigranten und als Schuldner*", sagte einmal der argentinische Kulturwissenschaftler Néstor García Canclini, und Meldungen über spektakuläre Schuldenkrisen auf dem Subkontinent rufen regelmäßig das ökonomische Feuilleton mit seinen Analysen auf den Plan. Doch die Diskussionen um die Schuldenkrisen werden eher von Mythen als von Realitäten bestimmt, findet Prof. Barbara Fritz, Ökonomin am LATEINAMERIKA-INSTITUT der FREIEN UNIVERSITÄT BERLIN. *„Sie können's einfach nicht"*, ist eine der wohlfeilen Erklärungen, die weltweit Anwendung finden. Die „Bad-Governance"-These schiebt wirtschaftliche Probleme auf politisches Versagen und Machenschaften korrupter Eliten, deren Existenz indessen niemand bestreitet. Was diesen vermeintlichen Erklärungen fehlt, ist die historische Analyse der Situation, weiß Barbara Fritz. Denn die Ursachen für die heutige Lage reichen weit in die Vergangenheit zurück – nämlich zu dem, was neue Ansätze der Wirtschaftswissenschaft „original sin" nennen. Viele der Staaten Lateinamerikas wurden bereits mit Schulden in die formale Unabhängigkeit entlassen. Sie waren politisch zwar frei, blieben aber gefangen in den kolonialen ökonomischen Strukturen und mussten sich zur Aufrechterhaltung ihrer Staatswesen und ihrer Ökonomien in fremder Währung verschulden. So etwas destabilisiert jede Volkswirtschaft und treibt sie in einen Teufelskreis aus Wechselkursschwankungen und Neuverschuldung.

„Mit Bad Governance hat das nichts zu tun", sagt Barbara Fritz. *„Das ist reine Ökonomie."* Dazu kommt, dass die lateinamerikanischen Eliten – ähnlich wie in den USA – ihre Staaten nie als Steuerstaat gesehen haben. Und ähnlich wie in den USA sind daher viele soziale und Infrastrukturleistungen, die hier selbstverständliche Aufgabe des Staates sind, nicht gewährleistet. Bis heute ist das Steuerniveau sehr viel niedriger als in europäischen Ländern. Zudem haben sich die Eliten dezentral und regional gebildet, in Hafenregionen oder in der Nähe von Bodenschätzen. Alles zusammen führte zu einer Schwäche des Zentralstaates, wie wir ihn kennen. *„Eine höhere Staatsquote würde in vielen lateinamerikanischen Ländern durchaus Sinn machen"*, findet Fritz. Aber es sind die nordamerikanischen Ökonomen, die in der Regel die Debatte beherrschen. *„Und die können sich zu einer Staatsquote, wie wir sie in Europa haben, gar nicht hindenken. Für die ist eine Staatsquote von 40 % genau 40 % falsch ausgegebenes Geld – Bad Governance eben"*, sagt die Ökonomin. Auch die Wissenschaft ist kulturgebunden, und die Bad-Governance-These bewahrt die Mainstream-Ökonomen davor, sich den Realitäten anderer Länder

auszusetzen. Fritz: *„Ökonomische Modelle erfinden auf schmalster empirischer Basis Theorien, die die Realität indessen nur selten streifen. Gelegentlich irritierende ‚Abweichungen' hegt man mit ‚stylized facts' und ‚anecdotical evidence' ein."*

Aber die Szene ist in Bewegung geraten. Nach und nach wird „der Markt" aus seiner Allzuständigkeit für die Geschicke der Menschheit entlassen. Die reine Liberalisierung ist selbst in der Weltbank nicht mehr en vogue, viele deutsche Ökonomen hinken dem intellektuellen Fortschritt allerdings noch hinterher.

Brasilien

Barbara Fritz arbeitet als Ökonomin vorwiegend zu Brasilien – als eine von sehr wenigen im deutschen Universitätsbetrieb, wo die regionale Spezialisierung in Wirtschafts- und Politikwissenschaft auf eines der größten Länder der Erde im Regelbetrieb praktisch abwesend ist.

Brasilien ist das größte Land Lateinamerikas und das größte romanische Land der Welt. Seine Fläche umfasst 8.547 Millionen Quadratkilometer – etwa 42 % der Fläche Mittel- und Südamerikas, fast die Hälfte Südamerikas – Brasilien ist das fünftgrößte Land der Erde. Die Bevölkerung zählt etwa 170 Millionen Menschen, mehr als ein Drittel der Gesamtbevölkerung Lateinamerikas. Landessprache ist Portugiesisch.

Brasilien ist die dominierende Wirtschaftsmacht Lateinamerikas und der wichtigste Außenhandelspartner Deutschlands in Lateinamerika; allein in São Paulo produzieren deutsche Unternehmen mehr Dienstleistungen und Güter als in jeder deutschen Großstadt.

Brasilien ist ein Hegemon in der Region, ein leiser Riese, der an den Grenzen Land aufkauft, seine Sprache exportiert, sich in den Nachbarländern im Energiesektor engagiert und dann den Strom verkauft. Neue Grenzfragen entstehen, im lateinamerikanischen Kräfteverhältnis werden die Karten neu gemischt. *„Brasilien ist die zehntgrößte Volkswirtschaft der Welt, und es ist das Land mit den größten Unterschieden zwischen Arm und Reich von allen großen Ländern"*, sagt Barbara Fritz. *„Da entsteht auch Gewalt, der mit Law and Order nicht beizukommen ist. Es geht um Verteilungsfragen."*

Foto: Mario Schenk

Der Währungskrise, die in den 1990er-Jahren auch Brasilien heimsuchte, wollte man mit einer Abwertung des Real beikommen, man versuchte zu retten, verkaufte Reserven, erhöhte damit die Nettoverschuldung, und durch die Abwertung sprang die öffentliche Verschuldung von 45 auf 55 %. Es gab noch weniger zu verteilen. *„Verteilungspolitik ist aber das Thema in armen Ländern"*, weiß die Ökonomin. Und Lula, Brasiliens linker Präsident, versuchte mit einem Familienstipendium für ärmere Familien von umgerechnet 38 Dollar im Monat, einem Teil der Probleme beizukommen. Im armen Norden und Nordosten Brasiliens wählt man ihn denn auch, im wohlhabenderen Süden und Südwesten stimmt man eher konservativ. Um insgesamt der Wirtschaftskrise zu begegnen, mussten Lula und seine Arbeiterpartei zu unpopulären Maßnahmen greifen, wie zum Beispiel eine Geldpolitik zu betreiben, die Brasilien eines der höchsten Realzinsniveaus eingebracht und die Reichen des Landes noch reicher gemacht hat. Das kostete ihn seinen Nimbus als Hoffnungsträger der lateinamerikanischen Linken, obwohl die Armutsindizes in Brasilien deutlich gesunken sind. *„Vor allem die Intellektuellen nehmen ihm seinen Kurs übel"*, weiß Barbara Fritz. *„Die einfachen Leute halten ihn für das kleinere Übel, da ist man pragmatischer."*

Wie andere Länder Lateinamerikas sitzt Brasilien in der Falle der „Original Sin", gefangen im Teufelskreis aus Wechselkursschwankungen und Neuverschuldung.

Das Familienstipendium entspricht übrigens in etwa 0,4 % des Bruttoinlandprodukts. Was aber die Theoretiker der „reinen" Marktlehre nicht davon abhält zu erklären, arme Länder seien so arm, weil sie ihr Geld nicht richtig ausgeben.

DIE GELDDRUCKER VON BRASILIEN

GIESECKE & DEVRIENT

Im Grunde war es ein Start-up wie aus dem Bilderbuch. Nur dass man diesen Begriff 1852 noch nicht kannte, als der 21-jährige Jungspund Hermann Giesecke und sein kaum älterer Kompagnon Alphonse Devrient das „Officin für Geld- und Werthpapiere" gründeten. Giesecke und Devrient machten ihr kleines Unternehmen binnen kürzester Zeit durch neue Ideen zu einem Technologieführer. Besonders ihre Erfindungen in der Drucktechnik sollten dem Unternehmen ein für die Zukunft wichtiges Geschäftsfeld eröffnen: den Banknoten- und Wertpapierdruck.

Giesecke & Devrient (G & D) hat sich zunächst auf den Banknotendruck sowie die Lieferung von Sicherheitspapieren und Maschinen zur Banknotenbearbeitung spezialisiert. Heute ist G & D zudem Technologieführer bei Smart Cards und Systemlösungen für die Bereiche Telekommunikation, elektronischer Zahlungsverkehr, Transport, Gesundheit, Personenidentifizierung, Kundenbindung, Pay TV, Multimedia- und Internetsicherheit (Public-Key-Infrastruktur). Der Konzern mit Sitz in München hat weltweit über 50 Tochtergesellschaften und Joint Ventures. G&D zählt rund 8.300 Beschäftigte, davon mehr als 4.900 im Ausland. Im Geschäftsjahr 2006 erwirtschaftete das Unternehmen einen Gesamtumsatz von 1,3 Mrd. Euro.

Aus dem Bereich Druck wertvoller Papiere ist das Unternehmen GIESECKE & DEVRIENT (G & D) seitdem weltweit nicht mehr wegzudenken: Schon ab 1880 wird G & D von zahlreichen südamerikanischen Regierungen beauftragt, Banknoten, Staatsanleihen oder Briefmarken zu drucken. 1971 war G & D an der Entwicklung des Eurocheque-Systems und der Eurocheque-Karte beteiligt. Im gleichen Jahr meldete eine Gesellschaft der Firmengruppe das erste Patent für Chipkarten an. 1981 wurden die ersten Chipkarten im Auftrag der Deutschen Bundespost von G & D hergestellt. Drei Jahre später erfand der Konzern das sogenannte SIM-Plug-in, das sich in den kommenden Jahren zum weltweiten Kartenformatstandard für SIM-Karten durchsetzen sollte. 1991 lieferte G&D die erste kommerzielle SIM-Karte an einen finnischen Netzbetreiber.

In Brasilien ist GIESECKE & DEVRIENT seit 1998, genauer gesagt in der 20-Millionen-Metropole São Paulo im Süden des Landes. Von hier aus koordiniert G & D Brasil Ltda landesweit Vertrieb und technischen Support für Banknotenbearbeitungssysteme. Im Januar 2001 errichtete G & D in São Paulo zudem eine Produktionsstätte für SIM- und Zahlungsverkehrskarten. Die riesige Anlage gilt als eine der sichersten und modernsten der Welt. *„Unsere jährliche Produktionskapazität liegt bei über 50 Millionen Karten“*, berichtet Manfredo Dreyer, Telecommunications General Manager von GD BURTI, einer Tochtergesellschaft von G & D in Brasilien.

Der Markt für Mobiltelefonie ist äußerst vielversprechend, denn Brasilien hat nur eine relativ schwach ausgebaute Festnetzinfrastruktur. *„Daher spielen Mobiltelefone eine wichtige Rolle – nicht nur für Manager und Wohlhabende, sondern einfach für jedermann. Ohne Mobiltelefon bekommt man oft gar keine Arbeit“*, sagt Dreyer. Ähnliches gilt für Bank- oder Kreditkarten. Jeder Arbeitnehmer muss von Gesetzes wegen ein Bankkonto haben, auf das sein Lohn eingezahlt wird, und für Abhebungen benötigt er eine Bankkarte. Deshalb besteht eine große Nachfrage nach entsprechenden Kartenlösungen. *„Kreditkarten sind in, und die Chipbankkarte wird aus Sicherheitsgründen immer aktueller“*, berichtet Dreyer.

„‚Made by Germans‘ hat in Brasilien immer noch einen sehr hohen Stellenwert“, weiß Dreyer. Deutsche Waren seien immer noch mit einer Art Gütesiegel versehen, was zugleich

eine große Verpflichtung sei, diesen Qualitätsanspruch auch einzulösen. *„Wem das als deutschem Unternehmen in Brasilien gelingt, der hat die wichtigsten Grundlagen für den Erfolg im Land gelegt“*, sagt Dreyer. Der Manager weiß, wovon er spricht: Geboren in Paraguay, studierte er später in Berlin. Danach ging er für Siemens nach Brasilien, bevor es ihn wieder nach Deutschland zog. Seit sechs Jahren ist Dreyer nun bei GIESECKE & DEVRIENT in Brasilien tätig und kennt den lateinamerikanischen Markt wie seine Westentasche.

Wirkliche Hürden hat es für G & D beim Aufbau des Geschäftes in Brasilien nicht gegeben. Manfredo Dreyer spricht von *„kleineren, kulturell bedingten Anlaufschwierigkeiten, die aber schnell gelöst werden konnten“*. Am Anfang habe man das Geschäft ein wenig zu „preußisch-korrekt“ angepackt. *„Aber wir haben schnell gelernt, dass unsere Kunden und Geschäftspartner ein ‚Made in Germany, gefertigt in Brasilien‘ am meisten schätzen. So positionieren wir uns nun auch schon seit vielen Jahren erfolgreich im Land.“*

Manch ein Deutscher in Brasilien steuere sein Ziel manchmal auf zu direktem Weg und etwas zu rau an. *„Als Deutscher in Brasilien muss man lernen, brasilianische Mitarbeiter, unabhängig von Herkunft und Kultur zu motivieren und sie fast schon wie Familienmitglieder zu behandeln. Dann findet ein Brasilianer auch einen Weg, und man verletzt seinen Stolz nicht“*, betont Dreyer. Keinesfalls dürfe man sich von dem Respekt, der einem gerade als Deutscher oder Vertreter eines deutschen Unternehmens entgegengebracht wird, zu Überheblichkeit verleiten lassen.

Denn im Grunde, so Dreyer, liebten die Brasilianer viele Ausprägungen der deutschen Lebensweise und führt als Beleg das Oktoberfest in Blumenau an, einer urdeutschen Stadt im brasilianischen Staat Santa Catarina mit Fachwerkhäusern und Spitzdächern. Zwei große Überschwemmungen in den Jahren 1983 und 1984 hatten nicht nur die Gebäude der Stadt ruiniert, sondern auch die Stadtkasse geleert. Um Abhilfe zu schaffen, richteten die Stadtväter nach bayerischem Vorbild ein Oktoberfest aus, das *„die Bitterkeit der zweimal fast zerstörten Stadt ausgleichen sollte“*. Die Rechnung ging auf: Das Fest ist inzwischen – nach dem Karneval in Rio – das zweitgrößte Volksfest Brasiliens.

Michael Sonnabend

FALSCHE AQUARIEN, DER INFORMELLE SEKTOR UND DIE FRAUEN

Mitunter entsteht die kapitalistische Wirtschaftsweise aus dem Geist der Raubkopie. *„Was ist eigentlich das zu schützende Eigentum?"*, fragt Prof. Marianne Braig vom Lateinamerika-Institut der Freien Universität Berlin. In vielen Ländern Lateinamerikas entstehen florierende Marktsegmente im informellen Sektor – Raubkopien von CDs oder DVDs gehören dazu. Diese Betriebe bringen inzwischen viele Menschen in Lohn und Brot, besonders da, wo der formelle Sektor an Arbeitsplätzen nicht viel zu bieten hat. *„Vor allem aber"*, hält Braig einem vorschnellen Urteil entgegen, *„werden hier kapitalistische Wirtschaftsstrukturen und moderne Mentalitäten kopiert."* Konzerne, die diesen informellen Sektor kippen wollen, legen damit nur das Biotop trocken, das sie selbst zum Gedeihen brauchen, weiß die Ökonomin und Politikwissenschaftlerin. In Europa haben sich die heute existierenden Wirtschaftsstrukturen nicht anders entwickelt, die Idee des geistigen Eigentums ist so alt nicht, und was das überhaupt ist, muss in Zeiten der versuchten Patentierung von Bäumen oder mathematischer Algorithmen ohnehin neu verhandelt werden. In Peru sorgt der informelle Sektor dafür, dass viele wissenschaftliche Einrichtungen via Internet an die internationalen Wissensströme angekoppelt sind. Händler der Aymara, einer indigenen Gruppe der Region, kaufen und verkaufen, die Produkte kommen in der Regel aus Fernost. Alles andere ist zu teuer. Im informellen Sektor wird ein Drittel der Wirtschaftsleistung Lateinamerikas erbracht. Sei es durch internationale formale Unternehmen, die das Gefälle zu ungeregelten Zuständen nutzen, um Niedrigstlöhne für miserable Arbeitsbedingungen zu zahlen, sei es in den kreativen und dynamischen Segmenten des informellen Sektors, in denen mittelständische Strukturen entstehen. Die offizielle ökonomische Theorie aber blendet dieses Drittel der Realität aus. Barbara Fritz: *„Über den informellen Sektor redet man nicht, es sei denn als Problem."* – Obwohl sich in ihm ein Großteil dessen abspielt, was man Globalisierung nennt. Und der „Ort" der Globalisierung muss nicht der Glaspalast einer internationalen Bank sein. Marianne Braig fand ihn vielmehr ein paar Sträßchen nördlich des alten Stadtzentrums von Mexiko-Stadt. Dort findet Ramsch aus China reißenden Absatz, geht von hier aus bis nach Mittelamerika – blinkende Heiligenbildchen oder mit Fischbildern beklebte Scheinaquarien. Die meisten chinesischen Waren kommen über Los Angeles ins Land, weil die US-Zölle niedriger sind. Von dort werden sie entweder geschmuggelt oder ganz offiziell als US-Ware eingeführt.

„Das Territorium der mexikanischen Hauptstadt wird derzeit neu geordnet", erklärt Braig. Immer größere Teile der Altstadt verwandeln sich in Lagerhallen. Formale Unternehmen gehen ins Internet, die frei werdenden Gebäude gehen häufig in chinesischen Besitz über, die

FREIE UNIVERSITÄT BERLIN
LATEINAMERIKA-INSTITUT

Das *Lateinamerika-Institut (LAI)* widmet sich seit seiner Gründung 1970 in Forschung und Lehre den politisch-ökonomischen Transformationsprozessen in Lateinamerika, erforscht seine Geschichte und Kultur, und man kann die Sprachen des Subkontinents lernen – außer Spanisch und Portugiesisch auch verschiedene indigene Sprachen. Das *LAI* ist das größte Institut seiner Art in Deutschland und hat als einziges eine Professur, die speziell der Erforschung Brasiliens gewidmet ist. „Forschen und studieren mit" heißt am *LAI* nicht nur Kooperation mit vielen lateinamerikanischen Universitäten und Forschungseinrichtungen, auch die Zusammenarbeit mit einem anderen großen Regionalinstitut der FU, dem *John-F.-Kennedy-Institut für Nordamerikastudien (JFKI)* wird derzeit ausgebaut. Man ist davon überzeugt, dass man das eine Amerika ohne das andere nicht verstehen kann.

Am *LAI* sind folgende Disziplinen vertreten: Altamerikanistik, Geschichte, Lateinamerikanistik, Politische Wissenschaft, Soziologie und Wirtschaftswissenschaften. Geforscht wird über gesellschaftliche Veränderungen, die auch in Lateinamerika im Zuge der Globalisierung das Leben der Menschen beeinflussen, und die neue soziale und politische Bewegungen, aber auch Tendenzen zur Beharrung und Traditions(er)findung hervorbringen. Ein anderer Forschungsschwerpunkt widmet sich dem Spannungsverhältnis zwischen den globalen und den lokalen ökonomischen, sozialen und politischen Prozessen. Die interdisziplinäre Geschlechterforschung hat das Profil des *Lateinamerika-Institutes* wesentlich mitgeprägt. Regionale Schwerpunkte sind Mexiko, Brasilien und der Andenraum. Die intensive Beschäftigung mit diesen Regionen kennzeichnet neben den beschriebenen thematischen Schwerpunkten das Profil des *Lateinamerika-Instituts,* das zudem hervorragend in die reichhaltige Berliner Forschungslandschaft eingebunden ist, unter anderem durch eine intensive Kooperation mit dem *Ibero-Amerikanischen Institut Preußischer Kulturbesitz*, das über eine der reichhaltigsten und besten Bibliotheken weltweit auf diesem Gebiet verfügt.

Lehre:

Das *LAI* bietet einen neuen Masterstudiengang Interdisziplinäre Lateinamerikastudien an, an dem sich alle am Institut vertretenen Disziplinen beteiligen; außerdem im Rahmen anderer Studiengänge im Bachelor-Bereich ein eigenes interdisziplinäres Modul Lateinamerikastudien sowie Spezialisierungen auf Lateinamerika für die anderen Fächer.

Grenzen zwischen formellem und informellem Sektor werden zunehmend unscharf. Und wo es früher die formellen jüdischen oder libanesischen Händler gab, sind es heute die informellen mexikanischen, die chinesische Waren feilbieten. Auch in Mexiko-Stadt arbeiten ca. 35 % der Erwerbstätigen im informellen Sektor. Auch hier werden Abgaben bezahlt, aber nicht an den Fiskus, sondern an diejenigen, die den Schutz garantieren, die Waren an zugewiesenen Plätzen in bestimmten Straßenzügen verkaufen zu dürfen. Meist sind es Anführer der informellen Händler, die nicht selten im Auftrag der Polizei in „ihren Straßen" Ordnung und Sicherheit gewährleisten und die das Viertel freihalten von Drogen, Pornografie und Waffenhandel. Man könnte das Korruption nennen – oder ein informelles Regelwerk zum Vorteil aller Beteiligten, wo ein Staat sich nicht einmische, eher weil er es nicht will, weniger weil er es nicht kann, wie Marianne Braig erklärt.

Immerhin versucht man in der 20-Millionen-Metropole, die auf den ersten Blick unübersichtlichen Strukturen nicht ganz aus dem Ruder laufen zu lassen, baut offiziell eine Art Malls mit kleinen Ladenlokalen für den informellen Sektor und die dazugehörenden Großhändler. Chinesen findet man hier übrigens nicht, und wie überall auf der Welt haben die gegen ihr schlechtes Image anzukämpfen. Wie überall werden sie von vielen als Bedrohung wahrgenommen. Doch als Handelspartner für Mexiko insgesamt ist Asien inzwischen so wichtig, dass man nun den Blick weg vom Atlantik und hin zum Pazifik richtet. Während über dem alten Atlantikhafen Veracruz nur noch ein Hauch vergangener Größe weht, boomt Manzanillo auf der anderen Seite des Kontinents.

Mit dem formellen Boom kommt der informelle Aufschwung. Zahllose Frauen, die selbst hergestellte Produkte verkaufen, bestimmen auch in Manzanillo das Straßenbild. *„Den informellen Sektor beherrschen vor allem die Frauen"*, weiß Prof. Barbara Potthast vom Historischen Institut der Universität zu Köln. Sei es als Verkäuferinnen selbst produzierter Güter, sei es als Händlerinnen – auch von Land zu Land. Insgesamt werden Frauen in den zumeist strukturell konservativen Milieus Lateinamerikas als Wirtschaftssubjekte immer wichtiger. *„Als Kunden für Waren, Investitionsgüter und Dienstleistungen spielen sie in der Regel eine größere Rolle als die Männer"*, sagt Potthast. Denn sie haben die Verfügungsgewalt über die Remesas, die Rücküberweisungen der zumeist in den USA arbeitenden Männer. Das Gesamtvolumen dieser Kapitalströme nach Lateinamerika beträgt etwa 60 Milliarden Dollar. Und auch das verändert mit der Zeit die Geschlechterverhältnisse in den lateinamerikanischen Gesellschaften.

Frauen als Produzentinnen sind aber auch Opfer von Ausbeutung unter miesen Arbeitsbedingungen – als Maquilladoras in der Textilindustrie zum Beispiel. Aber gleichzeitig macht diese Arbeit sie unabhängig von den Männern, und häufig erwirtschaften sie so einen bedeutenden Teil des Familieneinkommens. Als Arbeitnehmerinnen sind Frauen zunehmend gefragt, nicht nur für Feinarbeiten, die Geschicklichkeit erfordern, weiß Potthast. Sie gelten als zuverlässiger, verbindlicher und kreditwürdiger als Männer, und das hat sich auch bis zu den ausländischen Unternehmen auf dem Subkontinent herumgesprochen. Sogar in Männerdomänen dringen die Frauen neuerdings vor. Im Bergwerk Cananea im nördlichen mexikanischen Bundesstaat Sonora würde man sie gern als Kranführerinnen und Baggerfahrerinnen einstellen – noch protestieren die Gewerkschaften.

„Insgesamt sind die Geschlechterrollen zwar getrennter als hier“, sagt Barbara Potthast. *„Aber es hat sich viel verändert in den letzten Jahren.“* Eher mehr in Brasilien, Argentinien oder in Mexiko. Weniger dagegen in Peru oder Bolivien. Potthast: *„Die*

IBERO-AMERIKANISCHES INSTITUT PREUSSISCHER KULTURBESITZ (IAI)

Im ersten Drittel des 20. Jahrhunderts gab es rege Kontakte zwischen Deutschland und Lateinamerika. Der Bedarf an Wissen stieg – seitens der Außenwirtschaft aber auch bei Auswanderungswilligen. Hier liegen die Anfänge des *IAI*. Das Institut ist ein Zentrum der Informationsvermittlung und Dokumentation für Lateinamerika, Spanien und Portugal. Es beherbergt die größte europäische Fachbibliothek für den iberoamerikanischen Kulturraum. Die 800.000 Bände umfassen die Gebiete Geo-, Wirtschafts- und Sozialwissenschaften, Ethnologie, Altamerikanistik und Geschichte sowie Sprach- und Literaturwissenschaft. Zusätzlich hält das *Ibero-Amerikanische Institut* das Sondersammelgebiet „Recht in Lateinamerika" mit den wichtigsten Gesetzessammlungen, Kommentaren und Zeitschriften. Ca. 16.000 Bände werden jährlich neu erworben.

Dazu kommen 27.000 Zeitschriften und Zeitungen, davon 4.500 laufende. Ergänzt werden diese Bestände durch seltene Textsammlungen auf Mikrofiches und Mikrofilmen sowie die Sondersammlungen der Kartenabteilung (ca. 66.000 Karten), der Phonothek (ca. 25.000 Tonträger), des Bildarchivs (ca. 22.000 Diapositive und 60.000 Fotografien), der Videosammlung und des Zeitungsausschnittarchivs.

Kolloquien und Tagungen beschäftigen sich mit aktuellen Themen sowie mit Grundlagen der Lateinamerikaforschung, wobei das fächerübergreifende Zusammenwirken im Mittelpunkt steht.

In der Forschungsabteilung und der Bibliothek des *Ibero-Amerikanischen Institutes* arbeiten Wissenschaftlerinnen und Wissenschaftler aus den Bereichen Anthropologie, Bibliothekswissenschaft, Geschichte, Literatur- und Kulturwissenschaften, Politikwissenschaft und Sprachwissenschaft zusammen. Die Forschungsaktivitäten sind mit einer klaren kulturwissenschaftlichen Profilierung inter- und transdisziplinär ausgerichtet und darüber hinaus um die Zusammenarbeit mit anderen universitären und außeruniversitären Institutionen der nationalen und internationalen Lateinamerikaforschung bemüht.

Forschungsschwerpunkte sind „Die Beziehungen zwischen Europa und Lateinamerika in Vergangenheit und Gegenwart" sowie „Identitätskonstruktionen in Lateinamerika – Abgrenzungs- und Aneignungsstrategien".

Vielfältige kulturelle Aktivitäten, Diskussionsveranstaltungen und Workshops fördern den interkulturellen Dialog – beste Voraussetzung, die Herausforderung der Globalisierung annehmen zu können.

Frauen sind nicht emanzipierter als hier, aber sie sind zunehmend selbstbewusster – auch aufgrund ihrer wirtschaftlichen Erfolge." In der Bildung ist der Abstand zu den Männern kleiner geworden, und unter gebildeten Frauen findet man wenige, die ein Hausfrauen- und Mutterdasein erstrebenswert finden. *„Die allermeisten Frauen arbeiten"*, sagt Potthast, selbst im kulturell sehr konservativen Chile. Und natürlich auch im fomellen Sektor. Dort werden ganze Bereiche von Frauen dominiert – das Gesundheitswesen zum Beispiel. *„Dann sind die Frauen auch die Chefärztinnen."*

UNIVERSITÄT ZU KÖLN
HISTORISCHES SEMINAR
Abteilung für iberische und lateinamerikanische Geschichte

Die iberische und lateinamerikanische Abteilung des *Historischen Seminars* ist die einzige selbstständige größere universitäre Institution zur Geschichte Lateinamerikas und der iberischen Halbinsel in Deutschland. Schwerpunkte der Forschung sind Sozial-, Politik- und Kulturgeschichte Lateinamerikas sowie Forschungen zur Stellung Lateinamerikas im globalgeschichtlichen Zusammenhang.

Forschung und Projekte befassen sich mit der Kolonial- und Revolutionsgeschichte, mit der Staats- und Nationenbildung und mit Migration und Exil. Eine wichtige Rolle spielen die Frauen-, Familien- und Gendergeschichte, Sklaverei-, Postemanzipations- und die Diasporaforschung. In Zukunft wird auch die Geschichte der Transkulturation und des Wissens sowie die Geschichte der Wissenschaft eine wichtige Rolle spielen.

Regionale Schwerpunkte sind der Cono Sur (Paraguay, Argentinien, Chile und Uruguay), Brasilien, Venezuela, Neu-Granada/Kolumbien, Mittelamerika und die „große" Karibik (in erster Linie Kuba und Panama, aber auch Florida, Louisiana und Haiti).

In Köln wird interdisziplinär gearbeitet, sowohl im Rahmen des Studiengangs Regionalwissenschaften Lateinamerika, wie auch über das *Lehr- und Forschungszentrum Lateinamerika (LFZL),* das *Zentrum für Inter- und Transkulturelle Studien (CITS)* und den Arbeitskreis Spanien-Portugal-Lateinamerika (ASPLA).

DROGEN, KRIEGE, DIKTATOREN

Was regiert Lateinamerika?

*„***EVO MORALES** *ist nicht aus dem Nichts gekommen"*, sagt die Berliner Ethnologin Dr. Juliana Ströbele-Gregor. Morales wurde im Dezember 2005 zum bolivianischen Präsidenten gewählt, als erster Indígena in diesem Amt, als Präsident der Vereinigung der Cocabauern, der mit öffentlichkeitswirksam inszenierten indianischen Ritualen und seiner „Pulloverdiplomatie" international für Schlagzeilen sorgt. Seine Partei Movimiento al Socialismo (MAS), eine Gründung der Cocabauern und abgewanderter Bergleute aus dem Hochland, zog 2002 ins Parlament ein. *„Es gibt zwar insgesamt eine starke Tendenz zur Re-Indianisierung in Lateinamerika"*, weiß die Ethnologin. In Bolivien bezeichnen sich 60 bis 70 % der Bevölkerung als Indigenas. *„Aber genau wie in Hugo Chavez in Venezuela oder Fidel Castro in Kuba sah man in Morales eher einen Garanten für ein anderes Wirtschafts- und Gesellschaftssystem"*, erklärt Ströbele-Gregor. *„Und insgesamt gibt es auf dem Subkontinent eine starke Kritik am Neoliberalismus, dessen Versprechungen hinsichtlich Wirtschaftsentwicklung und Verbesserungen der Lebensbedingungen für alle Bevölkerungsschichten sich nicht erfüllten. Stattdessen öffnete sich die Schere zwischen Arm und Reich, zwischen Stadt und Land immer weiter."* Damit einher geht ein weit verbreiteter Anti-US-Amerikanismus, der in einigen Ländern sogar bis ins Militär reicht. *„Anders als hier in Europa ist die Ablehnung gegenüber den ‚Gringos' in Lateinamerika recht pauschal"*, sagt Ströbele-Gregor. Zu viele mörderische Diktatoren herrschten nicht nur mit Duldung, sondern mit aktiver Unterstützung der USA, seit Präsident Theodore Roosevelt 1904 den Subkontinent „offiziell" zum Hinterhof der USA erklärt hatte.

„Lateinamerika ist instabil", „es wird von Guerilleros heimgesucht", „Regierungswechsel erfolgen mittels Putsch", „ein Hauptgeschäftszweig sind Drogen" und „die Länder werden vor allem vom Militär beherrscht". Prof. Detlef Nolte, Direktor des GIGA-Instituts für Lateinamerika-Studien in Hamburg, kennt die gängigen Mythen über den Subkontinent, die in weiten Teilen der Öffentlichkeit noch immer kursieren. *„Die Zeit der Militärdiktaturen ist vorbei"*, korrigiert er ein Bild, an das man sich irgendwie gewöhnt hatte. Und jemand wie der chilenische Diktator General Pinochet hat sich bis heute bei vielen als Prototyp des lateinamerikanischen Staatschefs festgesetzt. *„Bei den politischen, wirtschaftlichen und sozialen Umwälzungen der vergangenen Jahre hat das Militär keine Rolle mehr gespielt"*, sagt Nolte. *„Immerhin mussten seit Beginn der 1990er-Jahre 15 Präsidenten vorzeitig aus dem Amt scheiden, und bei der Bewältigung der Krisen haben sich vor allem die Parlamente hervorgetan."* Man könne diese Vorgänge natürlich als Zeichen politischer Instabilität sehen, räumt der Forscher ein. Es entspricht einer verbreiteten Auffassung, dass es mit den politischen Fähigkeiten Lateinamerikas nicht weit her sei. *„Man*

kann dies aber auch als ein Zeichen demokratischer Reife lesen, korrupte Präsidenten schließlich aus dem Amt zu jagen oder gegen Staatschefs zu demonstrieren, die eine unpopuläre Politik betreiben", hält der Experte dem entgegen. Das Jahr 2006 schließlich erlebte zahlreiche Wahlen, die im Wesentlichen ohne nennenswerte Zwischenfälle über die Bühne gingen.

Mangelnde Kenntnisse leisten der Mythenbildung Vorschub, und wie andere Lateinamerikawissenschaftler auch beklagt Nolte die praktisch abwesende Berichterstattung über den Subkontinent in deutschen Medien. Figuren wie Hugo Chavez, der Linke, Evo Morales, der Indianer, und Michelle Bachelet, die Frau, haben die Szene kurzfristig belebt. Chavez brachte es sogar schon zu einem öffentlichen Mordaufruf seitens des radikalen Predigers Pat Robertson, der in den USA die ultrakonservative Christian Coalition ins Leben gerufen hatte, oder er produziert durch Verstaatlichungen Reizthemen für liberale Ökonomien. Dann ist wieder Sendepause.

In Lateinamerika selbst, wo man trotz der Kritik am neoliberalen Wirtschaften bestrebt ist, sich in die Weltwirtschaft zu integrieren, ist die Kritik an Morales übrigens etwas moderater. Einige Länder fürchten, dass jemand wie Chavez ihnen mit seinem sozialistischen Staatsgebaren das Image verdirbt. Den indessen rührt das wenig. *„Jemand, der so viel Öl hat, kann es lange aushalten"*, sagt Nolte. Und als Schurke bietet er für konservative Kreise eine nützliche Projektionsfläche.

Linksruck?

„Für die US-Administration sind die Wahlergebnisse der jüngsten Vergangenheit in Lateinamerika sicher ein Linksruck", sagt Dr. Andreas Etges, Gastprofessor am John-F.-Kennedy-Institut für Nordamerikastudien der Freien Universität Berlin. Und das Verhältnis der USA zu den Staaten Lateinamerikas definiert sich insgesamt immer noch wie im Kalten Krieg,

FREIE UNIVERSITÄT BERLIN JOHN-F.-KENNEDY-INSTITUT FÜR NORDAMERIKASTUDIEN

Am *John-F.-Kennedy-Institut für Nordamerikastudien (JFKI)* wird interdisziplinär geforscht und gelehrt. 1963 gegründet, ist es heute die größte Einrichtung seiner Art in Deutschland. Die sieben am Institut vertretenen Disziplinen (Geschichte, Kultur, Literatur, Politik, Soziologie, Sprache und Wirtschaft), zahlreiche Stipendien- und Austauschprogramme sowie die europaweit einzigartige Forschungsbibliothek ermöglichen ein erstklassiges Studium, das wissenschaftliche Tiefe mit disziplinärer Vielfalt kombiniert. Gemäß dem interdisziplinären Profil des Instituts werden neben den fachspezifischen Seminaren auch Veranstaltungen angeboten, in denen regionalwissenschaftliche Fragestellungen und Aufgaben disziplinübergreifend bearbeitet werden.

weiß der Historiker. Wer für die USA ist, muss nicht demokratisch sein. Und wer demokratisch gewählt ist wie Hugo Chavez in Venezuela, aber gegen die USA, ist ein Schurke. Doch abgesehen davon, dass man durch die Probleme im Nahen Osten abgelenkt ist, könnten die USA ohnehin nicht mehr zurück zum Interventionismus alten Stils, meint Etges. *„Militärische Einsätze verbieten sich von selbst."* Und ein linker venezolanischer Präsident löst vor allem deshalb Gereiztheiten aus, weil das Land über so große Ölreserven verfügt und eine der größten Tankstellenketten in den USA besitzt. Am Ende sind ganz irdische Interessen doch stärker als die, wie Etges versichert, von US-Amerikanern tatsächlich geglaubten weltweit verkündeten Missionsgedanken von „Demokratie und Freiheit".

Die Ablehnung der „Gringos" ist alt in Lateinamerika und geht schon vor den Kalten Krieg zurück, aber, so meint der Experte, auch auf dem Subkontinent hänge die Stimmung davon ab – weniger als in Europa –, wer gerade US-Präsident sei. Kennedy wurde dort ebenso gefeiert wie hier, *„und doch hat er am Ende und nach ihm Johnson in kaltem Kriegskalkül British Guyana ruiniert"*. Das ganz große Reizthema für die USA ist und bleibt aber Kuba. Man hat die narzisstische Kränkung, die ihnen Fidel Castro mit seiner Revolution 1959 zugefügt

GIGA-INSTITUT FÜR LATEINAMERIKA-STUDIEN

Das Hamburger Institut wurde 1962 als *Institut für Iberoamerika-Kunde* auf Initiative des *Iberoamerika-Vereins*, heute *Lateinamerika Verein*, und der *Handelskammer* gegründet. Deutschland kehrte langsam auf die internationale Bühne zurück, man wollte Außenhandel treiben, und das Institut sollte vor allem beraten. Die Kontakte zum Wissenschaftsbetrieb waren zunächst eher rar, das änderte sich in den 1980er-Jahren. Heute werden im Institut die politischen, wirtschaftlichen und sozialen Entwicklungsprozesse in den Ländern Lateinamerikas und der Karibik beobachtet und wissenschaftlich analysiert. Von besonderem Interesse sind die Entwicklungen im Rahmen des südamerikanischen Wirtschaftsraumes Mercosur, die mittelfristigen Perspektiven der mittelamerikanischen Nachkriegsgesellschaften, Probleme der öffentlichen Sicherheit, Funktionsweise und Defizite politischer Institutionen in Lateinamerika, soziale Sicherungssysteme für Arme, die Rolle Brasiliens als regionale Führungsmacht oder die Entstehung transnationaler Normen. Ein neuerdings aktuell gewordenes Thema beleuchtet die Rolle der US-Latinos als „New Intermestics".

WACHSTUMSRATEN

In den letzten Jahren haben sich die makroökonomischen Fundamentaldaten in vielen Volkswirtschaften Lateinamerikas verbessert, nachdem die Talfahrt zu Beginn des Jahrhunderts kaum noch aufzuhalten schien. Allerdings können die guten Wachstumsraten, die vor allem auf die boomende Nachfrage aus den dynamischen Schwellenländern der Weltwirtschaft und die gestiegenen Rohstoffpreise zurückzuführen sind, nicht zu ungetrübter Freude beitragen. „Wohlstand, der allein auf der Nutzung von Naturressourcen basiert, ist immer gefährdet", weiß der Entwicklungsökonom Prof. Hartmut Sangmeister von der Universität Heidelberg. Denn derlei „passive Weltmarktintegration" ist kurz- bis mittelfristig mit starken konjunkturellen Risiken verbunden: Die Preise schwanken, das asiatische Wachstum wird sich auf absehbare Zeit verlangsamen, es gibt keine nachhaltigen Verbesserungen der Terms of Trade, ein Problem, das auch afrikanische Länder haben. Argentinien zum Beispiel verzeichnet seit 2006 im regionalen Vergleich ein überdurchschnittlich hohes Wirtschaftswachstum, „aber der Preis für expansive Geldpolitik und die staatlicherseits forcierte Nachfrageexpansion sind zweistellige Inflationsraten", warnt Sangmeister. Der Versuch der argentinischen Regierung, mit staatlichen Preiskontrollen die Geldentwertung zu bremsen, hat in Teilbereichen der Wirtschaft die Investitionsbereitschaft der Unternehmen beeinträchtigt und zu Angebotsengpässen geführt. Sinnvoll wären Investitionen in wissensbasierte Produktionsprozesse, weiß der Experte, denn hier sind die höchsten Wertschöpfungszuwächse zu erwarten.

hat, nicht überwunden. Und auch dass Kuba, wie mancherorts vorausgesagt, seit der Erkrankung des Máximo Lider nicht wie ein Kartenhaus zusammenfällt, streue Salz auf die Wunde imperialer Vergeblichkeit, weiß Etges. *„Solange es die Castros gibt, Fidél und seinen jüngeren Bruder Raúl, werden die USA nicht über ihren Schatten springen."*

Arías in Costa Rica, Bachelet in Chile, Chavez in Venezuela, Lula in Brasilien, Morales in Bolivien – nicht nur für Beobachter in den USA war das der Linksruck in Lateinamerika. *„Diese Etikettierung verwischt mehr, als sie verdeutlichen kann"*, sagt Prof. Marianne Braig vom Lateinamerika-Institut der Freien Universität Berlin. Immerhin zeigt sie einen Trend. *„Die Wahlergebnisse offenbaren zweigeteilte Gesellschaften. Arme, weniger gut ausgebildete Menschen aus wenig entwickelten Regionen wählen linke Parteien – 2006 taten sie das häufig zum ersten Mal –, reiche und besser gebildete Mittelschichten ziehen die Konservativen vor."* Im armen mexikanischen Bundesstaat Chiapas besiegte Lopez Obrador von der gemäßigt linken PRD (Partido de la Revolución Democrática) die PRI (Partido Revolucionario Institucional), die nach Jahrzehnten der Regierung den Charakter einer Einheitspartei angenommen hatte. Im wohlhabenderen Norden dagegen gewann sein Kontrahent von der konservativen PAN (Partido Acción Nacional). In Brasilien besiegte Luiz Inácio Lula da Silva mit seiner Arbeiterpartei in den armen Bundesstaaten des Nordens und Nordostens zum ersten Mal die Coroneís, das Symbol für lokalen

Autoritarismus und Straflosigkeit. *„Überall in Lateinamerika sucht man politische Alternativen jenseits traditioneller Parteien“*, erklärt Braig.

Die Konservativen, wie ehedem auf bestem Fuß mit noch konservativeren Kirchenkreisen, werfen ihren Kontrahenten politische Polarisierung vor. *„Es sind aber die sozialen Fragmentierungen der Gesellschaft, die ökonomischen Disparitäten und die Ausschließungen entlang ethnischer, sozialer und rassischer Diskriminierung, die die vielfältigen Ungleichheiten nach Jahrzehnten neoliberaler Politik noch weiter verschärft haben“*, erklärt Marianne Braig. Und das hat nun einen Großteil der armen Bevölkerung zu einer Abstimmung gegen diese Politik bewogen. So standen in fast allen Ländern – eine Ausnahme bildet Chile – die Fragen von Freihandelsabkommen, wie CAFTA in Costa Rica, oder die nach der Kontrolle der eigenen Ressourcen, wie in Bolivien, auf der Agenda der Wähler. Braig: *„Und angesichts der seit Jahrzehnten wieder gestiegenen Erlöse aus Agrar- und Rohstoffexporten besteht dabei durchaus ein Spielraum, erneut über Alternativen zu neoliberaler Politik nachzudenken.“*

DER KAUFMANN IN HAVANNA

DIE AUTOS DER ALFIMEX

Der Bremer Kaufmann Uwe Köpke ist ein hoch aufgeschossener Mann vom Typ knorrige Eiche. Einer vom alten Schrot und Korn, einer, den so leicht nichts umwirft. Mitten in der Bremer Einkaufszone unterhält er das kleine Büro seiner Firma Alfimex, in dem er zusammen mit seinem Schwiegersohn Lars Köpke die Geschäfte seiner Firma in Kuba steuert. Dort, auf der geschichtsträchtigen Karibikinsel, ist der Name Alfimex seit vielen Jahren gut eingeführt und steht vor allem für zwei Dinge: Verlässlichkeit und Fairness.

Angefangen hat Köpke in Havanna 1997, nachdem ihm bei einer Delegationsreise mit Gerhard Schröder und renommierten Wirtschaftsvertretern die geringe Präsenz deutscher Unternehmen in Kuba aufgefallen war. Und so begann er mit einem Geschäft, das er schon in vielen anderen Winkeln der Welt betrieben hatte: dem Vertrieb hochwertig überholter ehemaliger Behördenfahrzeuge und dem damit verbundenen Ersatzteilservice. Die Zusammenarbeit mit den kubanischen Geschäftspartnern entwickelte sich gut, das gegenseitige Vertrauen wuchs und parallel dazu auch das Angebot der Firma. So gibt es heute neben dem Nutzfahrzeugbereich Abteilungen für industrielle Kühlung oder für gastronomische Großeinrichtungen. Neun Mitarbeiter zählt heute das Alfimex-Büro in Havanna, geleitet wird es von einem Kubaner. Wie jede Pioniertat hatte auch Uwe Köpkes unternehmerischer Beginn in der Fremde nicht nur etwas mit Mut zu tun, sondern auch mit Leichtsinn, wie er heute gelassen einräumt. Denn das wirtschaftliche Potenzial in Kuba ist zwar theoretisch sehr hoch, aber die praktischen Probleme sind nicht unerheblich. Heute, schätzt Uwe Köpke, seien die Bedingungen für ausländische Unternehmen noch etwas schwieriger als noch vor zehn Jahren, was wohl auch dazu geführt hat, dass nur wenige deutsche Unternehmen in Kuba niedergelassen sind. Rund 20 sollen es sein, während traditionell Spanier, aber auch Kanadier und Franzosen stark in Kuba vertreten sind. Alfimex fädelt den Export und Vertrieb von Waren deutscher, aber auch vieler europäischer Unternehmen ein. Dass Alfimex dabei nicht als Importeur in Kuba auftreten darf, sondern dies immer über ausgewählte Importgesellschaften tun muss, gehörte zu den Erfahrungen, die Uwe Köpke machen musste. Der Handel mit Waren wird dadurch nicht eben einfacher, weil beispielsweise Lagerhaltung kaum möglich ist.

Aus der 1979 in Bremen gegründeten ALFKO Außenhandelsgesellschaft wurde 1994 die ALFIMEX Außenhandelsgesellschaft. ALFIMEX knüpft an die Erfolge ihrer Vorgängerin an. Die Firma errichtet 1997 eine Niederlassung in Havanna. Schwerpunkt war anfangs der Verkauf von Nutzfahrzeugen und entsprechenden Teilen. Heute gibt es außerdem Abteilungen für industrielle Kühlung, für Maschinen der Ver- und Bearbeitung von Lebensmitteln und Abteilungen für Anlagen zur Wasseraufbereitung und für Großkücheneinrichtungen. In der kubanischen Niederlassung und im Bremer Mutterbüro beschäftigt Alfimex zusammen 19 Personen.

Überraschend auch die Tatsache, dass man als deutscher Unternehmer mitnichten einfach Mitarbeiter einstellen kann. Diese werden durch staatliche Arbeitsagenturen zugewiesen und auch deren Dollarlöhne werden an die Agentur abgeführt. Die Arbeitskräfte bekommen ihren Lohn von der Agentur in der Landeswährung Peso ausbezahlt, die nur einen Bruchteil des Dollar wert ist. Um seine Mitarbeiter unter diesen Bedingungen dennoch zu motivieren, bleiben für einen Unternehmer nicht viele Möglichkeiten; und die Einschätzung, Kuba sei ein Billiglohnland, kann dann schon mal einige Risse bekommen. Obwohl also alle entscheidenden Kontakte unter Einbeziehung staatlicher Stellen hergestellt werden müssen, hält Uwe Köpke Kuba für einen guten Wirtschaftsstandort: Man finde ein gutes Schul- und Hochschulsystem vor und bestens ausgebildetes Fachpersonal. Das Land habe eine gute medizinische Versorgung und eine geringe Kriminalität.

Zu lernen, sich in einem schwierigen Umfeld zu bewegen und zu etablieren, ist für Uwe Köpke Teil seines unternehmerischen Selbstverständnisses. Natürlich müsse sich ein Unternehmer informieren, betont Köpke. Er selbst ist beispielsweise Mitglied im Lateinamerika Verein mit Sitz in Hamburg, der Wirtschaftsvereinigung für Lateinamerika und die Karibik, und bekommt von dort immer wieder wichtige Informationen. Doch vor allem die Kaufleute der alten Garde, die noch das Glück und die günstigen Bedingungen hatten, ihr Unternehmen aus „der Lameng" aufzubauen, hätten oft ihren eigenen Stolz, so Köpke. Da herrsche vielmals die Überzeugung vor: *„Ich weiß schon, wie ich zurechtkomme."* Dass dabei dann

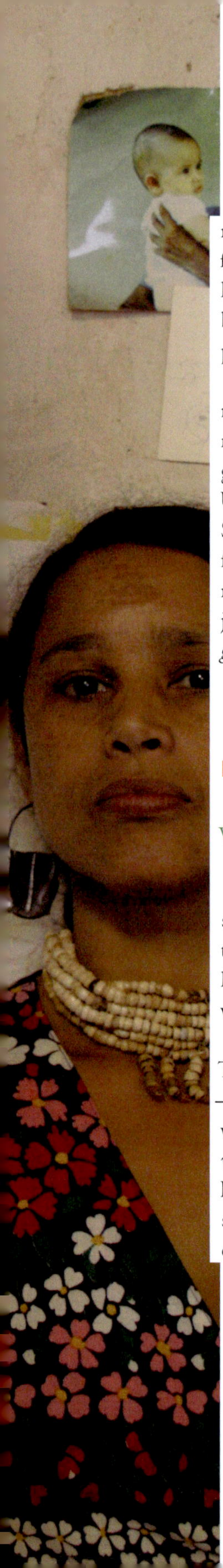

manchmal auch recht „blauäugige" Entscheidungen getroffen würden, könne nicht ausbleiben, findet Köpke. Doch mit Blick auf die jüngere Generation von Kaufleuten würde Uwe Köpke kontinuierliche, verlässliche und leicht zu erlangende Informationen aus der Wissenschaft begrüßen. So überlegt er gemeinsam mit seinem Schwiegersohn, nach Mittelamerika zu expandieren und ein weiteres Büro in Costa Rica zu eröffnen.

Da könnte wissenschaftliche Expertise durchaus hilfreich sein, wie er einräumt. Allerdings müsse den ersten Schritt wohl die Wissenschaft selbst machen, um Unternehmer für wissenschaftlich fundierte Informationen zu begeistern. Unternehmen, zumal große Firmen, würden diesen Schritt wohl kaum ihrerseits machen. Einstweilen versteht sich Uwe Köpke selbst als Fachmann für Kuba, und seine Expertise wird durchaus oft abgefragt. Sei es von frisch verliebten Deutschen, die in Kuba sesshaft werden und partout nicht begreifen wollen, dass sie dort als Ausländer kein Haus kaufen können, selbst wenn die Schwiegermutter in spe „in der Partei" ist, lacht Köpke. Sei es von Leichtsinnigen, die mal eben, weil es ja in Kuba so schön ist, eine Consulting-Firma gründen wollen. *„Die haben mir auch nicht geglaubt"*, sagt Köpke, *„und mussten viel Lehrgeld bezahlen."*

Michael Sonnabend

LESEN!

UND SICH DEN BODEN UNTER DEN FÜSSEN WEGZIEHEN LASSEN

„Literatur ist verdichtetes Lebenswissen", spielt Ottmar Ette all jenen aufs Blatt, die sich die Kultur eines Landes am liebsten durch die Lektüre seiner Bücher erschließen. In Lateinamerika ist Literatur vor allem Wissen über die Kunst des Zusammenlebens unterschiedlicher Kulturen, ein Wissen auch darüber, wie sich die eine Kultur eine andere kreativ anverwandeln kann. Ottmar Ette ist Professor für Romanistik an der Universität Potsdam.

Wahrheitsfähig ist das geschriebene Wort. So will es die jüdisch-christliche Tradition. Was ihr bei ihren Kontakten mit anderen kulturellen Systemen unverständlich blieb – wie etwa Knoten- oder Bilderschriften – konnte keine Kultur sein, keine Geschichte haben, war also frei, eliminiert zu werden. *„Die weiten amerikanischen Territorien mitsamt ihren ‚wilden' Bewohnern dienten als Projektion des ‚anderen'"*, erklärt Ette den „kulturellen" Teil der kolonialen Perspektive. Unterdessen implementierte man administrative Strukturen nach europäischem schriftkulturlichem Vorbild. *„Koloniale Literatur entsteht schließlich als Form, die aus Europa kam"*, erzählt Ette. Doch an der „Peripherie" verändert sie sich. *„Natürlich schöpft die lateinamerikanische*

Literatur aus der europäischen Tradition", sagt Ette, *„sie kopiert sie aber nicht einfach, um sich anschließend von ihr ‚unabhängig' zu machen."* Lateinamerika ist immer ein bisschen quer zu allem, weiß der Romanist. Man kann es nicht in Europa hineindefinieren, man kann es aber auch nicht ganz draußen lassen.

Da aber die kulturellen Beziehungen zwischen Europa und Lateinamerika genau so asymmetrisch waren wie die politischen und ökonomischen, hat das Neue, das auch ein Teil des Alten ist, keine Rückwirkungen auf das „Zentrum". Das änderte sich auch nicht mit der formalen Unabhängigkeit. Und so wie der politischen Unabhängigkeit keine wirtschaftliche entsprach, lief lange auch der Wissens- und Kulturtransfer nur in einer Richtung. Wie die ersten Chronisten zu Zeiten der Conquista produzierten auch spätere europäische Reisende das Wissen über die „Neue Welt" selbst – Informationen mithin, die allein den europäischen Interessen dienten. Das in Lateinamerika produzierte Wissen, seine Literatur zumal, waren nicht salonfähig. Zur politischen und ökonomischen Ausbeutung tritt die kulturelle Arroganz hinzu. *„In Lateinamerika entsteht das Gefühl, zwar Teil einer Kultur zu sein, von der man aber gleichzeitig ausgeschlossen ist"*, beschreibt Ette die doppelbödige Situation. Und man beginnt, Europa mit seinen eigenen kulturellen Mitteln den Spiegel vorzuhalten.

„Die Europäer wissen nicht, was europäische Literatur überhaupt ist", zitiert Ottmar Ette den Schriftsteller, der für viele zum Inbegriff der lateinamerikanischen Literatur werden sollte. *„Sie wissen nicht, was ihre Literatur ist"*, sagte der Argentinier Jorge Luis Borges in einem Essay 1942, *„weil sie nicht wirklich über ihre nationalen Grenzen hinaussehen."* Mithin nicht verstehen, wie Wirkung und Wechselwirkung sich ins Werk setzt.

„Jorge Luis Borges ist die Anleitung zum Selberdenken", sagt Ottmar Ette, *„und die Anleitung zum Gebrauch der Freiheit"* – den beiden Grundoptionen in Borges Werk. Der Argentinier knüpft gekonnt an die europäische Tradition an, besitzt große Vertrautheit mit ihrem Inneren, aber er geht nicht in ihr auf. Vielmehr kann er sie von außen in Bewegung setzen. Ette: *„Das ist Freiheit."* Doch nur der Meister bricht die Form. *„Freiheit heißt nicht, die Regeln nicht zu kennen."* Freiheit heißt, die Mechanik zu kennen und sie nicht anzuwenden.

Als Erstes lesen wir die „Ficciones" – zu deutsch „Fiktionen", eine Anleitung zum Selberdenken der besonderen Art. *„Sich den Boden unter den Füßen wegziehen zu lassen, kann auch Spaß machen"*, tröstet Ette die ängstlichen unter den Lesern. Denn eines der Lieblingsstilmittel Borges' ist die Täuschung, das Spiel mit dem Leser, die Vermischung von Realität und Surrealität. *„Das freie Spiel der Texte mit einer immensen Vielzahl anderer Texte, das hintergründige Verwirrspiel mit Autornamen, Originalen, Kopien und Fälschungen lieferten zudem Grundmuster für*

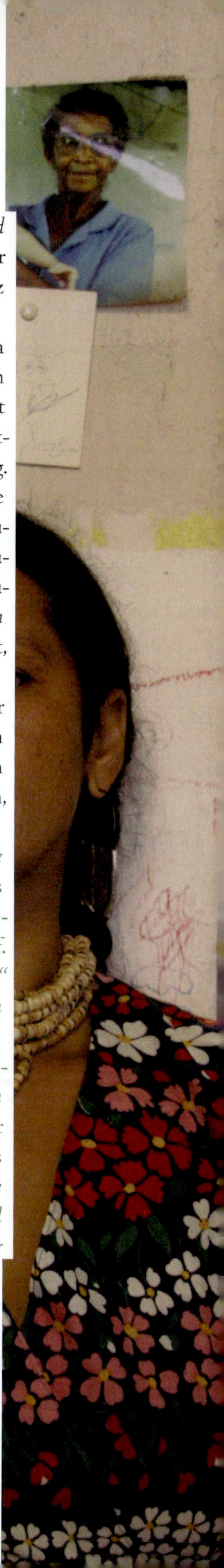

eine neue Ästhetik, die sich schließlich in den sechziger Jahren erstmals Gehör verschaffen konnte", fasst Ette Wirkung und Wechselwirkung zusammen. In einer der Erzählungen aus den „Ficciones", „Tlön, Uqbar, Orbis Tertius", vermengen sich verschiedene Realitätsebenen, real existierende Personen werden genannt und zitiert, nichtwirkliche Elemente spielen aber eine ebenso große Rolle. Die Erzählung „Die Bibliothek von Babel" inspirierte Umberto Eco zum Bauplan der Klosterbibliothek im Roman „Der Name der Rose", und der blinde Bibliothekar Jorge von Burgos ist eine Reverenz an Jorge Luis Borges, der im Alter von 55 Jahren erblindete. „Ficciones", eine Sammlung von Erzählungen, gilt heute als das wichtigste Werk hispanischer Prosa des 20. Jahrhunderts. Sie lösten eine Revolution aus, und ohne Borges wären andere bedeutende Namen der lateinamerikanischen Literatur nicht denkbar.

Was Borges zum europäischen Unverständnis über die eigene Literatur sagt, konstatiert Ottmar Ette für die Wissenschaft von der Literatur. Wie weite Teile der deutschen Wissenschaft insgesamt, nimmt sie Kenntnisse und Theorien, die außerhalb Europas und Nordamerikas produziert werden, kaum bis gar nicht zur Kenntnis – allenfalls als ein ebenso exotisches wie im Grunde entbehrliches „nice to have". Auf Vorschläge, in Zeiten der Globalisierung den Boden der eigenen Denktradition auch einmal zu verlassen, vor allem dann, wenn man über andere Kulturen redet, reagiert man mit Angst und Schrecken, hat Ette erfahren. *„Die Augen der Europäer sind größer als ihr Magen"*, schreibt Michel de Montaigne schon 1580 in seinen Essays, und Ette hält das für die passende Beschreibung des Sachverhaltes. Besinnungslos wird einverleibt, was man doch nicht verdauen kann. *„Die Karibik hat vier Literaturnobelpreisträger hervorgebracht"*, nennt der Forscher ein Beispiel. *„Aber man schreibt sie sich auf die eigenen Fahnen ... haben sie nicht schon lange in Paris oder in London gelebt? – Bedenkenlos wird gestohlen."* Immerhin gibt es in der Karibik zwölf Literatursprachen, und zusammen mit dem Streifen zwischen Alexandria und Beirut ist die Inselwelt die produktivste Weltregion in Sachen Kultur. Gemeinsam ist den beiden Regionen die Abwesenheit von Beschaulichkeit und „Leitkultur"; es gibt scharfe Grenzen ebenso wie Grenzverwischungen,

UNIVERSITÄT POTSDAM
INSTITUT FÜR ROMANISTIK

In Potsdam versteht man Romanistik als interkulturell vermittelnde und transdisziplinär ausgerichtete Wissenschaft. Zyklisch angelegte Überblicksvorlesungen behandeln im Verbund mit Übungen, Einführungen, Pro- und Hauptseminaren sowie Kolloquien die verschiedenen literarhistorischen Epochen, literarischen Strömungen und deren Repräsentanten. Die Lehrveranstaltungen versuchen stets, kulturwissenschaftlichen Fragestellungen einen besonderen Stellenwert im philologischen Horizont einzuräumen und Formen inter- und transdisziplinärer Zusammenarbeit gerade innerhalb der Berlin-Brandenburgischen Forschungslandschaft zu erproben. Zu den bisherigen Forschungs- und Veröffentlichungsschwerpunkten der Mitglieder des Lehrstuhls zählen die Literatur des französischsprachigen 18. Jahrhunderts unter besonderer Berücksichtigung von Reiseberichten und der philosophischen Reflexion der europäischen Expansion sowie der interkulturelle und transkulturelle Dialog.

KLEINES LITERATUR-ABC VON OTTMAR ETTE

A

Esther Andradi:
Sobre Vivir. Über Lebende.
Zürich: teamart Verlag 2003

Reinaldo Arenas:
El mundo alucinante.
Barcelona: Montesinos 1981 – Wahnwitzige Welt, Suhrkamp 1982

B

Jorge Luis Borges:
Ficciones.
Buenos Aires: Emecé 1963 – Fiktionen, Fischer, 2004

Juana Borrero:
Poesías.
La Habana: Academia de Ciencias 1967

C

Alejo Carpentier:
La ciudad de las columnas.
La Habana: Editorial Letras Cubanas 1982

Maryse Condé:
Traversée de la mangrove.
Paris: Mercure de France 1989 – Unter den Mangroven, Droemer Knaur 1991

Julio Cortázar:
La isla a mediodía y otros relatos.
Estella: Salvat 1971 – Die Erzähungen, Suhrkamp 1998

viele Sprachen und viele Menschen auf engstem Raum nebeneinander und durcheinander. Ettes Lektüreempfehlung heißt Maryse Condé, kommt aus Gouadeloupe, schreibt auf Französisch – auch eine lateinische Sprache – und in ihren Stoffen findet sich eine Legierung aus arabischen, indischen, europäischen, indianischen Elementen. *„Übrigens kommen auch die wesentlichen Kulturtheorien schon lange nicht mehr aus Europa“*, wirft Ette noch ein.

Schon Montaigne kannte also die Kürze des Brettes, auf dem die eurozentrischen Begriffe stehen. Ottmar Ette will die Ausrede nicht zulassen, man habe schließlich in der erkenntnistheoretischen Falle gesteckt, die einen anderen Blick gar nicht zugelassen hätte. *„Es war natürlich möglich, die Alternativen zu denken“*, betont er. *„Sie waren da, und sie waren öffentlich. Sie zu leugnen, ist Betrug.“* Und es sei die Aufgabe der Philologie, diesen Betrug aufzudecken, das Denkbare und das Schreibbare wieder herzustellen. *„Ich verstehe überhaupt nichts, wenn ich die Kultur ausblende und nicht alles Denkbare mitdenke“*, sagt Ette mit Blick auf eine verbreitete „diskursive Vergiftung“. *„Die politischen und ökonomischen Theorien in ihrem autark gewordenen Diskurs werden ohne kulturelle Kenntnisse keinen Kontakt zur Realität der Länder gewinnen, über die sie ihre Urteile abgeben.“* Ette kennt ein Gegengift:

Literatur und Selberdenken.

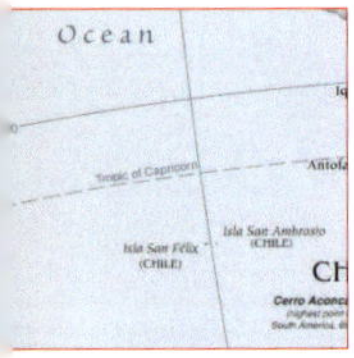

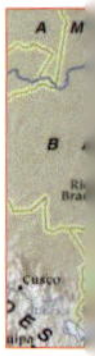

MEHR ALS EIN NETZWERK

DER LATEINAMERIKA VEREIN

Das Mitgliederverzeichnis liest sich wie das Who's who der deutschen Wirtschaft, und wenn man einmal im Jahr zu Konferenz und Gala einlädt, kommen Staatspräsidenten und Minister. Der „Lateinamerika-Tag" ist der Höhepunkt der Aktivitäten des Lateinamerika Vereins mit Sitz in Hamburg. An der Alster engagiert man sich bundesweit für die deutsche Wirtschaft in Lateinamerika und fördert die wirtschaftlichen und gesellschaftlichen Beziehungen Deutschlands und der Europäischen Union zur Region.

„Der Lateinamerika Verein ist mehr als ein Netzwerk", erklärt Hauptgeschäftsführer Christoph G. Schmitt. *„Er ist personifizierte Information."* Man kennt einander im Verein – wichtige Grundlage des vertrauensvollen Erfahrungsaustausches – ebenso wie die persönliche Beziehung in den Ländern Lateinamerikas nach wie vor das A und O einer guten Geschäftsverbindung ist. So können die Mitglieder ein dichtes Netz aus Kontakten zu Wirtschaft und Politik in der Region nutzen, wenn sie Handels-, Kooperations- und Investitionsmöglichkeiten suchen, sei es während der regelmäßig stattfindenden Wirtschaftstage oder bei Gelegenheit einer der Unternehmerreisen auf den Subkontinent. Der Verein vermittelt Kontakte zu privaten Partnern, Behörden und Anwaltskanzleien. *„Oft kreisen Fragen um Geschäftssicherheit und Rechtsstrukturen"*. sagt Schmitt. Die „Wirtschaftlichen Mitteilungen" halten die Mitglieder seit 40 Jahren auf dem Laufenden über wirtschaftliche und politische Entwicklungen und Tendenzen in den lateinamerikanischen Ländern und informieren über Unternehmens- und Branchenaktivitäten in der Region. Auch die Vermittlung von Rechtsberatung gehört zu den Aufgaben des Vereins.

Seriöse Information tut auch not, weiß Geschäftsführer Schmitt. Halten doch viele Lateinamerika immer noch für einen monolithischen Block ohne große Unterschiede im Inneren. *„Südamerika ist aber etwas anderes als Mittelamerika oder die Karibik, Argentinien ist ganz anders als Chile, und Brasilien unterscheidet sich vom ganzen Rest"*, erklärt Schmitt, der zur Hälfte Kolumbianer ist und in Bogotá auf die deutsche Schule ging. Er deutet auf die hiesigen Defizite in den Kenntnissen zu Geschichte und Geografie hin, die dazu führen, dass Zusammenhänge aus dem Blick geraten und das Beurteilungsvermögen nachlässt. Wie viele Experten bedauert auch er die praktisch fehlende Berichterstattung über Lateinamerika, die nur kurz erwacht, wenn eine Katastrophe zu melden ist oder ein „Indianer" Präsident wird. Das mangelnde Wissen sei Ursache falscher und verkürzter Vorstellungen, eines plakativen Stakkatos von Wissensbruchstücken, die möglichst schnell konsumiert werden können. Mangelndes Wissen sei ein globales Phänomen, meint Schmitt, ein Medienphänomen zumal, auch verstärkt durch den wachsenden Einfluss einer bestimmten Art der schnelllebigen US-Berichterstattung, die auch hierzulande immer häufiger kopiert wird. So kommt es auch, dass an „Wissen" über Deutschlands stärksten Wirtschaftspartner Brasilien oft Caipirinha, Showtänzerinnen und Fußball in Umlauf sei. Als Kontrastprogramm für den gesamten Subkontinent fungieren finstere Rauschgiftgeschäfte und verschlagene Guerilleros vom „Typ Schnauzbart und Knarre" – alles zusammen Prototypen der allfälligen Projektionen und Wissenslücken über Lateinamerika.

Um so wichtiger, die Lücken mit Wissen über Kultur, Geografie und Geschichte zu füllen. *„Doch der Kaufmann hat keine Zeit, lange und hölzern geschriebene Studien zu lesen"*, weiß Schmitt. Wenn die Forschung helfen soll, die Nebel zu lichten, muss sie das produzierte Wissen in einer Weise darbieten, die auch dem Leser außerhalb der Wissenschaft entgegenkommt. In Hamburg kennt man die alte Kaufmannsregel, dass das beste Geschäft dasjenige ist, das zum Nutzen und Frommen aller Beteiligten gemacht wird. Das könnte für den fruchtbaren Austausch zwischen Theorie und Praxis, zwischen Wissenschaft und Wirtschaft gelten. Das gilt in jedem Falle für das Ziel des Lateinamerika Vereins, nicht nur die Interessen der eigenen Mitglieder zu vertreten, sondern durch sein Engagement auch dem Wachstum in Lateinamerika dienlich zu sein. Und so ist die Stimme des Lateinamerika Vereins nicht nur in Deutschland gewichtig in Wirtschaft und Politik. Auch in den lateinamerikanischen Vertretungen und darüber hinaus in den Regierungen der Länder ist man ein gern gesehener Partner und Vermittler.

Dann kommen auch die Präsidenten.

Der bundesweit tätige *Lateinamerika Verein (LAV)* mit Sitz in Hamburg ist das Unternehmensnetzwerk und die Informationsplattform für die deutsche Wirtschaft mit Lateinamerika-Interessen. Mit seinen Serviceleistungen unterstützt der *LAV* Unternehmen beim Auf- und Ausbau von Geschäftskontakten in Lateinamerika. Zu den Mitgliedern des *LAV* zählen neben Privatunternehmen aus Deutschland auch lateinamerikanische Firmen und Privatpersonen. Der Vorstand des *LAV* setzt sich aus Geschäftsführern und Vorstandsmitgliedern der Mitgliedsunternehmen zusammen.

Warhafftige Reisen der ersten Deutschen in Brasilien

SPIEGELGLATT liegt das silbrige Meer, auf dem Sonne und Schiffe sich in geschmeidiger Zeitlupe wiegen. Viele Wochen, nachdem die Flotte des Pedro Álvares Cabral Lissabon verlassen hat, ist sie gefangen von einer tropischen Windstille in einem unbekannten Ozean. Eines Nachts fällt Meister Johann am Sternenhimmel jene völlig unbekannte, kreuzförmige Konstellation auf, die pünktlich nach jedem Sonnenuntergang im Süden aus dem Meer wächst. Schnell begreift Johann das Signal: Am Äquator ist die Erdkrümmung überwunden, die sonst den Blick verhindert auf das Kreuz des Südens. Die Flotte muss also stark nach Südost abgetrieben worden sein, nervös befiehlt Johann einen Kurswechsel. Der Wind lässt nicht lange auf sich warten, und eines Morgens ist Land in Sicht.

Der Nautiker notiert die „Entdeckung" in sein Logbuch – die „ostindische" Küste etwa? Der Kalender zeigt den 22. April 1500, ahnungslos stellt Johann die „Geburtsurkunde Brasiliens" aus – streng genommen eine unkorrekte Amtshandlung, war Nordbrasilien doch schon 1498 von zwei spanischen Navigatoren gesichtet worden, die mit ihren Schiffen die Amazonasmündung zwar gestreift, aber nicht beansprucht hatten. Das muss Johann nicht wissen, und somit geht der Preis diesmal an Portugal. Wie viele seiner deutschen Landsleute hat auch der aus Emmerich stammende Astronom und Kosmograf bei den iberischen Seefahrern angeheuert, die zwischen Sagres und Sevilla als Weltumsegler wetteifern, seit die Osmanen den Weg nach Indien blockieren.

Deutsche reisen gern und gern gefährlich. Carl Friedrich Philipp Martius, vielgebildeter Arzt, Botaniker und Geograf, legt in Begleitung des Zoologen Johann Baptist Spix zwischen Dezember 1818 und November 1820 in Brasilien zu Fuß eine dem Orientfeldzug Alexanders des Großen vergleichbare Entfernung zurück, tonnenweise beladen mit Tierfellen und Exsikaten genannten Pflanzenproben. Wegen seines wissenschaftlichen Mammutwerks über Brasilien auf so verschiedenen Gebieten wie der Botanik, der Geografie, der Mineralogie und der Populärmedizin darf man Martius durchaus als einen Pionierbrasilianisten und Area Studiosus im Herder'schen Sinn vorstellen. Zwar war er geprägt von den Grundwerten der aufgeklärten Monarchie, war demütiger Vasall des bayerischen Königs, ein Fachidiot oder Feigling war er indessen nicht. Sein Blick auf die amazonischen Indianer ist fatalistisch. Dennoch empfiehlt er dem portugiesischen Kolonialsystem, das seine Abreise gerade noch zwei Jahre überdauern wird, politische Strukturreformen zu wagen – eine undenkbare Haltung zum Beispiel für Martius' deutschen Landsmann Baron von Langsdorff.

Wegen dessen dezidiert positiver Einstellung zur Sklaverei und der Haltung von 200 „eigenen", obendrein misshandelten afrikanischen Sklaven, wurde er schon zu Beginn seiner Dschungelexpedition (1822–1825) mit Kurs auf Bahia von seinem Reisebegleiter, dem rebellischen Augsburger Kunstmaler Johann Moritz Rugendas, unversöhnlich bekämpft und schließlich verlassen.

Keine politischen oder ideologischen Auseinandersetzungen über das Gastgeberland oder mit ihm zu führen, war für die meisten Naturreisenden selbstverständlich eine Frage des Protokolls. Doch ein vorprogrammierter Irrtum, denn derlei Auseinandersetzungen waren unvermeidlich. Der Thüringer Botaniker Fritz Müller hatte die Konfrontation als überzeugter Kopf der 1848er-Revolution bereits daheim begonnen. Er floh aus Preußen, wanderte 1852 nach Brasilien aus, fand hier die Freiheit und „seinen" südbrasilianischen Regenwald, in dem gerade ein buntscheckiger Haufen von gleich gesinnten Spätmärz-Flüchtlingen die Kolonie Dona Francisca gründete. Der aus liberalem hessischem Elternhaus stammende Theodor Koch-Grünberg unternahm vier ethnologische Expeditionen ins Amazonasgebiet. Während seiner dritten Expedition (1911–1913) bezichtigte er die amazonischen Kautschukbarone der Misshandlung und des Mordes an versklavten Indianern. 30.000 Menschen waren im Vierländereck Brasilien-Bolivien-Peru-Kolumbien ums Leben gekommen; mit von der Partie der Beschuldigten war der als „Fitzcarraldo" filmlegendär gewordene Kautschukbaron Fermín Fitzcarrald.

Sehr im Unterschied zu seinen Kollegen war Koch-Grünberg übrigens beseelt von der Idee des interkulturellen Austauschs mit den von ihm besuchten Indianern. Und bei seinen Begegnungen profitierte nicht wie sonst üblich die Wissenschaft einseitig von den „Wilden", sondern die hatten ihrerseits mächtigen Spaß an Koch-Grünbergs Faxen und vor allem an seinen Kabarettchansons, die er von Wachswalzen abspielte. Von Malaria befallen, ließ er 1924 während seiner vierten Expedition in Brasilien sein Leben.

Diese von deutscher Romantik angetriebene Reiserei, besser: das Redescubrimiento (Wiederentdeckung) Lateinamerikas war eigentlich eine Pionierleistung Alexander von Humboldts. Sein „planetarischer Blick" bei seiner „Reise in die Äquinoktialgegenden des Neuen Kontinents" (1793–1799) war nicht begrenzt auf fantastische Naturphänomene wie die von ihm – auch ästhetisch – konstruierten, Weltball umrankenden sogenannten „Botanischen Provinzen". Humboldt fühlte am Puls der Zeit und konnte es sich leisten, auf dem Kontinent selbst das spanische Kolonialsystem mit seinen Sklavenhaltergesellschaften auf das Schärfste

Foto: Manfred Schäfer

Der wissenschaftlichen Bereisung Südamerikas im 19. Jahrhundert geht eine militärische voraus: die Conquista. Die in erster Linie von deutscher Romantik, aber auch vom libertären Geist der vorangegangenen 1789er-Revolution beflügelte Historie über die Wiederentdeckung Lateinamerikas, fußt untrennbar auf einer sie formenden Gruselgeschichte. Dass die Conquista zwar von Spaniern und Portugiesen eingefädelt, viele Expeditionen in die Neue Welt aber von Deutschen finanziert, befehligt und durch die Wogen unbekannter Meere geschifft worden sind, darüber stolpert noch heute der überlistete Leser. Deutsche standen nicht nur als Nautiker an Bord der iberischen „Entdeckungs"-Armadas. In den Flotten der Conquista hatten sie auch als abgebrannte Landsknechte angeheuert, sie schlugen und stachen sich im 16. Jahrhundert in Nord und Süd durch die überrannten amerikanischen Indianer. Dieser Überfall auf die „Neue Welt" ist nun auch die Geburtsstunde der lateinamerikanischen Ethnografie. Und wie üblich, wird auch diese Geschichte vom Standpunkt der Sieger aus erzählt – der Konquistadoren, Chronisten und Missionare. „Relaciones" heißen diese ersten Berichte über erobertes Land und besiegte Menschen.

anzuprangern. Sein politischer Akzent mag wohl stark von einem gewissen französischem Einschlag (Liberté – Fraternité – Egalité) geprägt gewesen sein, aber der geniale Berliner betritt nicht zufälligerweise den amerikanischen Kontinent am Vorabend der Unabhängigkeitsbewegung von Simón Bolívar und José de San Martín. In Havanna, aber nicht nur dort, steht vor der kubanischen Nationaluniversität eine Büste Humboldts mit der Aufschrift „Alejandro de Humboldt, el segundo descubridor de América" – der zweite Entdecker Amerikas. Ein nämliches Denkmal ziert auch die Unter den Linden gelegene repräsentative Seite der HUMBOLDT-UNIVERSITÄT ZU BERLIN, ein Geschenk Kubas übrigens. Mit einem neuen Blick auf den Kontinent beendet Humboldt symbolisch die Epoche der „langen schwarzen Nacht", die auf die ersten „Entdeckungsreisen" folgte.

„Wiederentdeckung" bedeutete nun die Auflösung eines Blickes, der die einheimischen Menschen unter den Begriff der „Natur" subsummiert, den Indianern den Besitz einer Seele und damit ihr Menschsein abgesprochen hatte.

Zwei Monate vor jenem Zufall der Geografie und der Geschichte, in dem der Kosmograf Johann die Hauptrolle spielt, wird am 24. Februar im flämischen Gent als ältester Sohn Philipps I. des Schönen von Burgund, und Johanna der Wahnsinnigen von Kastilien, ein gewisser Karl geboren – Enkel Ferdinands II. von Aragón und Isabella I. von Kastilien sowie von Maximilian I. und Maria von Burgund, der zwei Jahrzehnte später als letzter Potentat des Heiligen Römischen Reiches und als grenzenlosester Imperialist seit Menschengedenken in die Weltgeschichte einzog – ein Höhenflug des Auserlesenen, der ihn auch als Condottiere der Erde und Standarte Gottes bekannt machte. Gerade erst sechsjährig, als 1506 sein Vater stirbt, erbt schon das Kind die nördlichen Teile des ehemaligen Herzogtums Burgund, die heutige Picardie, Belgien und die Niederlande. Nach dem Tod seines Großvaters Ferdinand von

Aragón wird Karl 1516 König. 1519 erstreitet er gegen den Widerstand seines Mitbewerbers um die Krone, Franz I. von Frankreich, und gegen Papst Leo X. in Rom seine Wahl zum Kaiser des Heiligen Römischen Reiches Deutscher Nation. Diese Krone erkauft sich der noch nicht 20-Jährige vom Adel ganz Europas für 815.000 Gulden, rund zwei Tonnen massives Gold – bei einer Zinsrate von einem Prozent im Jahr – nach heutiger Rechnung 1,8 Milliarden Euro. Karl trägt nun die offiziellen Titel: Römisch-Deutscher König, Erwählter Römischer Kaiser, Mehrer des Reiches, König von Spanien, Sizilien, Jerusalem, der Balearen, der kanarischen und indianischen Inseln sowie des Festlandes jenseits des Ozeans, Erzherzog von Österreich, Herzog von Burgund, Brabant, Steier, Kärnten, Krain, Luxemburg, Limburg, Athen und Neopatria, Graf von Habsburg, Flandern, Tirol, in Schwaben, Herr in Asien und Afrika. Sein Wahlspruch lautet: Plus ultra, immer weiter ...

Dämmerstunde. Während Süleyman der Prächtige, Sultan der Osmanen, sich nach der erfolglosen Belagerung von Wien den Persern zuwendet, um die Grenzen seines Reiches zu verschieben, sitzt Kaiser Karl V. vor loderndem Kaminfeuer in seinem selten besuchten Madrider Palast und kauert ungeduldig über dem ersten Brief des spanischen Konquistadors Hernán Cortés aus Mexiko: *„Muy Altos y Muy Poderosos Excelentísimos Príncipes, Muy Católicos y Muy Grandes Reyes y Senõres“* ... El Rey schaut hinaus aufs Meer und spekuliert, um welche Stunde die ersten Strahlen der hier gerade untergehenden Sonne die Grenzen seines Reiches in „Westindien“ berühren werden. Doch ihn schaudert es in Gedanken an seine Schulden. Seine Gläubiger sind die Fugger, als Händler und Bankiers ebenso mächtig wie unermesslich reich. Schon 1500 hatten ihre Agenten den Portugiesen Cabral begleitet, der mit 13 Schiffen Kurs auf das Kap der Guten Hoffnung genommen hatte. Doch statt wie geplant Fernost zu erreichen, trieb die Flotte nach Brasilien ab, das der uns schon bekannte Johann aus Emmerich für Portugal „in Besitz“ nahm.

Fünf Jahre später finanzieren Fugger und mit ihnen auch die Welser, wie die Fugger Augsburger Großkaufleute, erneut eine Indienexpedition, die mit 20 Schiffen unter der Führung Francisco de Almeiras dieses Mal zielsicher vor Anker geht. Und nun machen sie in Europa Politik, sinniert Karl, große Politik. Sie bestimmen die Päpste, haben gerade seine eigene Wahl zum Kaiser finanziert – und seine Kriegskasse. Nachdem er seinen Verbindlichkeiten nicht nachkommen konnte, gewährte Karl V. den Fuggern und den Welsern kaiserliche Handelsprivilegien für alle überseeischen „Possesionen". Zum Beispiel in „Kleinvenedig", so genannt wegen der sich an Kanälen entlang ziehenden Pfahlbauten der Indianer, die die „Entdecker" an Venedig erinnerten, spanisch: Venezuela. Hier landete der Welser Ambrosius Ehinger (ca. 1500–1533) und stieg zum ersten Statthalter Klein-Venedigs an der Mündung des Orinoco auf. Als Pfandbesitz für kaum rückzahlbare Kredite (lateinamerikanische Geschichte im Originalgewand!), überlässt Kaiser Karl V. den Welsern 1528 die „Nutzung" ganz Venezuelas. Die Banker heuern deutsche Bergleute an und holen sich zudem 4.000 schwarze Sklaven aus den afrikanischen Guineas für die Schundarbeit in den Zuckerrohrplantagen. Und des Kaisers „Großkanzler aller Länder und Königreiche" Mercurino Gattinara schreibt: *„Sire, jetzt wo Gott den wunderbaren Gefallen getan hat, Euch über sämtliche Könige und Prinzen der Christenheit zu erheben (...) seid Ihr auf dem rechten Weg zur universellen Monarchie ..."*

Mit der Ermordung Philipp von Huttens, Karls militärischem Oberbefehlshaber in Venezuela, durch einen spanischen Rivalen, fällt das Land 1546 wieder unter die Vormundschaft des iberischen Landes. Schließlich werden den Welsern wegen „wucherischen Handels" 1556 dort auch noch alle Konzessionsrechte entzogen – nach knapp 27 Jahren geht das erste deutsche Kolonialexperiment elend zugrunde.

Aus den Wirren der Conquista im brasilianischen Südosten gelangen um 1550 zwei Bücher in die gerade erfundenen deutschen Druckereien: „Die wahrhaftige Historie der wilden, nackten, grimmigen Menschenfresser-Leute der Neven Welt von America" des Hombergers Hans Staden und die „Vierte Schiffart. Warhafftige Historien Einer Wunderbaren Schiffart / welche Ulrich Schmidel von Straubing / von Anno 1534 bisz Anno 1554 in Americam oder Newenwelt / bey Brasilia vnd Rio della Plata gethan".

Stadens Erinnerungen sind eine Mischung aus Schelmenroman und Tagebuch. Nach wie vor gewürdigt als ethnografische Pionierquelle für Brasilien, erzählen sie das stürmische Söldnerabenteuer des Landsknechtes, der sich um 1530 auf einer spanischen Expeditionsflotte zum La Plata einschifft, wegen unwirtlichen Seeganges an der südbrasilianischen Küste strandet, wo er abwechselnd spanischen und portugiesischen Festungen als Kanonenschütze dient. Der fliegenden Fische und kreischenden Möwen überdrüssig und von größter Einsamkeit geplagt, zieht es den neugierigen Provinzler häufig ins Freie, bis er von Tupinambá-Indianern überlistet wird. Die Beschreibung seiner fast zwei Jahre dauernden Gefangenschaft ist vom Graveur Theodor de Bry mit Holzschnitten illustriert worden, der – niemals in der „Newenwelt" gewesen – „nach Gehör" zeichnete. Gekonnt prägt de Bry diesem „Blick der Aufklärung"

doch den eurozentrischen Augenschein auf. Da steht der splitternackte Staden an den Marterpfahl gefesselt, reif gefressen zu werden, umgeben von tänzelnden, sinnlichen Indianerinnen – eine schwere Versuchung für den frommen Christenmann. Doch dann, in der zweiten Reihe, tauchen hässliche alte Frauen mit Hakennase auf, gerade so wie die „Hexen" der Inquisition, reif für den Scheiterhaufen – der projizierende Blick des Abendlandes auf die „anderen".
Und während sich Staden hier am nervenzerreibenden Countdown seiner eigenen Vertilgung festschreibt, berichtet der Straubinger Patriziersohn Ulrich Schmidel, der in Cádiz mit 180 Deutschen und Niederländern für die große Expedition unter Pedro de Mendoza nach Argentinien angeheuert hatte, schließlich über die Zustände hinter den Kampflinien: Wenig Silber, wenig Gold, dafür umso mehr Krieg, Mord, Krankheiten, Hunger und Entbehrungen – der Blutrausch der Conquista. Als Gründungschronist von Buenos Aires und Paraguay dokumentiert Schmidel zuletzt seinen historischen, 1.500 Kilometer langen Fußmarsch auf dem indianischen Peabiru-Pfad, von Asunción bis an den Atlantik, wo er Abschied nahm von der Neuen Welt.

Frederico Füllgraf

DIE GRENZE UND IHR GEGENTEIL

Lateinamerika in den USA

EINE Grenze kann eine Linie sein oder ein Raum. Einer, der zum Beispiel von Tijuana bis nach Chicago reicht. Eine ganzes Land kann eine Grenze sein, wie es Mexiko zwischen Zentralamerika und den USA ist. Was eine Grenze ist und für wen sie gilt, definieren oft diejenigen, die Macht, Geld und Waffen haben. In Zeiten transnationaler Kapitalströme, globaler Medien und supranationaler politischer Institutionen wird es indessen immer schwerer, der Grenze eine Kontur zu geben. Denn auch von „unten" wird sie – und mit ihr der historisch junge Nationalstaat – in Frage und auf die Probe gestellt. Migrationsbewegungen, gegen die alle Versuche der Demarkation hilflos sind, schaffen neue soziale Räume und markieren den Abschied von der Illusion der „Reinkultur". Bislang sah man nur die Nordamerikanisierung des Südens.

NORTE AMERICANIZACIÓN

Als Anfang des 20. Jahrhunderts Investitionen aus den USA in Lateinamerika neue Rekordwerte erreichten, als Jazzmusik in den Hauptstädten des Subkontinents für Furore sorgte, als Hollywood die Herzen der Kinobesucher eroberte und der US-Amerikaner Jack Dempsey den argentinischen Boxchampion Luis Angel Firpo nach wenigen Minuten k. o. schlug, da wurde erstmals in Lateinamerika breit in der Öffentlichkeit darüber debattiert, was die vielfältigen Begegnungen mit den US-amerikanischen Einflüssen, die „Norte Americanización" bedeuten könnten.

„Im von den Vereinigten Staaten weit entfernten Chile wurde besonders intensiv diskutiert", weiß Prof. Stefan Rinke, Historiker am *Lateinamerika-Institut* der *Freien Universität Berlin*. Und als schließlich gegen Ende des 20. Jahrhunderts, im Jahr 1997, der chilenische Exdiktator Augusto Pinochet die Militärparade zum Nationalfeiertag am 19. September abnahm und sich von einem Huaso, einem chilenischen Cowboy, den traditionellen Cacho de chicha (ein mit Weinmost gefülltes Horn) reichen ließ, blendete das chilenische Nationalfernsehen wie zufällig eine überdimensionale Coca-Cola-Werbung ein, deren Rot sich effektvoll vom Hintergrund der schneebedeckten Andenkette abhob. „Zu dieser Zeit hatte die Nordamerikanisierung derart ungeahnte Ausmaße angenommen und war in alle Sphären des Lebens eingedrungen, dass sie kaum noch sui generis wahrgenommen oder problematisiert wurde", sagt Rinke. „Sie wurde vielmehr vom neuen Konzept der ‚Globalisierung' überlagert und verdrängt." Es entstanden neue kulturelle Synthesen in allen Lebensbereichen. Rinke zitiert den chilenischen Kultursoziologen José Joaquín Brunner: „Das ist mit der Soziologie geschehen, mit der populären Kunst, mit der Rockmusik, mit dem Kino, der Informatik, mit den Universitätsmodellen, dem Neoliberalismus, mit den neuesten Medikamenten, den Waffen und auf lange Sicht mit unserer eigenen Eingliederung in die Modernität." Nach wie vor handeln Manager, Journalisten, Sozialreformer und Intellektuelle, aber auch Arbeiter in Kontaktzonen, in denen Bilder, Stereotype und Vorurteile über das „Andere" oder „Fremde" umdefiniert und angeeignet werden. „Das geschieht nicht immer freiwillig", weiß Rinke. „Es ist auch das Produkt von Spannungen, die sich aus dem Zusammenprall von globalen Modernisierungsprozessen entlehnten Innovationen mit lokalen Sitten ergeben, beispielsweise von ausländischen Unternehmensphilosophien mit lokalen Moralvorstellungen". Dieser Prozess ist immer ein wechselseitiger, und die Nordamerikanisierung Lateinamerikas geht schon seit einiger Zeit mit der Lateinamerikanisierung der USA einher.

Jeder Baustein des täglichen Lebens ...

„Ich kann Nordamerika nicht ohne Lateinamerika verstehen", sagt Crister Garrett, *„Chicago nicht ohne seine Latino-Gemeinden."* Und Los Angeles ist die größte mexikanische Stadt außerhalb Mexikos, fügt Prof. Garrett vom Institut für Amerikastudien an der Universität Leipzig hinzu. Viele der Latinos integrieren sich zwar in die Mehrheitsgesellschaft, und noch wird es auf dem Weg in die Oberklasse sprachlich immer englischer. Doch den differenzierten Blick darf man nicht aufgeben, warnt Garrett. *„Große US-Firmen sind auf Grund gelaufen, weil sie die Latinos als eine homogene Masse auffassten"* und er rät dringend jedem Investor – ob nun in den USA oder in Lateinamerika – die-

UNIVERSITÄT LEIPZIG
INSTITUT FÜR AMERIKASTUDIEN

1993 gegründet, bieten das *Institut für Amerikastudien* und seine Forscher interdisziplinäres Wissen über die Vereinigten Staaten von Amerika, das zugleich Kenntnisse über die Literatur, Kultur, Sprache, Geschichte, Politik und aktuelle Ereignisse beinhaltet. Die Leipziger Amerikastudien können auf eine lange Tradition seit dem 19. Jahrhundert zurückblicken.

Die interdisziplinären und international ausgerichteten Forschungsprojekte sind gänzlich in die Lehre eingebunden. So ergeben sich zahlreiche Möglichkeiten für die Studierenden, sich frühzeitig an der Forschung zu beteiligen. Dieses „Leipzig Model for American Studies" ist das einzige seiner Art in Deutschland. Die Forschungsprojekte reflektieren die Vielfalt der USA und ihre Rolle in der Welt; die Themen beinhalten Untersuchungen zur Konsumkultur ebenso wie Forschungen zum Begriff der „Amerikanisierung", zu Literatur und Gesellschaft, Ethnizität und Identität, zu Immigration und zu den aktuellen transatlantischen Beziehungen.

„Rethinking the Americas" ist seit Neuestem Bestandteil des Studiums am *Institut für Amerikastudien* in Leipzig, dem am schnellsten wachsenden Institut seiner Art außerhalb Berlins.

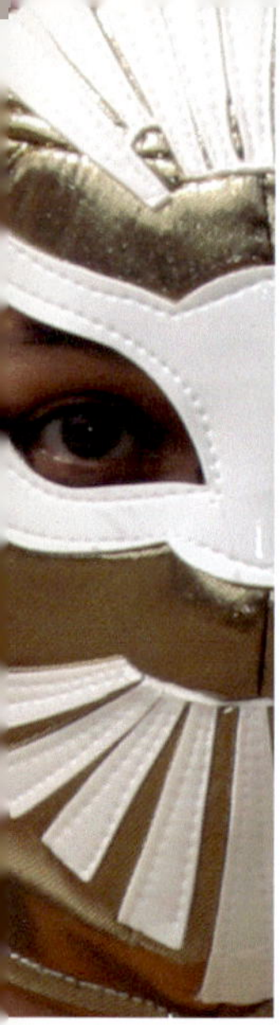

sen Fehler nicht zu machen. Zurzeit gibt es in den USA fast so viel Einwanderung wie im 19. und 20. Jahrhundert, betont Garrett. Abschottungsversuche mancher Konservativer verfangen nicht. Dennoch brauche man wohl ein Gefühl der Grenze, ist er überzeugt, auch wenn – wie sich inzwischen herausgestellt hat – die Südgrenze der USA nicht tut, was sie soll. *„Und die tatsächliche Verwischung der Grenze hat Auswirkungen auf jeden einzelnen Baustein des täglichen Lebens in den USA"*, sagt der Forscher. Ein bekannter Baustein der US-amerikanischen Gesellschaft – Religion – wird deutlich durch die Latino-Migration beeinflusst, und sie stärkt sowohl konservative als auch progressive Tendenzen. Zu den Katholiken kommen die von Nordamerikanern evangelisch missionierten Latinos, beide Konfessionen sind konservativ in Sachen Familie, stellt Crister Garrett fest, in Staatsangelegenheiten aber eher sozialstaatlich eingestellt. Sie sind generell familiär, bodenständig, ehrgeizig, modern, die Identitäten sind fluide. *„Man sollte wirklich gar nicht erst versuchen, Dichotomien zwischen Tradition und Moderne konstruieren zu wollen"*, warnt der Forscher vor dem allzu simplen Blick auf die Verhältnisse.

Übrigens ändert sich durch den Einfluss der Migranten auch der Wohnstil in Teilen der USA. *„Das nordeuropäische bürgerliche Konzept der Raumaufteilung mit kleineren abgeschlossenen Einheiten und einer klar geregelten Hierarchie der Räume wird mehr und mehr aufgegeben"*, erzählt Garrett. Die Räume werden größer, die Hierarchien werden flacher, man isst da, wo gekocht wird. Und natürlich haben die Latinos auch ihr Geschäftsgebaren mitgebracht. Der Umgang wird persönlicher, menschliche Beziehungen spielen eine größere Rolle – und das in einem sehr offenen und dynamischen Markt.

„In vielerlei Hinsicht ist der ganze amerikanische Kontinent noch immer ein Labor", fasst Crister Garrett die Bewegungen, Durchmischungen und Grenzüberschreitungen zusammen. *„Hier geschehen Dinge, die auch Europa bevorstehen, die in der ‚Alten Welt' aber manchmal schlecht verstanden werden, weil alles so geregelt erscheint."*

Die Grenze zwischen Mexiko und den USA ist 3.152 Kilometer lang, die längste Grenze zwischen zwei Nationen, Grenze zwischen Norden und Süden, stellenweise gesichert fast wie einst die DDR-Grenze, anderswo durchlässig wie ein Sieb. Und während in den USA eine erbitterte Debatte über die Sicherheit der Grenze tobt, ist die Grenzregion Ausdruck und Spiegel vielfältiger transnationaler und transkultureller Prozesse, und ihre Erforschung ermöglicht es, das Verständnis der Amerikas neu zu durchdenken und ihre gegenseitige Verschränkung zu verstehen. Zu verstehen, wie die Grenzen tatsächlich verlaufen und wo sie ihre

Foto Seite 169: Alfredo Callejon

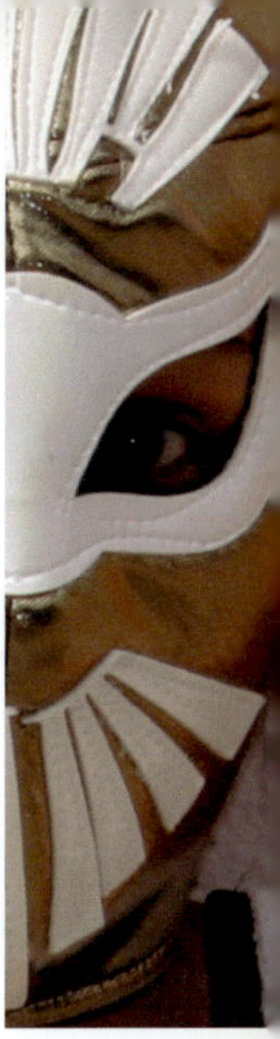

alte Bedeutung verlieren und eine neue gewinnen oder gar einbüßen. Denn auch darin ist die Grenze paradigmatisch für das Verstehen verwobener Prozesse – vor dem Hintergrund zunehmender globaler Verflechtungen – wo Mexiko bis nach Chicago-Pilsen reicht. Wie in vielen Gemeinden Kaliforniens oder New Mexicos wird auch hier nur noch Spanisch gesprochen, und es gibt inzwischen mexikanische Parteien, die sich grenzüberschreitend einmischen und so auf ihre Weise Nationalstaat und Grenze in Fragen stellen.

Als besonders starker Grenzgänger erweist sich der Fußball ...

ADIOS SOCCER ... HERE COMES FÚTBOL

Sie heißen Necaxa, Tlatizapan, El Aguaje, Morelia, Toros und Pumitas. Sie sind Fußballvereine in den USA, dem Land der großen drei – Baseball, American Football und Basketball. In eigenen Ligen vertreten sie weit über 200.000 Fußballer und ihre Familien. Und eigen ist auch der Stil: *„Wir Latinos sind nicht groß, also spielen wir mit mehr Bodenhaftung, mit kürzerer Ballberührung und vielen Pässen und vermeiden die ausladenden Kicks und das Spiel in der Luft, das beim Anglospiel üblich ist“*, sagte einmal Alex Flores, Präsident der Liga de Fútbol Inter Latinos.

„Bei der Lateinamerikanisierung der USA spielt der Fußball eine enorm wichtige Rolle“, erklärt die Berliner Ethnologin PD Dr. Ingrid Kummels, die seit Jahren das sportliche Zusammenwachsen der beiden Teile des Kontinents untersucht. Ein Fußballspiel, das im Februar 1998 in Los Angeles stattfand, wirft ein Licht auf die Situation. Als die mexikanische Nationalmannschaft mit 1:0 über die Elf der USA siegte, jubelte die Mehrheit der über 90.000 Zuschauer im Stadion, und die US-Nationalspieler beklagten sich bitter über die Tatsache, dass Los Angeles – mit einem Anteil von etwa 50 % hispanischer Bevölkerung – für sie kein Heimspiel sei.

„Chivas USA“ ist der Versuch, die Latinos auch in Sachen Fußball zu US-Bürgern zu machen. Man stelle sich vor, in die Bundesliga würde eine türkische Mannschaft als türkische Mannschaft aufgenommen und dann als Mitglied der Liga ein Länderspiel Türkei – Deutschland spielen. Das wäre in etwa das, was die US Major League tut, um die 40 Millionen Hispanics für sich zu gewinnen. Schließlich geht es um viel Geld.

Denn bisher sieht sich die überwiegende Mehrheit der Hispanics, insbesondere die mexikanischstämmigen Fans, im spanischsprachigen Fernsehen die Spiele ihrer Lieblingsmannschaften in der Primera División von Mexiko an. Jorge Vergara, ein schwerreicher Unternehmer aus Guadalajara, rannte bei der Major League offene Türen ein, als er seine neueste

Geschäftsidee vorstellte: eine neue Mannschaft in die Major League aufzunehmen, einen Ableger des Club Deportivo Guadalajara, besser bekannt unter dem Namen Chivas. Chivas, im Besitz von Vergara, ist seit Jahren eine der erfolgreichsten Mannschaften Mexikos, das sportliche Flaggschiff Guadalajaras, der Hauptstadt von Jalisco, eines der Hauptentsendestaaten von Migranten in die USA. Das Team ist eine Mischung aus bekannten mexikanischen Fußballstars, neuen US-Talenten mit mexikanischem Migrationshintergrund, dem einen oder anderen Brasilianer und Costa Ricaner sowie einigen Anglos. Die Teamsprache aber ist einheitlich Spanisch, und die hispanische Zielgruppe wird offensiv angesprochen:

„Adios soccer, here comes fútbol!“

Wanderungen

27 Millionen Menschen mexikanischen Ursprungs leben in den Vereinigten Staaten, und nicht nur in den Städten im Süden der USA. Chicago hat heute weit über ein halbe Million mexikanischstämmige Bewohner, das sind über 18 % der Stadtbevölkerung. *„‚Illegale‘ sind übrigens überall in der Minderheit“*, weiß Prof. Silke Hensel von der Universität Münster. Hensel untersucht, wie seit dem Beginn der Migration in die USA Mexikaner „konstruiert“ wurden. *„Bereits seit den 1920- und 30er-Jahren gab es im Südwesten der USA so viele Mexikaner, dass man das Ordnungsschema ‚Rasse‘, das ursprünglich entlang der Linien ‚Schwarz‘ und ‚Weiß‘ lief, auch hier anwendete“*, erklärt Hensel. *„Man erfand die ‚Mexican race‘, die zunächst den ‚Farbigen‘ zugeordnet wurde.“* Die Mexikaner protestierten, weil sie als ‚Farbige‘ um ihre Bürgerrechte fürchteten. Auch der mexikanische Staat intervenierte – und den brauchte man als Verbündeten in Europa (Mexiko hatte am 19. März 1938 den Anschluss Österreichs durch Deutschland lautstark mit Protest belegt und damit auf weltweiter Ebene sehr früh gegen die Nationalsozialisten Flagge gezeigt). Am Ende ließ man zwar die Kategorie „Rasse“ bestehen, schlug sie aber wieder den Weißen zu. Heute sind die Hispanics oder Latinos die einzigen, die im US-Census nach Sprache und nur noch bedingt als Rasse kategorisiert werden.

„Einen entscheidenden Impuls für die Ausweitung der Migration hatte die US-Regierung mit dem ‚Bracero-Programm‘ selbst gegeben“, erklärt die Ethnologin PD Dr. Ingrid Kummels. Mit dem 1942 begonnenen Programm wollten die USA, gerade in den Zweiten Weltkrieg eingetreten, ihren Bedarf an männlichen Arbeitskräften decken, vor allem in der Landwirtschaft. Nach Kriegsende wurde dieses Programm wegen des Wirtschaftsaufschwungs und des damit verbundenen

Arbeitskräftebedarfs verlängert und erst 1964 einseitig von den USA beendet. *„Es waren aber längst soziale Netzwerke entstanden, die andere ermutigten hinterherzuziehen"*, weiß Kummels. Und trotz immer schärfer werdender Grenzkontrollen ist die Migrationsdynamik ungebrochen. Innerhalb dieser Dynamik bilden sich neue Muster aus. 10 bis 20 % mexikanischer Migrantinnen und Migranten bewegen sich dauerhaft zwischen den beiden Ländern hin und her, hat Prof. Ludger Pries von der Ruhr-Universität Bochum herausgefunden, der als einer der ersten Forscher in Deutschland empirisch zu den Migrationsströmen zwischen Mexiko und den USA gearbeitet hat. Längst vollziehen sich grenzüberschreitende soziale und kulturelle, aber auch ökonomische und politische Vergesellschaftungsprozesse jenseits von Finanzkapitalströmen und zwischenstaatlicher Politik, weiß Ludger Pries, und der Wiederanstieg der weltweiten Wanderungsströme seit den 1980er-Jahren ist keine vorübergehende Ausnahmeerscheinung.

„Viel wahrscheinlicher ist, dass die natur- oder gottbegründete Erwartung an eine über viele Generationen ortsstabile Lebensweise als nationalstaatliche Idee eine historische Ausnahmeerscheinung der letzten drei Jahrhunderte war."

Insgesamt leben etwa 40 Millionen Hispanics in den USA, das macht zwölf % der Gesamtbevölkerung, Tendenz stark steigend.

Pan y juegos oder der Fußball im Niedriglohnsektor

Auch die nordamerikanische Wirtschaft hat ein Interesse an den Kickern aus dem Süden. *„US-Unternehmen gestalten längst die Latino-Fußballszene mit"*, benennt Ingrid Kummels die ökonomischen Implikationen einer der schöneren Nebensachen der Welt. *„Der Inneneinrichtungsgigant Lowe's richtet seit drei Jahren die ‚Copa Lowe's' aus"*, erzählt sie. Ein Turnier, bei dem hispanische Männer- und Jugendmannschaften wochenlang in elf Städten jeweils gegeneinander antreten, bevor semiprofessionelle gegen Profimannschaften aus Mexiko die Finalspiele bestreiten. Und der Generaldirektor einer großen Marketing-Firma in Cincinnati weiß, wie man die neuen Landsleute als Kunden anspricht: *„Das Geheimnis ist, die Hispanics dort abzuholen, wo sie sich befinden. Sie sind auf dem Fußballrasen unterwegs und nicht in Einkaufszentren mit Edelboutiquen"*.

In Dalton, Georgia, das sich rühmt, *„die Welthauptstadt des Teppichbodens"* zu sein, entstand im Zuge der Hochkonjunktur der US-Wirtschaft und dem damit einhergehenden Bauboom ein riesiger Bedarf an Niedriglohnarbeitern. Der Anteil der Hispanics stieg durch die 90er-Jahre hindurch von drei auf 22 %. *„Inzwischen sind 50 % der Teppichbodenangestellten Hispanics"*, berichtet die Forscherin, *„und die haben mit der Liga Mexicana de Fútbol eine Organisation mit hunderten von Spielern innerhalb von wenigen Jahren aus dem Boden gestampft."* Die lokalen US-Unternehmen haben als Sponsoren mehrere Sportplätze finanziert, um die jüngeren und mit Niedriglöhnen zufriedenen mexikanischstämmigen Arbeiter gegen die ältere Generation der Arbeiter aus den Appalachen auszuspielen. Die wiederum eröffneten 2006 einen Prozess gegen die Teppichbodenfirma Mohawk Industries. Klagepunkt: Gezielte Einstellung von Illegalen.

WAHLVERWANDTSCHAFTEN
ODER AFINIDAD ELECTIVA

„In den USA galten die Latinos lange Zeit als ‚invisible minority', die in der Politik wenig wahrgenommen wurde und die auch weit weniger Einfluss hatte, als es ihrer wachsenden Zahl angemessen gewesen wäre", erklärt Dr. Bert Hoffmann vom GIGA-Institut für Lateinamerika-Studien in Hamburg. Einer der Gründe dafür war eine stabile Präferenz von 80 bis 90 % der Latinos für die Demokraten. Denn die stehen für Themen wie öffentliche Gesundheitsversorgung, Schulbildung und Sozialleistungen des Staates. *„Die Ausnahme sind die Kubanoamerikaner, die traditionell zu den Republikanern neigen"*, sagt Hoffmann.

Im Jahr 2000 wendete sich der Stimmzettel. *„George W. Bush verdankte seinen knappen Sieg über Al Gore nicht zuletzt der Tatsache, dass er mehr Wählerstimmen der Latino-Community als jeder andere republikanische Kandidat vor ihm gewinnen konnte"*, erklärt Hoffmann. In Texas ist ein Drittel der Bevölkerung lateinamerikanischer Herkunft, und Bush konnte jederzeit ein paar Halbsätze Spanisch aus dem Ärmel schütteln. Al Gore, in den Augen der Latinos der Vertreter des East-Coast-Establishments, konnte das nicht. Im Ergebnis gewann Bush 35 % der Latino-Stimmen, ein massiver Einbruch in eine sicher geglaubte Hochburg der Demokraten. Und nun sind die einstmals Unsichtbaren plötzlich interessant.

„Als Wechselwähler bekommen Latinos eine Schlüsselstellung in der Wahlarithmetik der USA", sagt Hoffmann. Hinzu kommt, dass das US-amerikanische „The-winner-takes-all"-Wahlsystem den bevölkerungsreichsten Staaten überproportionales Gewicht bei nationalen Wahlen gibt – und in vier der fünf größten Staaten der USA – Kalifornien, New York, Texas und Florida – ist der Latino-Anteil so hoch, dass er ohne Weiteres wahlentscheidende Bedeutung hat. Seitdem haben beide Parteien groß angelegte Kampagnen gestartet, um die zunehmend wichtiger werdende Klientel der Latinos an sich zu binden. Die Sprache spielt dabei eine zentrale Rolle. Während der konservative Mainstream lange Zeit die English-Only-Politik als unverzichtbar für den Zusammenhalt der Einwanderernation USA erklärt hatte, absol-

vieren Politiker und Abgeordnete beider Parteien öffentlichkeitswirksam Spanisch-sprachkurse als symbolische Geste gegenüber der Latino-Community.

Politisch aktive Latinos wollen sich indessen nicht nur in den USA, sondern auch in ihren Heimatländern engagieren. In Chicago-Pilsen gibt es nicht nur eine ganze Reihe bedeutender Fußballvereine, sondern auch Gruppen wie die Federación de Clubes Michoacanes en Illinois oder „Durango Unido, die weitaus mehr sind als mexikanische Heimatvereine zur Brauchtumspflege. Neben den Federaciones existieren inzwischen auch die drei großen mexikanischen Parteien in den USA. *„Grenzüberschreitendes Wahlrecht hatte man den Migranten zwar schon Ende der 1990er-Jahre zugestanden“*, sagt die Politikwissenschaftlerin Dr. Stephanie Schütze vom Lateinamerika-Institut der FU. *„Umgesetzt wurde es aber erst bei den Präsidentschaftswahlen 2006. „Inzwischen gibt es sogar schon Kongressabgeordnete in mexikanischen bundesstaatlichen Parlamenten, die ihren Hauptwohnsitz in den USA haben.“* Gleichzeitig verstärkten die mexikanischen politischen Parteien ihre bis dahin eher losen Verbindungen zu den Migranten im Norden, seit sie sie als gewichtige Stimme erkannt haben. Denn deren Rücküberweisungen sind zu einem bedeutenden Wirtschaftsfaktor geworden.

60 MIL MILLIONES DÓLARES DE REMESAS
ODER GLOBALISIERUNG VON UNTEN

Kuba, die ewige Stachel im Fleisch der USA, überlebte nach dem Ende der Sowjets und ihrem Rückzug von der Insel nur durch die Remesas, die Rücküberweisungen der US-Kubaner. Diese Devisenzuflüsse waren ebenso wichtig für die einzelnen Familien wie sie für den ganzen Staat zu einem ökonomischen Rettungsanker wurden, durch den die Zahlungsbilanz immerhin so weit stabilisiert wurde, dass ein Minimum an Importen aufrechterhalten werden konnte.

„Die Rücküberweisungen oder Remesas der Emigranten sind der prominenteste ökonomische Ausdruck der stetig wachsenden transnationalen sozialen Netzwerke, die sich zu einer wahren finanziellen ‚Globalisierung von unten‘ entwickelt haben“, sagt Prof. Barbara Fritz, Ökonomin am Lateinamerika-Institut der Freien Universität Berlin. Und das weltweite Wachstum der Rücküberweisungen verläuft nicht etwa parallel zur Migration, sondern exponentiell zu ihr. Von nahezu null Anfang der 1970er-Jahre stiegen die offiziell registrierten Transfers in Entwicklungsländer bis 2005 auf insgesamt geschätzte 167 Milliarden Dollar (Weltbank 2006). Das übersteigt das Volumen internationaler Entwicklungshilfegelder inzwischen bei Weitem. Da nur formal registrierte Rücküberweisungen erfasst werden, geht die Weltbank davon aus, dass

über informelle Wege gesandte Transfers den Umfang noch einmal um 50 % erhöhen könnten. *„Rund ein Drittel der weltweiten Remesas fließt nach Lateinamerika – fast 80 % davon stammen aus den USA“*, weiß Fritz. Die Wachstumsdynamik ist dabei ungebrochen: Verzeichneten Lateinamerika und die Karibik noch 32 Milliarden Dollar im Jahr 2002, reichen die Schätzungen für 2003 an die 38 Milliarden Dollar, für 2004 geht man von 45 Milliarden Dollar aus und für das Jahr 2005 legt man 53 bis 55 Milliarden Dollar zugrunde – ein Wachstum von 70 % in nur drei Jahren. *„Genau wie Kuba wären ohne die inoffiziellen Zuflüsse viele lateinamerikanische Länder in noch größere Schwierigkeiten geraten als sie ohnehin schon sind“*, sagt die Ökonomin, *„denn seit dem Ende der 1990er-Jahre sind Kapitalflüsse, Bankkredite und ausländische Direktinvestitionen drastisch zurückgegangen.“* Das führte in vielen Ländern zu schweren Zahlungsbilanzproblemen.

Innerhalb Lateinamerikas verteilen sich die Remesas sehr ungleich. Insbesondere für die Staaten Zentralamerikas und der Karibik mit hohen Migrationsraten machen sie teilweise schon mehr als 10 % des Bruttoinlandprodukts aus. Aber auch für eine so große Ökonomie wie Mexiko sind sie bedeutend; die Remesas haben längst die Einnahmen aus dem Ölgeschäft überschritten. *„Die Rücküberweisungen beleben aber auch auf indirekte Art die Wirtschaft“*,

WEITERE BEISPIELE FÜR FORSCHUNG ZU AMERIKA

Rheinische Friedrich-Wilhelms-Universität Bonn Institut für Altamerikanistik und Ethnologie

Das *Institut für Altamerikanistik und Ethnologie (IAE)* widmet sich seit seiner Gründung im Jahre 1948 vor allem den Kulturen des indigenen Amerika. Das Fach Altamerikanistik umfasst folgende Teilbereiche, die von den frühesten Kulturen bis in die Gegenwart reichen: Archäologie, Ethnohistorie, Epigraphik, Sprachwissenschaft, Ethnologie und Museumsstudien an der Archäologisch-Ethnographischen Studiensammlung des Instituts. Das Magisterstudium findet im Rahmen des Faches „Ethnologie unter besonderer Berücksichtigung der Altamerikanistik“ statt. Das Institut ist eines von sehr wenigen in Europa, an denen Altamerikanistik betrieben wird.

Friedrich-Alexander-Universität Erlangen-Nürnberg Lehrstuhl Auslandswissenschaft Romanischsprachige Kulturen

Der *Lehrstuhl Auslandswissenschaft Romanischsprachige Kulturen* bietet in seinen Lehrveranstaltungen ein breites und stets variierendes Studienangebot zur Geschichte, Kultur und Gegenwart der romanischsprachigen Länder weltweit. Die Auslandswissenschaft geht dabei weit über eine einfache Landeskunde hinaus, insofern sie historische, sozialwissenschaftliche und interkulturelle Fragestellungen mit Blick auf aktuelle Problemfelder zu verbinden sucht. Von großer Bedeutung ist dabei die vergleichende Perspektive sowohl innerhalb der romanischsprachigen Welt als auch gegenüber der eigenen Kultur, die den Erwerb einer interkulturellen Kompetenz im weitesten Sinne zum Ziel hat.

Westfälische Wilhelms-Universität Münster Historisches Seminar Außereuropäische Geschichte

Die Forschungsschwerpunkte des Seminars sind insbesondere die Geschichte Mexikos, Brasiliens und der USA, wobei Themen wie Staats- und Nationenbildung, Ethnizität, Rassismus, Migration und afrikanische Diaspora die Schwerpunkte bilden. Untersuchte Epochen sind vor allem die späte Kolonialzeit – für Lateinamerika – und die lateinamerikanische Unabhängigkeitsphase im 19. und 20. Jahrhundert.

Ruhr-Universität Bochum Lehrstuhl Organisationssoziologie und Mitbestimmungsforschung

Die „Global-Change-Forschung“ nimmt an der Ruhr-Universität einen breiten Raum ein, und in den Geistes- und Gesellschaftswissenschaften formiert sie sich zum Forschungsprofil.

fügt Barbara Fritz hinzu. *„Sie schaffen eine Nachfrage nach Produkten oder Dienstleistungen, die der Binnenwirtschaft auf die Sprünge helfen kann. Der Zufluss der Mittel führt zu produktiven Investitionen im Land und fördert so die Bildung von Klein- und Mikrounternehmen, die in aller Regel keinen Zugang zum regulären Kreditmarkt haben.“*

60 Milliarden Dollar formeller Rücküberweisungen auch illegaler Migranten, informeller Verkauf legal aus Fernost importierter Waren – angesichts solcher Verflechtungen wäre es mehr als sinnvoll, anders als bisher auch in der „offiziellen“ Ökonomie über den informellen Sektor zu reden, findet die Ökonomin.

Der Lehrstuhl Organisationssoziologie und Mitbestimmungsforschung vertritt die wissenschaftlichen Disziplinen Arbeits- und Industriesoziologie, Organisationssoziologie und Migrationssoziologie im Rahmen einer vergleichenden Sozialwissenschaft. Forschung und Lehre konzentrieren sich dabei auf die Themenfelder (internationale) Wirtschaftsorganisationen, Mitbestimmung/Partizipation und Erwerbsregulierung sowie Transnationalisierung und Migranteninkorporation. Forschung und Lehre sind weitgehend auf eine internationale und vergleichende Perspektive ausgerichtet.

KUBA!

Musik – Macht – Geld

ERGRAUTE Herren mit Panamahüten und Gichtfingern, die auf Bass, Gitarre, Trompete und Clave-Hölzer kubanische Son-Musik zum Besten geben. Chromglitzernde Ami-Schlitten, eine füllige Frau mit Piratenkopftuch und Strohhut darüber, die an ihrer Zigarre pafft. Impressionen im Minutentakt, wenn man die Calle Obispo in Havanna entlangschlendert. Das ist Kuba pur, denkt man, seit man den Film „Buena Vista Social Club" gesehen hat. – Wobei in Havannas Altstadt seither die Filmrealität nachinszeniert wird. Altherrencombos sind indessen ein aktuelles Phänomen.

In den 1920er-Jahren, als Son-Musik und -Tanz international populär wurden, mischten vor allem junge Instrumentalisten mit ihren Bands, auch Girlgroups, die Musikszene auf. Son-Sängerinnen stellten als international gefeierte Stars männliche Kollegen nicht selten in den Schatten. Eines ist allerdings gleich geblieben: Bereits damals wurden die heißen kubanischen Rhythmen in engem Austausch mit den kalten Küsten der USA und Europas ausgetüftelt.

Drehen wir das Rad der Geschichte kurz zurück zu den Zeiten, als der Son nicht Inbegriff von Nostalgie, sondern von Moderne war. Musiker aus dem Volk kombinierten spanische Melodik mit einer satten Portion afrikanischer Polyrhythmen. Auch die Texte hoben sich deutlich von denen der europäisch beeinflussten Trova-Lieder ab. Sie besangen nicht mehr die zarten Bande aufkeimender Liebe, sondern ganz ungehemmt rauschende Feste, Besäufnisse und Affären. Und das löste auf Kuba eine musikalische Revolution aus, denn bis dahin hatte die weiße Oberschicht alles Afrikanische als „primitiv" geächtet und sogar das öffentliche Spielen von Trommeln polizeilich verfolgen lassen. Die Wende leiteten innovative Künstlerinnen ein. Die Sängerin María Teresa Vera, die Mitte der 20er-Jahre zum ersten Soloplattenstar des Son aufstieg, verschmolz die aufmüpfige Musik mit romantischen Trova-Weisen und brachte sie so neuen Publikumsschichten nahe. Authentizität war ihr Markenzeichen. Sie sang genauso ungekünstelt wie sie sprach, brezelte sich für Auftritte nicht auf und trat mit der größten Selbstverständlichkeit der Welt überall dort auf, wo ihre Musik gefragt war. Regelmäßig pendelte sie zwischen dem Nachtleben in Havanna mit seinen als Tanzakademien getarnten Bordellen und den Plattenstudios in New York hin und her.

Plattenfirmen wie RCA Victor und Columbia in den USA oder Grammophone Company in London witterten ein Riesengeschäft: Jede Musikfirma setzte zur Eroberung bestimmter Kontinente an und versprach sich von den in die Beine gehenden Polyrhyth-

men neue Marktanteile. RCA taufte Son kurzerhand in „Rhumba" um. Das erinnerte an den sinnlichen Paartanz und ließ sich so an die Kunden bringen. Die Prohibition wirkte sich zudem außerordentlich geschäftsfördernd aus: Zu Zehntausenden fielen jährlich die US-amerikanischen Touristen in Havanna ein und blieben auch nach dem Urlaub kubaverrückt. Und im Rahmen der Harlem Renaissance in New York und der Primitivismus-Kunstbewegung in Paris erfuhr alles Afrikanische eine neue Wertschätzung. In Paris kam gar die kubanische Musik so gut an, dass in den Clubs von Montmartre nichts anderes mehr zu hören war. Umtriebige kubanische Musiker feilten an den stilistischen Neuerungen, die ihre lokale Musik auch international zu Ohrwürmern machte. Don Azpiazú schlug die Brücke zum US-amerikanischen Publikum: „El Manisero", ein Titel, in dem der Alltag Havannas aus der Sicht eines Erdnussverkäufers besungen wird, wurde mithilfe von Don Azpiazús US-Schwägerin Marion Sunshine zum Welthit. Sie sang das Lied auf Englisch, und ihr Bild zierte das Plattencover. Eliseo Grenet erfand für Europa eine „zivilisierte" Form des kubanischen Karnevalstanzes Conga und eroberte damit die Salons; unsere Großeltern schwangen im Berliner Wintergarten zu seinen Kompositionen das Tanzbein. Das Original war zur selben Zeit (bis 1937) in Kuba wegen seiner „Vulgarität" verboten. Doch der Erfolg in Übersee beschleunigte ein Umdenken: Auch die weiße Oberschicht akzeptierte bald Son mitsamt seinen afrikanischen Bestandteilen als Sinnbild einer originär kubanischen Mischkultur.

Der Zweite Weltkrieg setzte dem weltweiten Siegeszug kubanischer Musik ein Ende – vorübergehend. Kubanische Musikmigranten hatten in New York, London, Paris und Mexiko-Stadt kleine Kolonien gebildet, blieben aber keineswegs unter sich. Machito und Mario Bauzá gründeten in New York „Machito and his Afro-Cubans", holten die Sängerin Graciela aus Havanna und integrierten Instrumentalisten aus den USA und Puerto Rico gleichermaßen. Hier entstanden die Fundamente des Latin Jazz.

Und die Band beeindruckte nicht nur die Latinos in den USA durch die Fusion von kubanischen Rhythmen mit Big-Band-Musik, vorgetragen mit einer Prise Hollywood. Zuwachs erhielten die kubanischen Ableger in den USA nach der Revolution 1959: Nachdem die USA Kubas Hinwendung zum Sozialismus mit einem Handelsembargo strafte, wurde die fruchtbare Wechselbeziehung von Musikern und ihren Ideen auf der Achse New York – Havanna gekappt. Viele Künstler kehrten Kuba den Rücken, nachdem Castro das Nachtleben von Havanna – für ihn Inbegriff kapitalistischer Dekadenz – austrocknen ließ

Foto: Ingrid Kummels

und die US-Plattenfirmen die Flucht ergriffen hatten. Neue, als kubanisch klassifizierte Genres entstanden nun auf dem Boden der USA. Zum Beispiel Salsa. Der Chef der New Yorker Plattenfirma Fania, Johnny Pacheco, hatte Son kurzerhand unter diesem neuen Begriff verkauft, woraufhin Inselkubaner beklagten, die USA würden unter der kulturimperialistischen Mogelpackung Salsa kubanische Musik kommerziell ausbeuten. Kubaner und US-Amerikaner kultivierten ihre ideologischen Grabenkämpfe auch gerade in Sachen Musik. Jede Seite setzt sich bis heute ungeniert über die Copyrights der anderen hinweg. Doch eigentlich war der Piraterievorwurf damals nicht ganz gerechtfertigt: Salsa baut zwar musikstilistisch weitgehend auf Son und den daraus hervorgegangenen Gattungen Guaracha, Mambo und Cha-Cha-Cha auf. Als Ausdruck der neuen Gemeinde der Latinos in der Diaspora von Spanish Harlem ist Salsa aber durchaus ein eigenes Genre. In Kuba hingegen nannte man die Nachfolgemusik des Son Timba. Worin sich Salsa und Timba unterscheiden? Inselkubanische Instrumentalisten haben in eklektischerer Weise als die Salseros Stilelemente und Musikinstrumente aus dem nordamerikanischen Jazz und Rock aufgegriffen, weil sie lange außerhalb des internationalen Markts arbeiteten. Die multinationalen Firmen hingegen ziehen es vor, Musik in feste Sparten einzuteilen, sie mit suggestiven Namen versehen und im Klang zu homogenisieren.

Die 1990er-Jahre markierten erneut einen Einschnitt. Konfrontiert mit dem Zusammenbruch der Sowjetunion, ließ Kuba rasch die Finger von einer rein sozialistischen Ökonomie. Die Regierung entdeckte notgedrungen die Feindwährung Dollar, die Joint-Ventures, den Tourismus am Strand von Varadero und die kubanische Musik als Devisenquellen wieder. In den letzten Jahren ließ sie Aufnahmestudios und internationale Labels aus dem Boden stampfen. Das große Geld mit kubanischer Musik machen allerdings auch aufgrund mangelhafter Marktanbindung der Kubaner nach wie vor Firmen im Ausland. Doch in Kuba ist eine neue Ära der musikalischen Weltoffenheit angebrochen, allerdings eine, die die interne Musikszene spaltet. Musik für den Export setzt auf eine standardisierte Son-Retromode. Deren Stars sind im Rentenalter und machen nun zum ersten Mal in einer der vielen Buena-Vista-Parallel-Bands international Karriere. Junge Talente können oft froh sein, sie als Backgroundmusiker begleiten zu dürfen. Kubaner auf der Insel hingegen haben einen breit gefächerten Musikgeschmack, der sich gegenläufig zur Retromode stark an Hip-Hop und Rap orientiert und Musikhybriden wie Reggaeton, Meren-Rap und Latin Rap frönt. Die ehemals nicht als sozialismuskompatibel verfemten Rapper sind zunehmend Teil des Mainstreams und werden nun ebenfalls mit dem Segen der Regierung international vermarktet.

Jenseits der marktorientierten Standardisierung blüht weiterhin eine vibrierende und subversive transnationale Musikszene. Und viele nehmen die Chancen wahr, die sich ihnen darin bieten. Schon in den 1930er-Jahren hatten Frauenbands die Hotspots von

Havanna erobert. Und auch heute wieder haben Musikerinnen zahlreiche Frauenbands gegründet. Teilweise haben sie ihren Sitz in Miami, in Los Angeles, auf den Kanarischen Inseln oder auch in Deutschland. Personelle Zusammensetzung und Repertoire der Ensembles mit so malerischen Namen wie „Feuer aus Seide“, „Zimt“ oder „Anacaona“ verändern sich schnell. Gründe dafür sind die Migration sowie die Verbreitung und Entwicklung von Musikstilen über Grenzen hinweg.

Schätzungsweise 20 % der Bevölkerung Kubas leben heute nicht auf der Insel. Der in Barcelona lebende kubanische Literat Iván de la Nuez hat wohl nicht ganz Unrecht, wenn er behauptet, dass die kubanische Durchschnittsfamilie „einen Arzt in Moskau, einen Gefallenen in Afrika, einen Fettleibigen in Miami, einen Unterernährten in Havanna und als vollkommenste Metapher ihres Daseins ein Mitglied hat, das gerade mit einem Schlauchboot im Golf von Mexiko unterwegs ist“. Ein grenzübergreifendes Zugehörigkeitsgefühl verbindet Kubaner in Kuba mit denen in den USA allen politischen ideologischen Grabenkämpfen zum Trotz oft über die Musik. Die 2003 verstorbene „Queen of Salsa“ Celia Cruz bleibt eine gemeinsame Symbolfigur. Das Geheimnis ihres transnationalen Ikonenstatus? Obwohl sie seit Anfang der 60er-Jahre in New York lebte, sang sie bis auf wenige Ausnahmen stets auf Spanisch, war auch in den USA quasi „sie selbst geblieben“. Neue Idole der kubanischen Kultur sind dauerhaft im Ausland lebende kubanische oder multinationale Gruppen wie Habana Abierta und die Orishas, aber auch Ensembles, deren Mitglieder auf der Palmeninsel bleiben. Aber Musik kennt keine Grenzen. Mithilfe der neuen Kommunikations-, Aufnahme- und Mischtechniken umgehen die Künstler Kubas die restriktive Ausreisepolitik ebenso wie die Reisebeschränkungen, die die USA allen Kubareisenden auferlegt.

Und manchmal werden in einem einzigen Lied die Schmerzen und Hoffnungen der Migranten mit ebenso vielen Sätzen besungen, wie sie die Parteizeitung Granma innerhalb eines ganzen Jahres über das Thema verliert. Der kubanische Sommerhit 2006 war Ricardo Leyvas Lied über Micaela, die sich „in einem anderen Land neue Wege erschließt“. Sich neue Wege zu erschließen, das ist das, was die kubanische Musik schon immer am besten konnte.

Ingrid Kummels

ANHANG

Adressen

Afrika

GERMAN INSTITUTE FOR GLOBAL AND AREA STUDIES – GIGA
Neuer Jungfernstieg 21, 20354 Hamburg
Tel.: (040) 42 82 55 93
Fax: (040) 42 82 55 47
info@giga-hamburg.de
www.giga-hamburg.de

GIGA-Institut für Afrika-Studien
Neuer Jungfernstieg 21, 20354 Hamburg
Tel.: (040) 42 82 55 23
Fax: (040) 42 82 55 11
iaa@giga-hamburg.de
www.giga-hamburg.de/iaa

Universität Bayreuth
Regionalstudienschwerpunkt Afrikanologie
Facheinheit Ethnologie
Tel.: (0921) 55 41 34
Fax: (0921) 55 41 36
ethnologie@uni-bayreuth.de
www.uni-bayreuth.de/departments/ethnologie/index.html

Lehrstuhl für Bevölkerungs- und Sozialgeografie
Tel.: (0921) 55 22 78
Fax: (0921) 55 22 69
muellermahn@uni-bayreuth.de
www.uni-bayreuth.de/departments/sozialgeographie/

Lehrstuhl für Entwicklungssoziologie
Tel.: (0921) 55 41 16
Fax: (0921) 55 41 18
entwicklungssoziologie@uni-bayreuth.de
www.entwicklungssoziologie.uni-bayreuth.de/index.html

D-95440 Bayreuth

Freie Universität Berlin
Institut für Ethnologie
Landoltweg 9–11, 14195 Berlin
Tel.:(030) 83 85 6505
Fax: (030) 83 85 23 82
ethnolas@zedat.fu-berlin.de
http://web.fu-berlin.de/ethnologie/

Universität Leipzig
Postfach 10 09 20, 04009 Leipzig
Hausanschrift
Ritterstraße 26, 04109 Leipzig
Tel.: (0341) 97 108, 97 109
Fax: (0341) 97 30099
rektor@uni-leipzig.de
www.uni-leipzig.de/

Institut für Afrikanistik
Postfach 100920, 04009 Leipzig
Tel.: (0341) 97 37 03 0
Fax: (0341) 97 37 04 8
mgrosze@uni-leipzig.de
www.uni-leipzig.de/~afrika/

SEPT / Universität Leipzig
Beethovenstr. 15, D-04107 Leipzig
Tel.: (0341) 97 37 03 0
Fax: (0341) 97 37 04 8
sept@uni-leipzig.de
www.sept.uni-leipzig.de/

Johann Wolfgang Goethe-Universität
Frankfurt am Main
Frobenius-Institut
Grüneburgplatz 1, 60323 Frankfurt a. M.
Tel.: (069) 79 83 30 50
Fax: (069) 79 83 31 01
frobenius@em.uni-frankfurt.de
http://www.frobenius-institut.de/

Humboldt-Universität zu Berlin
Seminar für Afrikawissenschaften
Unter den Linden 6, 10099 Berlin
Tel.: (030) 20 93 66 70 / 66 99
Fax: (030) 20 93 66 07
afrika@rz.hu-berlin.de
www2.hu-berlin.de/asaf/Afrika/

Universität zu Köln
Sonderforschungsbereich 389 „Kultur- und Landschaftswandel im ariden Afrika“
(Arid Climate, Adaptation an Cultural Innovation in Africa-ACACIA)
Koordination: Institut für Ur- und Frühgeschichte, Forschungsstelle Afrika
Jennerstr. 8, 50823 Köln
Tel.: (0221) 55 66 80
Fax: (0221) 55 02 30 3
werner.schuck@uni-koeln.de
http://uni-koeln.de/sfb389/

Johannes Gutenberg Universität Mainz
Institut für Ethnologie und Afrikastudien
Forum Universitatis 6, 55099 Mainz
Tel.: (06131) 392 27 98
Fax: (06131) 392 37 30
rbauer@uni-mainz.de
http://www.ifeas.uni-mainz.de/

Vereinigung für Afrikawissenschaften in Deutschland (e. V.)
c/o GIGA Institut für Afrika-Studien
Neuer Jungfernstieg 21, 20354 Hamburg
Tel.: (040) 42 82 55 23
Fax: (040) 42 82 55 11
iaa@giga-hamburg.de
www.giga-hamburg.de/iaa

SAFRI Südliches Afrika Initiative der deutschen Wirtschaft
c/o DaimlerChrysler AG
HPC 1124, 70546 Stuttgart
Tel.: (0711) 17 93 651
Fax: (0711) 17 93 816
info@safri.de
www.safri.de

Afrika-Verein e.V.
Neuer Jungfernstieg 21, 20354 Hamburg
Tel.: (040) 41 91 33 24
Fax: (040) 35 47 04
wenzel@afrikaverein.de
www.afrikaverein.de

REWIBA
Regionalwissenschaftliche Beratung für
Afrika – Sascha Wisotzki
Habergasse 17, 95473 Creußen
Tel.: (09270) 99 19 31
Fax: (09270) 99 19 32
saschawisotzki@rewiba.com
www.rewiba.com

Pharmakina
Km 4, Route de Goma, Bukavu
Demokratische Republik Kongo
Tel.: +243 888 041-190
Fax: +870 600 141 322
pk.kivu@pharmakina.de
http://pharmakina.de/

Ferrostaal
MAN Ferrostaal AG
Hohenzollernstraße 24, 45128 Essen
Tel.: (0201) 818-01
Fax: (0201) 818-28 22
info@manferrostaal.com
www.manferrostaal.de

Jos. Hansen & Soehne GmbH
Postfach 11 32 64, 20432 Hamburg
Tel.: (040) 30 30 4-0
Fax: (040) 30 30 4-333
jhs@joshansen.de
www.joshansen.de/

Der Nahe Osten

Zentrum Moderner Orient (ZMO)
Kirchweg 33, 14129 Berlin
Tel.: (030) 80 307-0
Fax: (030) 80 307-210
zmo@rz.hu-berlin.de
www.zmo.de/

GIGA Institut für Nahost-Studien
Neuer Jungfernstieg 21, 20354 Hamburg
Tel.: (040) 42 82 55 10
Fax: (040) 42 82 55 47
imes@giga-hamburg.de
www.giga-hamburg.de/imes

Johannes Gutenberg-Universität Mainz
Geografisches Institut, 55099 Mainz
Tel.: (06131) 392 27 01
Fax: (06131) 392 47 36
g.meyer@geo.uni-mainz.de
http://www.staff.uni-mainz.de/meyerg/
daselbst: Zentrum für Forschung zur
Arabischen Welt
Tel.: (06131) 392 34 46
Fax: (06131) 392 47 36
ceraw@uni-mainz.de
www.ceraw.uni-mainz.de

Universität Leipzig
Orientalisches Institut
Schillerstr. 6, 04109 Leipzig
Tel.: (0341) 97 37 200
Fax: (0341) 97 37 219
oil@rz.uni-leipzig.de
www.uni-leipzig.de/~orient/

Freie Universität Berlin
Institut für Islamwissenschaft
Altensteinstr. 40, 14195 Berlin
Tel.: (030) 83 85 24 87
Fax: (030) 83 85 28 30
islamwi@zedat.fu-berlin.de
www.geschkult.fu-berlin.de/e/islamwiss/

Friedrich-Alexander-Universität
Erlangen-Nürnberg
Institut für Wirtschaftswissenschaft,
Gegenwartsbezogene Orientforschung
Bismarckstr. 8, 91054 Erlangen
Tel.: (09131) 852 41 98
Fax: (09131) 852 69 82
knrohde@phil.uni-erlangen.de
www.orient.uni-erlangen.de/

Universität Leipzig
Institut für Ethnologie
Schillerstr. 6, 04109 Leipzig
Tel.: (0341) 973 72 20
Fax: (0341) 973 72 29
ethnologie@rz.uni-leipzig.de
www.uni-leipzig.de/~ethno/

Philipps-Universität Marburg
Centrum für Nah- und Mittelost-Studien
Wilhelm-Röpke-Straße 6F, 35032 Marburg
Tel.: (06421) 282 46 15
Fax: (06421) 282 69 00
sommerfe@staff.uni-marburg.de
www.uni-marburg.de/cnms

Deutsche Arbeitsgemeinschaft
Vorderer Orient – DAVO
Sekretariat:
Zentrum für Forschung zur
Arabischen Welt (ZEFAW)
Universität Mainz, 55099 Mainz
Geografisches Institut
Tel.: (06131) 392 27 01
Fax: (06131) 392 47 36
davo@geo.uni-mainz.de
davo.uni-mainz.de

Deutsche Morgenländische Gesellschaft
(DMG), c/o Südasien-Institut
der Universität Heidelberg
Im Neuenheimer Feld 330, 69120 Heidelberg
Tel.: (06221) 54 89 00
Fax: (06221) 54 49 98
dmg@sai.uni-heidelberg.de
www.dmg-web.de/

Siemens Ltd. Saudi-Arabien
Hauptquartier
P.O. Box 4621
Jidda 21412, Saudi-Arabien
Tel.: +966-2-661 88 88
Fax: +966-2-669 90 00
www.siemens.com

Licht-Kunst-Licht AG
Argelanderstr. 148, 53115 Bonn
Tel.: (0228) 91 42 20
Fax: (030) 617 00 83
info@lichtkunstlicht.de
www.lichtkunstlicht.de

Dr. Krekeler Generalplanungs- und Ingenieurgesellschaft mbH
Domlinden 28,
14776 Brandenburg a. d. Havel
Tel.: (03381) 523 50
Fax: (03381) 523 544
info@krekeler-ingenieure.de
www.krekeler-ingenieure.de

Asien

GIGA Institut für Asien-Studien
Rothenbaumchaussee 32, 20148 Hamburg
Tel.: (040) 42 88 74-0
Fax: (040) 410 79 45
ias@giga-hamburg.de
www.giga-hamburg.de/ias

Freie Universität Berlin
Ostasiatisches Seminar
Ehrenbergstr. 26–28, 14195 Berlin
Fachrichtung Japanologie
Arbeitsbereich Talcott-Blechinger
Tel.: (030) 83 85 71 04
vblechin@zedat.fu-berlin.de
www.geschkult.fu-berlin.de/e/oas/japanologie/institut/index.html
Fachrichtung Sinologie
Arbeitsbereich Gransow
Tel.: (030) 83 85 35 98
Fax: (030) 83 85 70 95
bgransow@zedat.fu-berlin.de
www.geschkult.fu-berlin.de/e/oas/sinologie/index.html

Universität Duisburg-Essen
Lehrstuhl Politikwissenschaft Schwerpunkt Politik Ostasiens
Lotharstr. 65, 47057 Duisburg
Tel.: (0203) 379 37 28
Fax: (0203) 379 37 29
thomas.heberer@uni-duisburg-essen.de
www.uni-duisburg-essen.de/oapol/index.shtml
Ruhr-Universität Bochum
Fakultät für Ostasienwissenschaften
Sektion Geschichte und Philosophie Chinas
Universitätsstr. 150, 44801 Bochum
Tel.: (0234) 322 62 55
Fax: (0234) 321 44 40
baerbel.hoppe@rub.de
www.ruhr-uni-bochum.de/oaw/home/index.html

Humboldt-Universität zu Berlin
Institut für Asien- und Afrikawissenschaften
Seminar für Geschichte und Gesellschaft Südasiens
Unter den Linden 6 , 10099 Berlin
Tel.: (030) 20 93 66 40
Fax: (030) 20 93 66 48
sekretariat.suedasien@asa.hu-berlin.de
www2.hu- berlin.de/asaf/suedasien/sa/index.php?id=Home

Universität Zürich
Ethnologisches Seminar Zürich ESZ
Andreasstr. 15
CH-8050 Zürich
Tel.: +41(44) 635 22 11
Fax: +41(44) 635 22 19
esz@ethno.uzh.ch
www.ethno.unizh.ch/

Friedrich-Alexander-Universität
Erlangen-Nürnberg
Institut für Außereuropäische Sprachen
und Kulturen – Sinologie
Artilleriestraße 70, 91052 Erlangen
Tel.: (09131) 852 24 48
Fax: (09131) 852 63 74
hnberkne@phil.uni-erlangen.de
www.lssin.uni-erlangen.de/

Ruprecht-Karls-Universität Heidelberg
Südasien-Institut
Im Neuenheimer Feld 330, 69120 Heidelberg
info@ sai.uni-heidelberg.de
Tel.: (06221) 54 89 00/-89 54
Fax: (06221) 54 49 98
www.sai.uni-heidelberg.de/

Deutsche Gesellschaft für Asienkunde
Rothenbaumchaussee 32, 20148 Hamburg
Tel.: (040) 44 58 91
Fax: (040) 410 79 45
post@asienkunde.de
www.asienkunde.de
www.dga-ev.de

Ostasiatischer Verein e.V.
Bleichenbrücke 9, 20354 Hamburg
Tel.: (040) 35 75 59-0
Fax: (040) 35 75 59 25
oav@oav.de
www.oav.de/

Dr. Martin Posth
Giesebrechtstr. 21, 10629 Berlin
m.posth@t-online.de

Rudolf Lietz, Inc.
Vietnam Representative Office
PDD Building, 1st Floor, 162 Pasteur, District 1
HoChi Minh, Vietnam
Tel.: +84-8-829-52-15
Fax: +84-8-8244550
lietz@lietz.com.vn
www.lietz.com/

Hectronic GmbH
Allmendstrasse 15, 79848 Bonndorf
Tel.: (07703) 93 88 0
Fax: (07703) 93 88 60
Hectronic India
66, 41st cross
8th Block, Jayanagar
Bangalore Karnataka 560 082
Tel.: 0091-80 2664 9660
Fax: 0091-80 2664 9661
www.hectronic.com

Amerika

FREIE UNIVERSITÄT BERLIN
ZENTRUM FÜR REGIONALSTUDIEN
Lansstr. 7–9, 14195 Berlin
Tel.: (030) 83 85 28 81
admin@cas.fu-berlin.de
www.fu-berlin.de

Lateinamerika-Institut
Rüdesheimer Str. 54–56, 14197 Berlin
Tel.: (030) 83 85 30 72
Fax: (030) 83 85 54 64
lai@zedat.fu-berlin.de
www.lai.fu-berlin.de

Universität zu Köln
Iberische und Lateinamerikanische Abteilung des Historischen Seminars
Albertus-Magnus-Platz, 50923 Köln
Tel.: (0221) 470 24 46
Fax: (0221) 470 49 96
ihila@uni-koeln.de
www.uni-koeln.de/phil-fak/histsem/ibero/

GIGA Institut für Lateinamerika-Studien
Neuer Jungfernstieg 21, 20354 Hamburg
Tel.: (040) 42 82 55 61
Fax: (040) 42 82 55 62
ilas@giga-hamburg.de
www.giga-hamburg.de/ilas

Universität Potsdam
Institut für Romanistik
Karl-Liebknecht-Straße 24–25,
14476 Potsdam-Golm
Tel.: (0331) 977 20 21
Fax: (0331) 977 20 55
ette@rz.uni-potsdam.de
www.uni-potsdam.de/romanistik

Westfälische Wilhelms-Universität Münster
Historisches Seminar,
Außereuropäische Geschichte
Domplatz 20–22, 48143 Münster
Tel.: (0251) 832 43 16
Fax: (0251) 83 32 43 06
M.Blickberndt@uni-muenster.de
www.uni-muenster.de/Geschichte/hist-sem/AE-G/

Universität Leipzig
Institute for American Studies
Beethovenstraße 15, 04107 Leipzig
Tel.: (0341) 973 73 30
Fax: (0341) 973 73 39
americanstudies@uni-leipzig.de
http://americanstudies.uni-leipzig.de/

Freie Universität Berlin
John-F.-Kennedy-Institut für Nordamerikastudien
Lansstraße 7–9, 14195 Berlin
Tel.: (030) 83 85 27 03
Fax: (030) 83 85 28 82
jfki@zedat.fu-berlin.de
www.jfki.fu-berlin.de/

Rheinische Friedrich-Wilhelms-Universität Bonn
Lateinamerika- und Altamerikastudien
Römerstr. 164, 53117 Bonn
Tel.: (0228) 73 44 12
Fax: (0228) 73 43 85
iae@uni-bonn.de www.lateinamerikastudien.uni-bonn.de

Friedrich-Alexander-Universität Erlangen-Nürnberg – Lehrstuhl Auslandswissenschaft Romanischsprachige Kulturen
Findelgasse 9, 90402 Nürnberg
Tel.: (09 11) 530 26 56
Fax: (09 11) 530 26 58
bernecker@wiso.uni-erlangen.de
www.awro.wiso.uni-erlangen.de/

Ruhr-Universität Bochum
Lehrstuhl Organisationssoziologie und Mitbestimmungsforschung
Universitätsstr. 150, 44780 Bochum
Tel.: (0234) 322 54 29
Fax: (0234) 321 44 46
soaps@ruhr-uni-bochum.de
www.rub.de/soaps

Ibero-Amerikanisches Institut
Preußischer Kulturbesitz
Potsdamer Str. 37,10785 Berlin
Tel.: (030) 266 25 00
Fax: (030) 266 25 03
iai@iai.spk-berlin.de
www.iai.spk-berlin.de/

Arbeitsgemeinschaft Deutsche Lateinamerikaforschung (ADLAF)
Vors.: Dr. Peter Birle
Ibero-Amerikanisches Institut
Potsdamer Straße 37, 10785 Berlin
ADLAF@iai.spk-berlin.de
www.adlaf.de/

Lateinamerika Verein e. V.
Raboisen 32, 20095 Hamburg
Tel.: (040) 413 43 13
Fax: (040) 45 79 60
info@lateinamerikaverein.de
www.lateinamerikaverein.de/

ALFIMEX Cuba
Calle 38, Nr. 311, Esq. 3ra A
Playa/Ciudad Habana/Cuba
Tel.: +53 (7) 204 97 71
Fax: +53 (7)204 38 81
info@alfimex.cu
www.alfimex.de/

Giesecke & Devrient Brazil Ltda.
Avenida Engenheiro Luis Carlos Berrini
105–6° Andar Bairro Brooklin Novo
04571-010 Sao Paulo–SP, Brazil
Tel.: +55 (11) 55 06 80 82
Fax: +55 (11) 55 06 91 01
giesecke@uol.com.br
www.gi-de.com/

Populäre Wissenschaft, Belletristik, Poesie

Afrika

Rolf Hofmeier, Andreas Mehler
Kleines-Afrika-Lexikon.
Politik, Wirtschaft, Kultur, München, 2004

Franz Ansprenger
Die politische Geschichte Afrikas im 20. Jahrhundert, München 1999

Katja Böhler, Jürgen Hoeren
Afrika-Mythos und Zukunft, Freiburg, 2003

Bartholomäus Grill
Ach Afrika, Berlin 2002

John Illife
Geschichte Afrikas, München, 2000

Alex Capus
Eine Frage der Zeit, München 2007

Ryszard Kapuściński
Afrikanisches Fieber. Erfahrungen aus 40 Jahren, München 2007

Joseph Conrad
Herz der Finsternis, München 2005

Emilie Ruete
Leben im Sultanspalast,
Frankfurt am Main 1989

Kourouma Ahmadou
Allah muss nicht gerecht sein, Roman.
München: Goldmann 2004

John Maxwell Coetzee
Warten auf die Barbaren,
Frankfurt am Main 2001
Ders.
Schande, Frankfurt am Main 2006

Sony Labou Tansi
Die tödliche Tugend des Genossen Direktor, Köln 1985

Chinua Achebe
Okonkwo oder Das Alte stürzt,
Frankfurt am Main 1983/2002

Okot p'Bitek, Lawinos Lied,
Wuppertal 1998

Afrika im Internet
Übersicht auf den Seiten des GIGA-Instituts für Afrika-Studien:
www.giga-hamburg.de/iaa

Der Nahe Osten

Günter Meyer (Hrsg.)
Die Arabische Welt im Spiegel der Kulturgeographie.
Veröffentlichungen des Zentrums für Forschung zur Arabischen Welt,
Universität Mainz, Band 1, Mainz 2004

Steffen Wippel (Hrsg.)
Wirtschaft im Vorderen Orient. Interdisziplinäre Perspektiven, Berlin 2005

Bernard Lewis
Stern, Kreuz und Halbmond:
2000 Jahre Geschichte des Nahen Ostens,
Frankfurt am Main 2002

Achim von Oppen, Der Orient in Berlin.
Vortrag in der Berlin-Brandenburgischen
Akademie der Wissenschaften, 2007

Carsten Colpe
Problem Islam, Frankfurt 1989

Peter Heine
Der Islam, Düsseldorf 2007

Georg Bossong
Das maurische Spanien. Geschichte und
Kultur, München 2007

Mona Abaza
Debates on Islam and Knowledge in
Malaysia and Egypt: Shifting Worlds,
London 2002

Abu-Lughud
Veiled Sentiments. Honor and Poetry in a
Bedouin Society, neue Edition Kairo 2000

Thomas Bauer
Liebe und Liebesdichtung in der arabischen Welt des 9. und 10. Jahrhunderts.
Eine literatur- und mentalitätsgeschichtliche Studie des arabischen Ghazal,
Wiesbaden1998

Malek Chebel
Die Welt der Liebe im Islam,
München 1997

Mohammed Choukri
Das nackte Brot, München und Zürich 1986

Yasmina Khadra
Die Attentäterin, München 2006
www.nja-mahdaoui.com/

Nagib Mahfuz
Kairoer Trilogie, Zürich 2002

Die Ghaselen des Hafiz, Würzburg 2004

Ibn Hazm al-Andalusi
Das Halsband der Taube.
Von der Liebe und den Liebenden,
Frankfurt am Main 1988

Der Nahe Osten im Internet:
Übersicht auf den Seiten des GIGA-Instituts
für Nahost-Studien:
www.giga-hamburg.de/ imes

Asien

Reihe Ostasien im 21. Jahrhundert. Politik – Gesellschaft – Sicherheit – Regionale Integration
Wiesbaden ab 2007
Herausgegeben von Verena Blechinger-Talcott, Thomas Heberer, Sebastian Heilmann, Patrick Köllner, Hanns W. Maull und Gunter Schubert

Dieter Ruloff u. a.
China und Indien: Supermächte des 21. Jahrhunderts?
Zürich/Chur 2007

Shalini Randeria u.a. (Hrsg.)
Konfigurationen der Moderne. Diskurse zu Indien, Baden-Baden 2004

Martin Posth
1000 Tage in Shanghai, München 2006

Michael Dillon
Contemporary China. An Introduction, London 2007

He Qinglian
China in der Modernisierungsfalle, Bonn (Bundeszentrale für Politische Bildung) 2006

Thomas Heberer, Gunter Schubert
Von „Massen" zu Bürgern? Politische Partizipation und Regimelegitimität in der Volksrepublik China,
Bd. 1: Der urbane Raum, Wiesbaden 2007

Thomas Heberer, Anja D. Senz
Die Rolle Chinas in der Internationalen Politik. Innen- und außenpolitische Entwicklung und Handlungspotenziale. Deutsches Institut für Entwicklungspolitik, Bonn 2006

Bettina Gransow, Labour Mobility in Urban China. An Integrated Labour Market in the Making? Berliner China-Studien 46, 2006

Irmela Hijiya-Kirschnereit
Japan – Der andere Kulturführer, Frankfurt am Main 2000

Jung Chang
Wilde Schwäne. Die Geschichte einer Familie. Drei Frauen in China von der Kaiserzeit bis heute, München 1991

Pearl S. Buck
Die gute Erde, München 2007

Du'o'ng Thu Hu'o'ng
Liebesgeschichte, vor der Morgendämmerung erzählt, Bad Honnef 1992

Amitav Ghosh
Der Glaspalast, München 2002

Rabindranath Tagore
Hohe Lieder (Gitanjali), Heidelberg 2005

Suzanna Arundhati Roy
Der Gott der kleinen Dinge, München 1999

Haruki Murakami
Mister Aufziehvogel, München 2000

Die Geschichte vom Prinzen Genji,
Frankfurt 1995

Asien im Internet
Überblick auf den Seiten des
GIGA-Instituts für Asienstudien:
www.giga-hamburg.de/ias

Amerika

Charles C. Mann
1491. New Revelations of the Americas before Columbus, New York 2005

Hans-Joachim König, Michael Riekenberg, Stefan Rinke (Hrsg.)
Die Eroberung einer neuen Welt: Präkolumbische Kulturen, europäische Eroberung, Kolonialherrschaft,
Schwalbach Ts. 2005

Romeo Rey
Geschichte Lateinamerikas vom 20. Jahrhundert bis zur Gegenwart, München 2006

Eduardo Galeano
Die offenen Adern Lateinamerikas,
Wuppertal 1973

Alexander von Humboldt
Reise in die Äquinoktial-Gegenden des Neuen Kontinents, Herausgegeben von Ottmar Ette. Mit Anmerkungen zum Text, einem Nachwort und zahlreichen zeitgenössischen Abbildungen sowie einem farbigen Bildteil.
Frankfurt am Main – Leipzig1991, 2 Bände

Walther L. Bernecker, Gertrut Krömer (Hrsg.)
Die Wiederentdeckung Lateinamerikas. Die Erfahrung des Subkontinents in Reiseberichten des 19. Jahrhunderts,
Madrid, Frankfurt 1997

Gilberto Calcagnotto, Detlef Nolte (Hrsg.)
Südamerika zwischen US-amerikanischer Hegemonie und brasilianischem Führungsanspruch. Konkurrenz und Kongruenz der Integrationsprozesse in den Amerikas,
Madrid, Frankfurt 2002

Barbara Fritz, Katja Hujo (Hrsg.)
Ökonomie unter den Bedingungen Lateinamerikas: Erkundungen zu Geld und Kredit, Sozialpolitik und Umwelt,
Madrid, Frankfurt 2005

Peter Birle, Marianne Braig, Ottmar Ette, Dieter Ingenschay (Hrsg.)
Hemisphärische Konstruktionen der Amerikas, Madrid, Frankfurt 2006,

Marianne Braig, Ottmar Ette, Dieter Ingenschay, Günter Maihold (Hrsg.)
Grenzen der Macht – Macht der Grenzen. Lateinamerika im globalen Kontext,
Madrid, Frankfurt 2005

Walther L. Bernecker, Marianne Braig u. a. (Hrsg.)
Mexiko heute. Politik, Wirtschaft, Kultur.
Frankfurt am Main 2004

Alicia Castro, Ingrid Kummels, Manfred Schäfer
Anacaona. Aus dem Leben einer kubanischen Musikerin, München 2002

Michael Zeuske
Schwarze Karibik. Sklaven, Sklavenkultur und Emanzipation, Zürich 2004

Daisy Rubiera Castillo
Ich, Reyita. Ein kubanisches Leben,
Zürich 2000

Ottmar Ette
Literatur in Bewegung. Raum und Dynamik grenzüberschreitenden Schreibens in Europa und Amerika,
Weilerswist 2001

Jorge Amado
Der Gestreifte Kater und die Schwalbe Sinhá, Düsseldorf 2007

Jorge Luis Borges:
Ficciones. Buenos Aires, 1963
Fiktionen, Frankfurt am Main 2004

Maryse Condé:
Traversée de la mangrove. Paris 1989
Unter den Mangroven, München 1991

Esther Andradi
Sobre Vivir. Über Lebende, Zürich 2003

Juana Borrero
Poesías,
La Habana, Academia de Ciencias 1967

Julio Cortázar
La isla a mediodía y otros relatos, 1971
Die Erzähungen, Frankfurt am Main 1998

Lateinamerika im Internet
Übersicht auf den Seiten des GIGA-Instituts für Lateinamerika-Studien:
www.giga-hamburg.de/ilas

Weitere Titel

Werner Petermann
Die Geschichte der Ethnologie,
Wuppertal 2004

William Easterly
Wir retten die Welt zu Tode. Für ein professionelleres Management im Kampf gegen die Armut, Frankfurt am Main 2006

Karl-Heinz Kohl
Die Macht der Dinge, München 2003
Entzauberter Blick, Berlin 1981

Nigel Barley
Traumatische Tropen.
Notizen aus meiner Lehmhütte
München 1986

Stanley Diamond
Kritik der Zivilisation,
Frankfurt am Main 1976

Eric Orsenna
Weiße Plantagen. Eine Reise durch unsere globalisiserte Welt, München 2007

Urs Bitterli
Die „Wilden“ und die „Zivilisierten“,
München 1982